教 育 原 点 丛 书

/ 北京教育科学研究院学术著作出版资助项目 /

Yi Banzhuren Gongzuo Wei Zhongxin
Goujian Xuexiao Yuren Xintixi

以班主任工作为中心
构建学校育人新体系

赵福江 / 著

北京师范大学出版集团
BEIJING NORMAL UNIVERSITY PUBLISHING GROUP
北京师范大学出版社

图书在版编目(CIP)数据

以班主任工作为中心：构建学校育人新体系/赵福江著. —北京：北京师范大学出版社，2024.1

ISBN 978-7-303-29420-6

Ⅰ．①以… Ⅱ．①赵… Ⅲ．①中小学－班主任工作 Ⅳ．①G635.16

中国国家版本馆 CIP 数据核字(2023)第 203850 号

图书意见反馈：gaozhifk@bnupg.com 010-58805079

营销中心电话：010-58802755 58800035

北师大出版社教师教育分社微信公众号 京师教师教育

出版发行：北京师范大学出版社 www.bnupg.com

北京市西城区新街口外大街 12-3 号

邮政编码：100088

印　　刷：保定市中画美凯印刷有限公司

经　　销：全国新华书店

开　　本：710 mm×1000 mm 1/16

印　　张：13.75

字　　数：224 千字

版　　次：2024 年 1 月第 1 版

印　　次：2024 年 1 月第 1 次印刷

定　　价：56.00 元

策划编辑：郭　翔　　　　　责任编辑：林山水

美术编辑：陈　涛　焦　丽　　装帧设计：陈　涛　焦　丽

责任校对：陈　民　　　　　责任印制：马　洁　赵　龙

前　言

　　中国特色社会主义进入新时代，明确了我国发展的新的历史方位，也为我国教育事业发展提出了更高层次的要求。党的二十大报告明确提出："教育是国之大计、党之大计。培养什么人、怎样培养人、为谁培养人是教育的根本问题。育人的根本在于立德。全面贯彻党的教育方针，落实立德树人根本任务，培养德智体美劳全面发展的社会主义建设者和接班人"。习近平总书记在中共中央政治局第五次集体学习时强调，我们要建设的教育强国，是中国特色社会主义教育强国，必须以坚持党对教育事业的全面领导为根本保证，以立德树人为根本任务，以为党育人、为国育才为根本目标，以服务中华民族伟大复兴为重要使命，以教育理念、体系、制度、内容、方法、治理现代化为基本路径，以支撑引领中国式现代化为核心功能，最终是办好人民满意的教育。

　　在各级行政部门和各学校的共同努力下，中小学校育人工作已经取得显著成效，但一些学校仍存在不同程度的重智育轻德育，育人目标理想化，育人内容脱离实际，育人途径单一，育人管理职责不明确，学校与家庭、社会联系不强等问题，导致学校育人工作未能完全落到实处。那么，如何才能更好地推动立德树人根本任务落细、落小、落实，培养德智体美劳全面发展的社会主义建设者和接班人，这就要求学校必须形成一个方向正确、内容完善、学段衔接、载体丰富、常态开展的育人体系。

　　学校育人体系指学校依据教育目的和制度条件，所产生的教育行为和教育理念体系。进入新时代，面对新形势，党和国家把育人为本作为教育工作的基本要求，学校教育也从过去以教学为中心转变为以育人为中心，为更好地落实育人工作，学校必须以班主任工作为中心构建一个育人新体系。在学校育人体系构建过程中，我们遵循这样一个研究假设，即从学校育人视角来看，班主任是落实学校德育工作和育人工作的关键，学校教学、管理活动的组织、实施和开展都必须通过班主任及其所在班级得以落实，构建中小学校育人体系应当以班主任工作为基础和中心；从班级视角和班主任工作视角看，要想落实好学校育人工作，单靠班主任一人既不现实，也不合理，需要学校为班主任及其工作提供相应的支持力量和支持环境，也需要社会各界给予班主任队伍建设一定的保障。

综上，在德育工作上，学校要以班主任工作为原点和中心，重构学校育人体系。基于此，本书分为五章，从德育系统论视角出发，基于班主任工作，从教学、管理、活动等方面全方位规划、设计、实施和评价学校育人工作，从而建成一个务实的、常态开展的全员、全程、全方位育人工作体系，充分发挥班主任工作在学校德育工作中的基础和中心作用。其中，第一章从班主任制度、班主任群体特殊性、班主任工作岗位职责三个角度分析论述了班主任是学校育人工作的中坚力量，提出学校只有将育人工作落实到班主任工作上，才能将立德树人根本任务扎实落在每名学生上。第二章论证了班级是学校最基层的组织，是学校教育教学的基本单位，学校德育工作是通过班级这一基本单位来落实和开展的。班级育人体系是学校育人体系的子系统，班级育人体系建设是班主任工作的中心。班主任需要从班情分析、带班理念、班级目标、实施途径、班级评价五个方面建设全面、系统、完整、有特色的班级育人体系，有效发挥班级的集体育人价值，落实立德树人根本任务。第三章从当前班主任工作的现状和问题出发，结合全员育人视域下的班主任工作新格局，提出学校要构建校内支持体系，为班主任及其工作提供支持和保障。学校可从学校领导支持体系、同事教师支持体系、心理健康支持体系、卫生保健支持体系、家校合作支持体系、专业研修支持体系、资源利用支持体系七个方面建立育人支持体系。第四章提出学校要构建立足于整体规划的德育体系，为班主任带班育人提供方向、引领、抓手，以便于班主任开展育人工作。基于这一思考，本章分析了新时代学校德育工作新形势和新要求，从背景分析、办学理念、德育目标、德育内容、德育途径、支持保障、德育特色七个方面探讨了如何建立和完善学校德育体系。进入新时代，面对各种新形势和新要求，学校必须在系统思考基础上整体规划构建育人体系，创设有利于班主任工作的育人环境，推动育人取得实效。第五章梳理了班主任队伍的整体构成和队伍建设现状，提出要通过加强班主任培养研修、优化班主任工作管理机制、提高班主任地位和待遇、加大优秀班主任表彰力度、形成全员育人工作格局等方面，建立和完善班主任队伍建设的校外保障体系；同时，强调班主任要以学习、反思和研究等多种方式不断提高自主发展的意识、能力和水平，从而推动班主任队伍整体水平不断提高。

新时代背景下，学校必须理顺育人工作机制，建设以班主任工作为中心的学校育人体系，系统规划、分层设计、有机衔接，形成"教书""育人"目标相结合，学校、家庭、社会三方协同的育人共同体，将德育渗透到学校教育各方面和全过程，做细、做好、做实，以落实立德树人根本任务，培养德智体美劳全面发展的社会主义建设者和接班人。

本书是北京市教育科学"十三五"规划一般课题"以班主任工作为核心的中小学校德育体系建设研究"的成果，是在多年从事相关研究基础上形成的，是理论与实践相结合的产物，书中不仅汇集了相关理论研究成果，还选用了一些中小学校和一线班主任教师的典型经验与做法并对其进行说明，希望本书能够为广大教育专家和学者以及一线教育工作者提供有益借鉴。

让我们期待，未来教育事业迈上新台阶。

目 录

第一章　班主任是学校育人工作的中坚力量

本章主要从中国班主任制度是中国特色教育制度之一(班主任制度)，班主任队伍是教师队伍中的骨干力量(班主任群体)，班主任是落实立德树人根本任务的重要岗位(班主任工作岗位)三个角度进一步分析、论述、证明了"班主任是学校育人工作的中坚力量"。在学校，班级是教育教学的基本单位，班主任是班级的组织者、领导者和协调者，班主任工作是学生日常思想品德教育和身心健康成长的最重要途径。从某种程度上说，班主任工作既是学校教育的一个子系统，也是学校工作的一个缩影。班主任工作与学校工作在根本上具有一致性，这是因为班主任工作直接关系着学生身心健康成长和全面发展，而促进学生身心健康发展、培养学生德智体美劳全面发展，是学校一切工作的出发点和落脚点。因此，学校只有将育人工作落实到班主任工作上，才能将立德树人根本任务扎实落在每一名学生上。学校也只有通过班主任这一重要角色，才能协调科任教师、家长、社区等多方教育力量，并与教师、家庭、社区、社会等形成协同育人体系，学校德育工作才能全员、全程、全方位实施，学校德育体系才能建立并且完善。在学校德育工作实施过程中，班主任以班级为单位进行的班级管理、文化建设、学生活动组织等一系列教育学生的措施和行动，也都是在学校德育工作的总体安排和指导下进行的，是根据学校德育工作体系统筹规划、分类实施、层层开展的。德育工作从国家到学校，到年级，到班级，再到个人，是将立德树人根本任务落细、落小、落实的过程，在这一过程中，班主任起着不可替代的重要作用。

在我国中小学校中，班级是学校教育教学的基本单位，班主任作为班级的组织者和管理者，在落实立德树人根本任务中居于重要地位，是学校育人工作的中坚力量，这是由我国一直以来的班主任制度、班主任群体特征、班主任工作岗位职责决定的。进入新时代，学校要真正认识到班主任的责任与使命，充分发挥班主任在学校德育工作中的积极作用，引导学生健康成长和全面发展，将立德树人根本任务落细、落小、落实。

第一节　中国班主任制度是中国特色教育制度之一

班级在世界范围经历了 300 多年的历史演变，在中国也经历了 100 多年的发展。中国班主任制度是中国特色教育制度之一。本节简要概述了我国自清末民初成立"训务部"实行"学监制"以来，出现了"级任制""导师制"等班主任制的雏形，一直到班主任制度的最终确立的演变过程。通过对我国班主任制的历史回顾和改革发展的分析，更加深入地了解我国班主任制的特点，引导人们关注特定历史背景和条件下的班主任制存在的重要意义，进一步思考我国班主任制在立德树人根本任务中的重要作用。

一、我国班主任制的历史演进

"班主任制"是一个内涵十分丰富的概念，目前我国对于"班主任制"的概念还没有明确的界定。为了能够清晰地梳理我国班主任制的历史演进过程，在这里暂且将班主任制理解为"学校依据有关法规管理班主任及班主任工作的规章制度的总称，它主要包括对班主任职能定位、班主任基本工作任务和工作范围的界定等"①。

班主任，从字面意思看是"一个班级的主任"，是学校中全面负责一个班学生的思想、学习、健康、生活等工作的教师，他是一个班的组织者、领导者和教育者，也是一个班中全体任课教师教学、教育工作的协调者。班主任是在有班级的前提下产生的，两者紧密相连，可以说没有班级就没有班主任，因此我

---

① 赵静. 论"班主任制"[D]. 上海：华东师范大学，2008.

们研究班主任和班主任制首先要探讨一下班级的来源。班级是一定历史条件下的产物。16 世纪，欧洲一些学校出现了班级授课制的萌芽。17 世纪，捷克教育家夸美纽斯在其著作《大教学论》中提出了用"班级授课"代替"个别教学"，并系统地阐述了班级授课制的理论。从此，班级授课制逐渐成为各国学校普遍采用的教学组织形式。我国采用班级授课制是在 1862 年清政府创立的京师同文馆。班级授课制的产生为班主任的产生奠定了基础，同时为班主任制的诞生提供了条件。

我国现行的班主任制是在 1949 年中华人民共和国成立以后开始实行的，虽然在这之前，正规的学校系统里没有"班主任"这个词，但是已经有了相关职能的岗位设置。我国自清末民初成立"训务部"实行"学监制"统管教务和管训事宜以来，依次出现"级任教师制""指导制""导师制"等班主任制的雏形。从我国级任制出现到班主任制度的最终确立，过了约半个世纪。

（一）级任制

《简明教育词典》中对"级任制"做了解释："级任制又叫学级担任制；以一位教师担任一个学级之全部课程或多数课程的教学，兼负学级管理责任的制度，担任此项任务的教师，称级任教师。"级任制下的级任教师是我国班主任教师的雏形之一，其主要工作职责是课程教学和对班级进行管理和指导。

1862 年，清政府在北京创办京师同文馆，首次采用班级授课制这种教学组织形式。1902 年，清政府颁布了《钦定学堂章程》，明确规定"学生每一班应置教习一人，……另置副教习一人"①，虽然该学制并未实施，但是从中可以看出，这时候已经有了与班主任职能相关的岗位设置，即"教习""副教习"。1904 年 1 月 13 日，清政府颁布《奏定学堂章程》，该学制是我国正式实施的第一个学制。其中规定："凡初等小学堂儿童之数，六十人以上一百二十人以下，例置本科正教员一人；其力足添置副教员一人者听。""正教员任教授学生之功课，且掌所属之职责。"②1916 年 1 月 8 日公布国民学校令施行细则（1916

---

① 璩鑫圭，唐良炎. 学制演变（中国近代教育史资料汇编）[M]. 上海：上海教育出版社，1991：275.

② 璩鑫圭，唐良炎. 学制演变（中国近代教育史资料汇编）[M]. 上海：上海教育出版社，1991：301.

年10月修正)提出："正教员担任儿童之教育，并掌管教育所属事务，助教员辅助正教员之职务。"①"教习""正教员"就类似于今天的"班主任"，其工作职责主要是传授知识，管理学生的学习、思想和生活等，和今天班主任的工作职责有相似之处。"副教习""副教员"和"助教员"则相当于今天的"副班主任"。

《1918年北高师附属中学概况》提到"本校设管理训育课，由学级主任分任各级训育，而统之以训育主任。施行方法：一曰学校训育，由主任或训育主任集全校生行之；一曰学级训育，由学级主任集本级学生行之，或依其情事专为一班或一人之训育"②。从以上记载中可以看出，北京高师附中让"学级主任"负责学生的训育工作，训育上的级任教师制度从此产生。从那时开始，在学校德育史上，上有训育主任，下有级任教师，中学的训育组织基本形成。③"1923年实施新学制后，中学训育由管理进为指导，监学、舍监改为训育主任，并采取级任制。"④

1932年，国民政府规定在中学实行级任制，级任教师负责一个主要课程的教学和组织管理工作。1933年颁布、1935年修正的《中学规程》明确规定："中学每一学级，设级任一人，择该级一专任教员任之，掌理各该级之训育及管理事项。"这里的"级任教师"不仅负责教学任务，同时担负着管理和训育工作，因此，"级任制"下的"级任教师"角色就相当于今天学校教育中的"班主任"角色。

(二)导师制

民国时期，除了级任教师制度，在国统区还实行"指导制""分团指导法"。所谓"指导制"指的是学校全体人员共同参与学生训育工作的一种模式，其中每个教职员都是学生生活和学习活动的指导员；所谓"分团指导法"指的是由任课教师在自己所教的学生中认领（或由校部专人分派）一批学生（一般不超过20人，不必在同一个班级）进行专责指导。⑤"分团指导法"是一种介于"级任制"

---

①　朱有瓛主编. 中国近代学制史料[M]. 上海：华东师范大学出版社，1990：148.
②　朱有瓛主编. 中国近代学制史料[M]. 上海：华东师范大学出版社，1990：411.
③　杜时忠. "班主任制"走向何方[J]. 教育学术月刊，2016(11).
④　刘英杰. 中国教育大事典[M]. 杭州：浙江教育出版社，2001：458.
⑤　赵静. 论"班主任制"[D]. 上海：华东师范大学，2008.

和"指导制"之间的方法，后来逐步演变为"导师制"。

"30年代后，为了克服级任制的缺陷，江苏省在1932年首先推行了类似于'分团指导法'的导师制。"①其具体做法是"中学每学级人数超过30人者，即应分成两组，每组设导师一人，其中一人仍兼级任导师，导师由担任该学级课程教学的专任教师担任，以促进'训教合一'"②。1938年3月，教育部颁布了《中等以上学校导师制纲要》，规定"各校应将全校每一学级学生分为若干组，每组人数以五人至十五人为度，每组设导师一人，并由校长指定专任教师充任之"；"各组导师对于学生之思想与行为各项，应负责任。学生在校或出校后在学问或事业方面有特殊之贡献者，其荣誉应同时归于原任导师。其行为不检思想不正如系属于导师之训导无方者，原任导师亦应同负责任。"③从此，中等学校由级任制改为导师制。但从上述规定中可以分析出，全校每一级学生分成若干组，这个"组"就是现在的"班"；导师由校长认定，并且要对学生的学问、思想、行为负责任，导师则与今天的"班主任"角色颇为相似。"级任制"到"导师制"的演变使得这种体制更加接近我国现行的"班主任制"。1944年6月8日，教育部颁发了《中等学校导师制实施办法》，进一步明确了导师的职责、导师例会制度、导师管理制度。至此，"导师制"形成了一套比较完整的制度。

(三)班主任制

我国最早使用"班主任"这个名称，是在中国共产党领导的老解放区。1934年《中华苏维埃共和国小学校制度暂行条例》规定："每班设主任教员一人，一班学生在四十名以上者，得增设助教员一人。""主任教员"就相当于我们今天的班主任。1942年，绥德专署教育科的《小学训导纲要》直接提出："实行教导合一制，必须加强班主任的责任，否则教学主任就忙不过来。"④"班主任"一词首次出现在边区政府的文献中并沿用至今。

① 赵静. 论"班主任制"[D]. 上海：华东师范大学，2008.

② 杨同芳. 中学训育[M]. 上海：世界书局，1941：附录.

③ 宋思荣，章咸. 中华民国教育法规选编(1912—1914)[M]. 南京：江苏教育出版社，1990：159-160.

④ 陕西师范大学教育研究所. 陕甘宁边区教育资料：小学教育部分上[M]. 北京：教育科学出版社，1981：277.

1949 年 7 月,《陕甘宁边区政府关于新区目前国民教育改革的指示》中提出:"废除训、教分离制度,实行教导合一,这一原则要从两方面实施:①教师不只教书而且要参加具体的指导工作;②组织上训育与教务统一。在学校组织上,校长下设教育主任。取代级任导师,班设主任教员。"从上述规定中可以看出,"主任教员"替代了"级任导师",且教务与训育相统一。

1952 年 3 月,经政务院批准,中央教育部颁布了《小学暂行规程(草案)》和《中学暂行规程(草案)》。其中,《小学暂行规程(草案)》明确提出"小学各班采教师责任制,各设班主任一人,并酌设科任教师";《中学暂行规程(草案)》中明确提出"中学每班设班主任一人,由校长就各班教员中选聘,在教导主任和副教导主任领导下,负责联系本班各科教员指导学生生活和学习"。① 随着"班主任"的正式提出,我国各中小学逐渐采用"班主任制","班主任制"开始确立。

1978 年以来,我国"班主任制"得到进一步发展和完善。1979 年 11 月,教育部、财政部、国家劳动总局印发了《关于普通中学和小学班主任津贴试行办法(草案)》,首次规定了班主任的选聘标准、班主任工作量、津贴标准,并在附件中提出了具体的班主任工作要求。② 1988 年,国家教育委员会分别颁布了《小学班主任暂行规定》和《中学班主任暂行规定》,对班主任的地位和作用、工作任务和职责、工作原则和方法、任职条件和任免、待遇和奖励、对班主任工作的领导和管理等方面做了相关规定。随着"班主任专业化"概念的提出,2006 年,教育部颁布《关于进一步加强中小学班主任工作的意见》,强调了加强中小学班主任工作的意义,进一步明确了中小学班主任的工作职责,要求认真做好中小学班主任的选聘和培训工作,切实为中小学班主任工作提供保障。2009 年,教育部颁布《中小学班主任工作规定》,系统规定了班主任的角色定位(总则部分)、配备与选聘、职责与任务、待遇与权利、培养与培训、考核与奖惩,其中更加严格地规定了班主任选聘方法,同时对于班主任教育学生和管理班级等方面也增加了一些新的规定。至此,"班主任制"得到完善。

---

① 《中国教育年鉴》编辑部. 中国教育年鉴(1949—1981)[M]. 北京:中国大百科全书出版社, 1984:728-731.

② 杜时忠. "班主任制"走向何方[J]. 教育学术月刊, 2016(11).

二、我国班主任制的改革发展

随着基础教育改革的发展和新一轮中高考改革的推行，我国中小学班主任制度逐渐发生改变，一些学校对班主任制的改革进行了初步探索。总的来说，目前对于中小学班主任制度的改革发展主要有三种情况：一是取消班主任制，代之以导师制、辅导员制等；二是建立"团队班主任制"，减轻班主任负担，构建协同育人机制；三是坚持和完善"一人班主任制"，随着时代的发展为其注入新的内涵。

(一)取消班主任制

取消班主任制指的是我国中小学各班级不再设置班主任一职，以导师制或者辅导员制代之。进入 21 世纪以来，部分学校开始尝试采用导师制或者辅导员制等辅助或替代班主任制，尤其是在新一轮中高考改革后，一些学校开始尝试选课走班制改革，甚至有的学校已经取消了班主任。

1. 辅导员制

从 1999 年开始，上海市闵行中学开始进行"学生民主管理模式"的改革试验。学校取消班主任，为全年级 10 个班共设置四位辅导员，其中一位辅导员担任年级组长，管理全年级事务，其他三位辅导员分别管理学习、生活和品德教育。这与传统的班主任制不同，辅导员不再担任教学与管理的双重工作，而且辅导员有明确的分工，各司其职。但由于每个辅导员管理的是一整个年级，在一定程度上加大了辅导员的工作量。2004 年，长春第一中学也进行了与上海市闵行中学相似的改革，学校在初二年级 18 个班取消了班主任，与此同时设立四位辅导员管理整个年级。

2. "导师＋辅导员"制

2003 年，广东深圳中学在高一年级取消班主任岗位，代之以"导师＋辅导员"制，并与该校的单元制和走班制相结合；全年级 20 个班被分成 7 个单元，强调同一单元、不同年级之间的联系；每个班级不再设立班主任岗位，每个单元配有六名导师(一个导师负责 25 名学生)和两名辅导员(负责对学生进行全面管理)。① 2004 年，深圳中学正式被教育部列为"全国高中课改实验样本校"，"选课走课制"应运而生，深圳中学又推出了导师制、学生辅导中心。

3. 班级顾问制

1999 年，北京崇文区前门小学对班级管理模式进行了改革，全面取消了班主任，构建了素质教育的班级顾问制管理模式。从班主任到班级顾问要实现三个转向：一是教师由前台组织指挥转向后台"教、扶、放"；二是教师由直接发号施令转向间接辅导、策划和服务；三是由一切活动教师说了算转向学生们讨论了去办。② 这种制度表面上取消了班主任的教育角色，但实质上班级顾问与班主任的角色和功能有诸多相同之处。③

4. 导师、咨询师和教育顾问制

北京十一学校采取分布式领导的管理方式，设置咨询师(导师)、教育顾问、常规管理项目组、自习项目组、自主管理项目组等分担原来班主任的工作。咨询师主要负责学生的心理疏导、跟家长联系、跟孩子做常规性约谈、学业规划、学生报志愿等。教育顾问主要负责处理一些较严重的问题，如处理问题学生、多次违纪的学生。常规管理项目组负责巡查年级内部区域学生的纪律、自学情况(公共区域由教务处负责巡查)。自习项目组负责巡查本年级学生自习课情况，包括点到等。学校所有教师都是任课教师，且均被分为不同的项目组并承担相应职责。此外，取消班主任的学校还有北大附中，该校高中部采取学院制和书院制，不分原有班和教学班，且不分年级，学生的学业和选课在学院进行，由学业导师负责；学生的活动和生活管理在书院进行，由成长导师负责。学生学业出现了问题，由学业导师负责与家长进行沟通；学生行为习惯方面的问题，则由成长导师负责与家长沟通。而实际上，传统意义上的"原有班"由"书院"所替代，以前班主任的职责被书院的自治会、书院指导老师和成长辅导中心指导老师替代了。取消班主任制而代之以其他的学生管理制度，有一定优越性，这些学校也取得了一些成效，比如促进了学生个性发展，减轻

① 李伟胜. "班主任制"的多种探索：深层因素与发展趋势[J]. 中小学管理，2012(10).

② 班级顾问制课题组(王俊月执笔). 没有班主任班级设顾问——前门小学班级管理模式改革[J]. 北京教育，2000(7).

③ 付辉. 中小学班主任制度变革的新进展与前瞻[J]. 教育学术月刊，2016(11).

了班主任工作负担等；但是由此产生的学生管理困难，学生德育如何进行、行为规范如何培养等一系列问题比较严重，我们要慎重考虑是否要取消班主任制。

(二)建立"团队班主任制"

随着时代和社会的发展，教育面临着新形势和新挑战，"一人班主任制"也出现一些问题。"一人班主任制"下的班主任不仅要承担教学工作，还要负责班级日常管理工作，其工作的双重性，使得班主任负担过重、压力过大。在这样的情况下，一些学校尝试建立"团队班主任制"。

1. 全员班主任制

全员班主任制是指为了解决班主任负担过重的问题，每班安排一名有班主任工作经验的教师任中心班主任，负责该班的总体管理工作，其他科任教师则任副班主任，各自负责学生管理某一方面工作的班级管理模式。[1] 重庆双碑中学及沙坪区所有学校、浙江富春中学富阳一中、深圳一中、台州路桥区第三中学等都在推行全员班主任制，他们的大体做法是，有的设立常务班主任和助理班主任，有的设立核心班主任和责任班主任等。[2]

2. 班级教育小组

班级教育小组由班主任、部分任课教师、学生干部代表、家长代表组成，其中班主任任组长，部分任课教师、生活教师为核心成员，班长、团支部书记、班级家长委员会主任为重要成员。南京外国语学校仙林分校从 2006 年开始采用班级教育小组的团队管理方式，一个班级不是一个班主任说了算，班主任只是教育小组的组长，一个班级大约是由四到五位老师组成教育管理团队管理这个班级，每个老师进行各项职责分工。江苏省镇江润州区也在学校全面推行班级教育小组制。

3. 班级组

2011 年 2 月 21 日，河南省第二实验中学正式启动班级组改革，即以语数

① 汪丞. 班主任制的最新进展[J]. 上海教育科研，2012(9).
② 付辉. 中小学班主任制度变革的新进展与前瞻[J]. 教育学术月刊，2016(11).

外教师为核心成员，将其负责的两个班级组成班级组，然后以双向聘任的方式，吸收其他学科教师加入，形成一个所有教师都参与学生发展的共同体。班级组的成员分为核心成员和普通成员，原则上，核心成员为两个教学班的语数外教师，不再跨班级组；普通成员为其他教师，因为他们也教两个班之外的其他班级，所以允许他们跨班级组。在班级组内，组长做的多是统筹工作，纵向上，使学校、年级与班级之间能够顺利沟通；横向上，协调班级组教师及其他任课教师之间的合作，从而把握整个班级组动向，以便进行决策和指导。班级的其他各项工作，如班级卫生、集会做操、考勤纪律、关注学生思想动态、做学生思想工作、与家长沟通等，分别由班级组成员协作完成。班级组工作的最大特点就是让每位教师都参与班级管理工作，让合作变成合力。[1]

除此之外，浙江长兴中学从 2002 年开始推行"中学德育导师制"即"班主任＋导师制"，湖北黄冈艺术学校采用"专职班主任制"，江苏启东中学实施"助理班主任制"，浙江省德建市严州中学实行 AB 班主任制等不同类型的"团队班主任制"，以多个班主任共同教育学生和管理班级。

"团队班主任制"不仅能够解决"一人班主任制"下班主任负担过重的问题，而且几个班主任分工合作，能够实现优势互补，提高教育和管理水平。但是，由于是多个班主任共同负责，可能会出现各班主任责任边界不清楚，也有可能几个班主任出现意见分歧，若是处理不好甚至会出现相互扯皮、互相推诿的现象。如果出现这种情况，则不利于班级工作的正常开展和学生的健康成长。

(三)坚持和完善"一人班主任制"

"一人班主任制"指的是传统意义上的班主任制，即一个班级设立一个班主任职位，一个班主任管理整个班级。"一人班主任制"也是当前我国绝大部分学校所采用的。随着基础教育改革的深化和班主任的专业发展，班主任制正在逐步走向完善。一是将班主任制度完善与"班级建设"结合起来。班级管理是一种组织活动过程，体现教师和学生的互动关系，学生是班级管理的主体之一，班

---

[1]　刘肖. 班级组改革：以"智慧集群"式管理破解班主任单兵作战困局——河南省第二实验中学探路班主任工作制度改革[J]. 中小学管理，2012(10).

级建设应以学生为主体，发挥学生的主体作用。二是通过提高"班主任专业发展水平"完善"班主任制"，教育部先后启动了"全国中小学骨干班主任培训""万名中小学班主任远程培训计划"等项目来提高班主任专业能力和专业素质。三是通过变革"班主任管理制度"，改进"一人班主任制"，例如制定班主任岗前培训制度、选聘制度、考核制度等，以此加强对班主任的管理，提高班主任队伍的整体素质。

三、我国班主任制是落实学校德育工作的保障

新时代，我们必须坚持和完善班主任制，这是历史文化的选择，也是其性质和作用使然。

(一)班主任制是历史文化的选择

我国班主任制的产生是我国的历史背景和文化传统共同作用的结果，从正式确立到今天，班主任制已经跨越了半个多世纪。由于时代的发展和基础教育改革的推进，班主任面临着更多问题和挑战。近年来，"是否取消班主任制"成为教育界的学者们争论的焦点。有些学者主张向西方学习，取消班主任制。但是，由于东西方文化的差异，各国教育理念的不同，班主任制改革需要持一种谨慎的态度，不能够盲目学外。这就表明，中国的班主任制只能根据中国的现实情况进行改革，实行属于我们国家的教育体制。而且，如果班主任制度变革仅仅停留在班主任教育角色废存的争论上，仅仅停留在班主任教育角色名称的翻新上，仅仅停留在原有班主任制度的细枝末节的修修补补上，而不从根本上触及班主任制度、学校管理制度、课程与教学制度、教育评价制度，那么班主任制度变革难有光明的未来。[1] 因此，中国班主任制作为中国特有的一种教育制度，是"取消"还是"完善"都不能脱离当前时代需要和教育现状。目前来看，班主任制仍然有存在的必要，坚持和完善班主任制是落实学校德育工作的制度保障。

---

① 付辉. 中小学班主任制度变革的新进展与前瞻[J]. 教育学术月刊，2016(11).

(二)班主任制具有系统性和动态性

班主任制具有一定的系统性和动态性。从"制度"内涵出发，班主任制可以表现为：一是作为"制度"存在的"班主任"有着具体情境性，与其所处的时代息息相关；二是"班主任制"表现为"体系"甚至是"系统"而不是单一的点；三是其表现为某种"办事规程或行动准则，亦即指向于具体的行动，规范着行动的方向、内容与方式"；四是综合表现为某种独特性或系统状态、境界，即规格、格局。① 因此，关于班主任制，我们对它的理解不能仅仅停留在表层意义上，更应该思考挖掘其深层次意蕴。有学者提出班主任制度直接建构着中国师生的学校日常生活方式与形态："首先，班主任制建构起中国师生的学校生活时空"；"其次，班主任制建构起中国学生间、教师间及师生间的交往方式与形态"；"再次，班主任制建构起中国师生与学校、家庭、社区的合作方式"。② 从这里可以看出，班主任制在整个学校工作中起到一种不可替代的重要作用，它既是学校教育系统的一个重要组成部分，又建构并推动着学校教育系统正常运转。因此，学校德育工作顺利开展，必然离不开班主任制这一制度保障。

(三)班主任制规定着班主任的工作职责

班主任制以制度化的方式规定了班主任的工作内容和职责范围，班主任是学校德育实施的中坚力量。1942 年绥德专署教育科颁布的《小学训导纲要》指出："实行教导合一制，必须加强班主任的责任，否则教导主任就忙不过来。"③在这个时期，"教导主任主要管教学，班主任主要管训导"④。1952 年，中央教育部等颁布《小学暂行规程(草案)》和《中学暂行规程(草案)》，明确提

---

① 李家成. 论中国"班主任制"的意蕴[J]. 教育学术月刊，2016(11).

② 李家成. 论中国班主任的教育意蕴及其实现：基于中国教育的特殊性与国际对话中的教育自信[J]. 教育科学研究，2015(6).

③ 陕西师范大学教育研究所. 陕甘宁边区教育资料：小学教育部分上[M]. 北京：教育科学出版社，1981：277.

④ 冯建军. 论专职班主任及其制度保障[J]. 班主任，2016(7).

出"小学各班采教师责任制,各设班主任一人,并酌设科任教师";"中学每班设班主任一人,由校长就各班教员中选聘,在教导主任和副教导主任领导下,负责联系本班各科教员指导学生生活和学习"。① 1993 年国家教委颁发《小学德育纲要》,提出"班级教育是向全班学生进行经常性的思想品德教育和组织管理工作。班主任是班级教育工作的组织者和领导者"。1995 年国家教委颁发《中小学德育大纲》,明确提出"班主任工作是培养良好思想品德和指导学生健康成长的重要途径"。2006 年教育部发布《关于进一步加强中小学班主任工作的意见》,指出"班主任是班级工作的组织者、班集体建设的指导者、中小学生健康成长的引领者,是中小学思想道德教育的骨干,是沟通家长和社区的桥梁,是实施素质教育的重要力量"。2009 年教育部印发《中小学班主任工作规定》,明确提出"班主任是中小学日常思想道德教育和学生管理工作的主要实施者,是中小学生健康成长的引领者,班主任要努力成为中小学生的人生导师"。通过前面对相关政策文件的分析可以看出,中国班主任制从萌芽到产生经历了级任制、导师制、班主任制等阶段,在这个过程中,班主任的工作职责逐渐从单一的管理向育人转变,班主任角色也越来越复杂,最为重要的是班主任已成为一支重要的德育力量,是学校德育实施的主体。

审视中国教育发展,我们不难看出,自从引入班级授课制,学校工作就是以"班主任工作"为落脚点逐步开展的,尽管在一些时期"班主任"这一名称还未正式出现,教师却已经承担了相应工作职责。有学者提出中国中小学班主任工作制度是中国六大特色教育制度之一,它主要是指向中小学立德树人目标如何落到实处的一系列规定上。② 这一点从前面的分析中也能看出。在新时代背景下,要想落实立德树人根本任务,构建一个务实的、常态开展的学校德育工作体系,必然离不开班主任工作,离不开班主任制度。这也是坚持和探索符合中国实际和中国特色的教育之所在。

① 中国教育年鉴编辑部. 中国教育年鉴(1949—1981)[M]. 北京:中国大百科全书出版社,1984:728-731.

② 程斯辉,张吉军. 关于构建班主任工作制度支持系统的思考[J]. 教育科学研究,2015(6).

第二节 班主任队伍是教师队伍中的骨干力量

班主任是学校委派负责组织、教育和管理班级的教师，其特点之一是从一批相对优秀的任课教师中选聘产生。在普遍要求全体教师都要努力承担育人工作的情况下，班主任的责任更重、要求更高，班主任是中小学教师队伍中的骨干力量。

一、班主任是教师队伍中的优秀群体

班主任是教师队伍中的重要群体，从任课教师中选聘产生，党和国家对于班主任的任职条件和选聘要求有明确的政策文件规定（见表1-1）。

表1-1 我国政策文件中对于班主任的任职条件和选聘要求

发布时间	发文部门	文件名称	任职条件和选聘要求
1979年11月27日	教育部财政部国家劳动总局	《关于普通中学和小学班主任津贴试行办法（草案）》	第一条 班主任应挑选工作好、思想好、作风好，具有一定教学水平、管理学生经验和组织能力的教师担任。按照择优任用的原则，每学年经过教师评议一次，由学校领导批准。
1988年8月10日	国家教育委员会	《小学班主任工作的暂行规定》	第十六条 班主任由校长任免。学校校长要按条件选聘班主任。对于不履行班主任职责、玩忽职守，或因其他原因不适宜做班主任工作的，应免去其班主任职务。第十七条 班主任的基本条件是：拥护党在社会主义初级阶段的基本路线，坚持四项基本原则；热爱学生，热爱教育事业，热心班主任工作；品行端正，能以身作则，为人师表；教育思想端正，有一定的教育科学知识和一定的教学能力；有一定的组织管理能力和较强的责任心。

续表

发布时间	发文部门	文件名称	任职条件和选聘要求
1988年8月20日	国家教育委员会	《中学班主任工作的暂行规定》	第八条　班主任的条件：拥护党在社会主义初级阶段的基本路线，拥护四项基本原则；热爱教育事业、教育思想端正、工作责任心强；作风正派；有一定教学水平和组织管理能力。 第九条　对于不履行班主任职责、玩忽职守或其他原因，不适宜做班主任工作的，应撤销或免去其班主任职务。 第十条　班主任由校长任免。
2004年2月26日	中共中央国务院	《关于进一步加强和改进未成年人思想道德建设的若干意见》	(十)切实加强教师职业道德建设。……要完善学校的班主任制度，高度重视班主任工作，选派思想素质好、业务水平高、奉献精神强的优秀教师担任班主任。
2006年6月4日	教育部	《关于进一步加强中小学班主任工作的意见》	做好班主任的选聘和培训，是加强班主任工作的基础。班主任岗位是具有较高素质和人格要求的重要专业性岗位，应由取得教师资格、思想道德素质好、业务水平高、身心健康、乐于奉献的教师担任。每个班必须配备班主任。中小学班主任一般应由学校从任课教师中选聘，聘期由学校确定。
2009年8月12日	教育部	《中小学班主任工作规定》	第五条　班主任由学校从班级任课教师中选聘。聘期由学校确定，担任一个班级的班主任时间一般应连续1学年以上。 第六条　教师初次担任班主任应接受岗前培训，符合选聘条件后学校方可聘用。 第七条　选聘班主任应当在教师任职条件的基础上突出考查以下条件： (一)作风正派，心理健康，为人师表； (二)热爱学生，善于与学生、学生家长及其他任课教师沟通； (三)爱岗敬业，具有较强的教育引导和组织管理能力。

1979 年教育部、财政部、国家劳动总局颁布的《关于普通中学和小学班主任津贴试行办法(草案)》第一条规定:"班主任应挑选工作好、思想好、作风好,具有一定教学水平、管理学生经验和组织能力的教师担任。按照择优任用的原则,每学年经过教师评议一次,由学校领导批准。"在其附件《关于班主任工作的要求》中规定,担任中小学班主任的教师应当"拥护中国共产党,拥护社会主义,热爱祖国,忠诚党的教育事业,能胜任所任教学科的教学工作,具有一定的教育管理学生的经验和组织能力,认真贯彻执行《全日制中、小学暂行工作条例(试行草案)》中规定的努力学习,积极工作,热爱学生,团结同志,在思想、品德、作风方面能作学生的表率"。从以上文件中可以看出,班主任是从"工作好、思想好、作风好"的教师队伍中产生,班主任是教师队伍中相对较为优秀的群体。

2004 年中共中央、国务院印发《关于进一步加强和改进未成年人思想道德建设的若干意见》,其中指出"要完善学校的班主任制度,高度重视班主任工作,选派思想素质好、业务水平高、奉献精神强的优秀教师担任班主任"。党和国家对班主任的思想素质、业务能力、工作态度等提出了更高要求,班主任要由优秀教师中各方面素质突出的教师担任。

2006 年教育部公布《关于进一步加强中小学班主任工作的意见》,提出"做好班主任的选聘和培训,是加强班主任工作的基础。班主任岗位是具有较高素质和人格要求的重要专业性岗位,应由取得教师资格、思想道德素质好、业务水平高、身心健康、乐于奉献的教师担任……中小学班主任要忠诚党的教育事业,热爱学生,善于做学生的思想工作,具有符合素质教育要求的教育观和较强的教育教学和组织能力,掌握教育学、心理学的基本知识和方法,熟悉相关法律法规;品德高尚,为人师表,具有团结协作精神和较强的人际沟通能力"。同时提出"要加强班主任队伍的管理。学校领导要经常研究班主任工作,了解班主任的工作表现,规范班主任的行为。学校应建立班主任工作档案,定期考核班主任工作,考核结果作为班主任和教师聘任、奖励、职务晋升的重要依据。对不能履行班主任职责的,应调离班主任岗位"。该文件对班主任的"选聘和培训"提出了更为具体的要求,同时增加了对"班主任队伍的管理"的相关要求,对班主任定期考核,不能履行班主任职责的调离班主任岗位。这实际上在制度层面对于班主任队伍设定了一个最低限度的任职条件,也在一定程度上保证了班主任的教育质量和专业水平。

2009年教育部印发《中小学班主任工作规定》，规定选聘班主任应当在教师任职条件的基础上突出考查"（一）作风正派，心理健康，为人师表；（二）热爱学生，善于与学生、学生家长及其他任课教师沟通；（三）爱岗敬业，具有较强的教育引导和组织管理能力"三项重点内容。对比以上三个文件，班主任要求从工作好、思想好、作风好，具有一定的教育管理学生的经验和组织能力到"具有较高素质和人格要求的重要专业性岗位，应由取得教师资格、思想道德素质好、业务水平高、身心健康、乐于奉献的教师担任"，班主任的选聘与任职标准逐渐提高。

另外，我们从各地各校的班主任聘任条件中也能看出，学校对于任职班主任的教师的政治思想水平、业务能力、工作表现甚至是身体状况等都有一定标准和要求。有人说，一所好学校有无数个好老师，其中重中之重要有无数个好班主任。班主任工作往往反映着学校教育的风貌。

不管是从政策规定还是学校实际来看，班主任都是广大教师群体中一支相对更为优秀和专业的队伍。相应的，班主任在学校工作和学生德育工作中必定担任着更为重要的责任。

二、班主任是学校各项工作开展的桥梁

班主任在学校教育中扮演着非常重要的角色。班主任是学校对学生进行思想道德教育的骨干力量，是联系各任课老师的纽带，是沟通学校、家庭、社会各个方面教育力量的桥梁。在学校各项工作开展过程中，班主任有着不可替代的地位和作用。

(一)班主任是学校班级的组织者

在学校教育中，班主任的工作职责有别于其他教师，除了负责本学科教学，班主任还要负责管理一个班级。一方面，班主任是一个班的组织者、领导者和教育者，是学校中全面负责一个班学生的思想、学习、健康、生活等工作的教师；另一方面，班主任既是教学活动的承担者，又是教学活动的组织者和学生思想生活的指导者和管理者。

班主任对班集体的形成和发展起着重大作用。班集体不是自发形成的，它是班主任创造性劳动和辛勤培育的结果。一个优秀班主任可以通过自己的努力改变班级风貌，使之和谐、团结向上。班主任要根据党和国家的教育方针，根据时代、社会发展对青少年的要求，结合班情、学情，制定班级发展目标，规划班级发展行动，实现班级向班集体转变。

由于学校各项工作的开展主要依靠班级这个平台，而班主任作为班级的组织者和领导者，学校的教育教学、教育管理、文化建设、学生活动等实际上都是通过班主任进行开展和落实的。从这个角度上看，班主任是班级教育系统的主导力量，学校只有将各项工作落实到班主任工作上，才能将教育扎实落在每一名学生身上，实现教育的根本任务和目标。

(二)班主任是各教育力量的协调者

学校教育是由班主任、教师、德育干部等各方教育力量共同完成的。班主任工作的特殊性在于要把不同教育力量进行整合，努力形成教育合力，从而促进学生成长。作为一种特殊类型的教师，班主任既是一个班的组织者和领导者，也是一个班中全体任课教师、学校其他教育工作者的协调者，还是家庭、学校、社会沟通的桥梁。

班主任是学校和班级、学生的协调者。班级是学校教育教学的基本单位，学生是以班级为单元存在于学校的，班级是学生成长的主要场所和环境。而班主任作为班级的组织者和领导者，自然而然地承担着协调学校、班级和学生的重要功能。班主任在学校教育中发挥着重要的"上传下达"作用。这种"上传下达"作用主要通过三个方面来体现。第一，传达学校教育要求。学校制定的各项规章制度一般是直接或间接通过班主任传达落实到学生身上的，班主任起到一种"上情下达"作用。第二，落实学校工作任务。班主任是学校工作的具体执行者，是落实学校各项规章制度的实施者，是教育培养学生的主体，承担着落实学校教育教学任务的重要职责。第三，及时向学校反馈学生情况。学校校长等行政管理者一般不与学生直接接触，学生基本信息、在校学习情况、德育发展情况，每个班级建设情况、存在的问题，学生活动开展情况等都需要通过班主任的向上"反馈"，班主任是学校了解学生各方面情况的一个重要渠道，在这里班主任起到一种"下情上达"作用。

班主任是任课教师和学生、家长的协调者。班主任工作是一项团队工作。作为班主任，在日常工作中往往需要协调好任课教师之间、任课教师与班主任、任课教师与学生、任课教师与家长之间的关系。只有班主任、任课教师、学生、家长四方群体目标统一、步调一致、齐心协力，才能形成良好班集体，学生才能更好地发展。新时代背景下，教育形势更加严峻，教育任务更加复杂，面对新挑战，班主任更应该努力协调好任课教师和学生、家长的关系，构建全员、全方位、全过程育人的班主任工作创新机制，做好班集体建设和学生成长指导工作。

班主任是学校和家庭、社区的协调者。学校和家庭是学生最重要的两个生活场域，其中家庭是孩子的第一所学校，父母是孩子的第一任老师。苏联教育家苏霍姆林斯基说："两个教育者——学校和家庭，不仅要一致行动，要向孩子提出同样的要求，而且要志同道合，抱着一致的信念，始终从同一原则出发，无论在教育的目的上、过程上，还是手段上，都不要发生分歧。"在家校合作工作中，一方面，班主任将学生在校情况传递给家长，进行家庭教育指导，寻求家长支持，引导家长和社区配合学校共同做好学生的教育工作；另一方面，家长将孩子基本情况、在家教育时遇到的困惑等反馈给班主任，寻求学校的帮助。这种双向沟通与协调的联结点正是班主任。良好的育人环境和氛围，离不开家庭和学校的共同努力。作为班主任，要积极主动赢得家长的信任，共同探讨教育学生的措施和方法，使学校教育与家庭教育密切配合，取得更好的教育效果。同时，要注意和社区进行协调、沟通，积极争取社会的教育力量，为学生发展营造良好的环境。

三、班主任是学生健康成长的引路人

从师生角度看，学生是受教育者，是班主任的工作对象。相对于任课教师，班主任对学生的影响更为直接。班主任是中小学日常思想道德教育和学生管理工作的主要实施者、中小学生健康成长的引领者和人生导师，是实施素质教育、落实立德树人根本任务的重要力量，对学生未来发展起着至关重要的作用。

（一）班主任的职责要求

班主任是"教育"职责的首要承担者。班主任的本职工作是对本班学生进行全面发展的教育，对学生的全面发展肩负重要责任。

通过梳理近些年相关政策文件，我们发现，在班主任工作的职责要求中蕴含着"班主任是学生成长的引路人"这一命题。2004年，中共中央、国务院印发《关于进一步加强和改进未成年人思想道德建设的若干意见》，意见提到未成年人是祖国未来的建设者，是中国特色社会主义事业的接班人；学校是对未成年人进行思想道德教育的主渠道，必须按照党的教育方针，把德育工作摆在素质教育的首要位置，贯穿于教育教学的各个环节；学校各项管理工作、服务工作也要明确育人职责，做到管理育人、服务育人。为深入贯彻落实《中共中央国务院关于进一步加强和改进未成年人思想道德建设的若干意见》，充分发挥中小学班主任教师在学校教育工作中的骨干作用，促进学生德智体美全面发展，教育部颁布《关于进一步加强中小学班主任工作的意见》，明确提出中小学班主任是中小学教师队伍的重要组成部分，是班级工作的组织者、班集体建设的指导者、中小学生健康成长的引领者，是中小学思想道德教育的骨干，是沟通家长和社区的桥梁，是实施素质教育的重要力量。中小学班主任工作是学校教育中极其重要的育人工作，既是一门科学也是一门艺术。接着，2009年教育部印发《中小学班主任工作规定》，其中第一章总则第二条规定：班主任是中小学日常思想道德教育和学生管理工作的主要实施者，是中小学生健康成长的引领者，班主任要努力成为中小学生的人生导师。第三章职责与任务第八条规定：全面了解班级内每一个学生，深入分析学生思想、心理、学习、生活状况。关心爱护全体学生，平等对待每一个学生，尊重学生人格。采取多种方式与学生沟通，有针对性地进行思想道德教育，促进学生德智体美全面发展。由此可见，班主任的职责和任务要求中规定了班主任不仅是知识的传授者，更是学生成长的引路人，且后者尤为重要。

在实际的教育教学实践过程中，许多班主任已经自觉或者不自觉地将自己的角色定位成了"学生成长的引路人"。课题组成员曾对班主任做过一项小调查，即要求写出"您认为班主任是……"在收集上来的答案中，有"引领者和建设者""领航者""引路人""引导者""感化者""辅助者""舵手""指明灯""太阳""孩子积极成长的领路人""学生价值取向的引领者""段片式的人生导师""黑夜里引路的精灵""传道受业解惑者""学生的榜样""伯乐""会欣赏学生的人""让孩子变得更好的那个人""帮助学生实现梦想的人""为孩子发展提供平台的服务者""是学生的第二任父母""同行人""学生成长的陪伴者""和学生共同成长的大朋友"。通过分析这些词语和短句，我们可以从中发现，其实这些班主任已经从内心深处将自己看作"学生成长的引路人"。我们尝试将这些答案提炼概括为"舵手""伯乐"和"同伴"。舵手，意思是操舵驾驶船的人，比喻把握方向的领导人，即学生的引导者和领路人。伯乐，意思是善于发现、推荐、培养和使用人才的人，即学生的欣赏者和潜能挖掘者。同伴，意思是同行的人，即学生的陪伴者。因此，做学生的引路人，班主任需要牢牢把握住"舵手""伯乐"和"同伴"这三个要素，做学生的引领者、欣赏者和陪伴者。作为一名班主任，要用自己的思想品质、学识知识等去教育引导学生健康成长。班主任不仅要关心学生的成绩，更要关心学生的情感世界和精神生活，促进学生在德、智、体、美、劳各方面获得全面发展。

(二)学生成长的现实需要

学生大部分时间是在学校度过的，而班主任和学生的相处时间最长，班主任的一言一行都潜移默化地影响着学生，是影响学生成长的"重要他人"和学生成长的引路人。

首先，学生完成个体社会化离不开学校教育。教育具有个体社会化功能。学生通过经历教育活动而成长为具有个性特质和符合社会需要的人。[①]从学校教育的角度来说，个体的社会化主要包括四个方面：一是学习生活技能，主要包括个体所处时代和社会所要求的日常生活技能和职业技能；二是内化社会文化，主要包括价值观念体系和社会规范体系；三是完善自我观念，即对自身的生理、心理状况，对自我和他人以及社会的相互关系有一个正确的认识；四是学会承担社会角色，就是通过角色学习和角色实践，能够自觉按照社会结构中为他规定的规范办事，这是社会化的本质和最终体现。班主任肩负教书育人的

---

① 张烨. 顺势而为：中小学班主任建班育人的价值初心及实践铺陈[J]. 江苏教育，2021(67).

责任使命，能够通过教育教学促进学生素质提高，引导帮助学生完成个体社会化，成为社会所需要的人。班主任要深刻领会新时代关于教育的一系列新要求，明确立德树人的根本任务，做好新时期班主任工作，源源不断地为社会培养和输送人才。

其次，学生身心发展还未完成，任何阶段的学生其价值观、学业情况、生活情况、心理健康情况、生涯规划情况等都需要得到班主任的引导。2020 年 7 月，教育部印发了《中小学教师培训课程指导标准（班级管理）》，提出了班集体建设、班级活动组织、学生发展指导、综合素质评价、沟通与合作 5 个班主任工作范畴，其中将学生发展指导细化为理想教育、学习指导、生活指导、心理指导、生涯指导五项具体要求。班主任对学生的成长指导则主要可以概括为价值观教育、学业指导、生活指导、心理健康教育、生涯规划指导 5 个方面的内容。随着 2021 年 5 月国务院教育督导委员会办公室印发《关于组织责任督学进行"五项管理"督导的通知》，体质管理作为"五项管理"规定之一正式纳入学校教育，要求学校全面落实每天上、下午各一次的 30 分钟大课间体育活动制度和体育家庭作业制度，加强身体锻炼指导也应该成为班主任对学生成长指导的一项重要内容。

最后，学生与班主任接触时间最长，班主任对其影响最为深刻。从上学的那一天起，每个学生绝大部分时间都处于班级之中，班级时时刻刻都以看得见的、看不见的方式影响着他们的成长。班主任与学生接触相对更多，对学生的影响直接又深刻，肩负着引领学生健康成长的重要职责。

一个好班主任不仅是一个好的管理者，更应该成为一个好的引路人。班主任要关注每一位学生的全面发展，用更多的时间和精力了解学生、分析学生，了解和熟悉每一位学生的特点和潜能，善于分析和把握每一位学生的思想、学习、身体、心理的发展状况，科学、综合地看待学生的全面发展，及时发现并妥善处理可能出现不良后果的问题；注意倾听学生的心声，关注他们的烦恼，满足他们的合理需求，以真挚的爱心和科学的方法教育、引导、帮助学生成长进步。

班主任是教师队伍中的骨干力量。随着中小学班主任队伍的建设，班主任选聘制度、培训制度、奖惩制度、考核制度等一系列规范体系建立并逐步完善，班主任真正成为教师队伍的"排头兵"。

第三节　班主任是落实立德树人根本任务的重要岗位

在我国，班级是学校教育教学的基本单位，而班主任作为班级的组织者和管理者，在贯彻落实立德树人根本任务中居于重要地位，是学校德育工作的实施主体，这是由班主任角色定位和工作任务决定的。我们只有充分认识到新时代背景下班主任的责任与使命，准确把握当前班主任工作面临的新形势、新特征，才能充分发挥班主任在学校德育工作和学生成长发展过程中的积极作用。

一、新时代中小学班主任工作的要求

高度重视对下一代的教育培养，努力提高未成年人思想道德素质，是我们党的优良传统，是党和国家事业后继有人的重要保证。党的十八大以来，以习近平同志为核心的党中央在带领全国人民开创中国特色社会主义新时代的伟大实践中，坚持"教育第一"，始终把教育工作摆在突出位置。在党的十九大报告中更是对教育工作做了全面、系统的部署，重申"优先发展教育事业"的总战略，提出了"建设教育强国是中华民族伟大复兴的基础工程""培养担当民族复兴大任的时代新人"。2018年9月，习近平总书记在全国教育大会发表重要讲话，深刻回答了我国教育改革发展的重大理论和实践问题，形成了系统科学的新时代中国特色社会主义教育理论体系，这是习近平新时代中国特色社会主义思想的重要组成部分，把我们党对教育工作的规律性认识提升到新的高度，为做好教育工作提供了根本遵循和行动指南。党的二十大报告中提出："教育、科技、人才是全面建设社会主义现代化国家的基础性、战略性支撑……办好人民满意的教育……全面贯彻党的教育方针，落实立德树人根本任务，培养德智体美劳全面发展的社会主义建设者和接班人……"这些重要论述，立足基本国情，遵循教育规律，具有统领性、引领性的重要意义。

新时代新特征，立德树人是根本，也是教育事业发展必须牢牢抓住的灵魂。培养什么人，为谁培养人，是教育的首要问题。2018年5月2日，习近平总书记在北京大学师生座谈会上发表重要讲话，再次强调我国社会主义教育就是要培养社会主义建设者和接班人，为做好新时代教育工作进一步指明了方向，提供了重要遵循。党的十八大以来，以习近平同志为核心的党中央高度重视中小学德育工作，曾多次强调立德树人是教育的根本任务，提出要努力构建德智体美劳全面培养的教育体系，形成更高水平的人才培养体系。

当今时代，坚持立德树人，需要加强对于学生的道德教育。社会的现代化带来了价值观念的冲突：一方面，科学技术高速发展，日新月异，社会物质越来越丰富；另一方面，社会变革风云莫测，特别是各种思想交相融合和冲突。学生面临这种复杂环境的挑战，如果不能树立正确的世界观、人生观、价值观，很难肩负起中华民族伟大复兴的重任。① 青少年学生是祖国的未来和希望，培养社会主义建设者和接班人和担当民族复兴大任的时代新人，必须加强对青少年学生的道德教育。

教育大计，教师为本。习近平总书记在育英中学考察时强调，人才培养，关键在教师。广大教师要牢记为党育人、为国育才的初心使命，以人民教育家为榜样，以德立身、以德立学、以德施教。班主任作为教师队伍中的特殊群体和骨干力量，是对学生进行思想道德教育的主体，是落实立德树人根本任务的中坚力量。坚持立德树人，着力培养德智体美劳全面发展的社会主义建设者和接班人，这是新时代对班主任工作提出的新要求。

二、新时代中小学班主任工作的挑战

教育是一项复杂的社会系统工程，在社会迅速发展的新时代背景下，班主任也不可避免地面临着诸多新问题，这为班主任工作和学生教育带来了新的挑战。第一，随着科学技术的进步，信息知识时代的到来，当今社会思想文化环境更加复杂，各种价值观念冲突激烈，对青少年价值导向、道德观念、行为方式等造成一定影响。第二，党和国家对人才培养提出了更高要求，使其真正成为担当民族复兴大任的时代新人。在此背景下，基础教育改革不断发展，培养"五育"并举的新时代高素质人才的育人使命，使得学校教育目标和班主任育人目标不断提高，班主任承担的责任使命更加艰巨；由于新高考改革的推进带来

---

① 教育部课题组. 深入学习习近平关于教育的重要论述[M]. 北京：人民教育出版社，2019：21.

的选课走班制的试行，一定程度上导致了班级概念的弱化，使得学校教育和管理难度加大，班主任也面临诸多挑战。第三，新时代背景下的学生群体和家长群体特点也发生了变化。随着时代不断发展，学生主体意识增强，自我需求和个性化需求更为明显，一定程度上增加了班主任工作难度。家长群体文化水平明显提高，参与学校教育的意识增强，由于激烈的社会竞争使家长对于子女的期望值越来越高，家长参与学校教育的能力不断增强的同时，也对学校教育和班主任工作提出了更高要求。第四，随着互联网的迅速发展，网络已融入我们生活的方方面面，它在改变着世界的同时也改变着我们的教育。互联网介入教育是一把双刃剑，新媒体技术在教育中的广泛应用等在为班主任工作提供便利的同时也带来许多新挑战。

在此情况下，班主任更要认清自己肩负的使命和责任，做一个有理想信念、有道德情操、有扎实学识、有仁爱之心的"四有"好老师，"做学生锤炼品格的引路人、做学生学习知识的引路人、做学生创新思维的引路人、做学生奉献祖国的引路人"，为发展具有中国特色、世界水平的现代教育，为培养德智体美劳全面发展的社会主义事业建设者和接班人不断努力。

三、新时代中小学班主任的专业素养

班主任是学校育人工作的中坚力量，在提倡立德树人、实施素质教育的今天，必须明确班主任的专业素养。我们认为班主任的专业素养包括作为教师的基础素养和作为班主任的核心素养。①

(一)作为教师应具备的基础素养

班主任的基本角色是教师，班主任必须承担教师的一般职责，我们将其称为班主任的基础素养。班主任的基础素养是指从事班主任工作所应具备的最起码的能力，是担任班主任岗位的基本条件，也是班主任作为合格教师所必需的能力。

---

① 北京教育科学研究院班主任研究中心开展了班主任核心素养的研究。具体可见：耿申，魏强，江涛，王薇. 班主任的专业素养：基于实证研究的体系建构[J]. 中国教育学刊，2020(12)。

1. 为人师表

为人师表是指在人品学问方面做别人学习的榜样。教师要坚守高尚情操，知荣明耻，严于律己，以身作则。孔子曰："其身正，不令而行。其身不正，虽令不从。"布鲁纳道："教师不仅是知识的传播者，而且是模范。"乌申斯基说："教师个人的范例，对于青年人的心灵，是任何东西都不可能代替的最有用的阳光。"这些都表达了作为教师、班主任要具备为人师表、言传身教的职业道德。对于学生来说，教师通过榜样示范引领学生成长，其自身就是最好的道德教育资源，包括教师知识、品德、情感、人格、精神乃至言行举止等，教师是以其全部生活经历和生命状态在影响学生。① 因此，教师的"身教"对学生成长的作用比其他方式更为直观和深入。2017 年教育部颁发《中小学德育工作指南》，强调"加强师德师风建设""争做'四有好教师'""实行师德'一票否决制'"，这也印证了班主任"身教"的重要性。在教育部关于印发《中小学教师违反职业道德行为处理办法（2018 年修订）》的通知、《新时代中小学教师职业行为十项准则》等相关文件中也都有类似表述。因此，无论从内在职业要求还是外在政策约束来说，班主任都必须恪守职业底线，为学生树立良好的榜样。

例如，郑老师以一次学校运动会发生的矛盾为契机，发挥自身榜样示范作用，培育学生宽容品质。一次田径运动会，郑老师班与隔壁班实力相当，都有希望夺得团体冠军。到了最后半个比赛日，竞争到了白热化程度。男子 100 米接力赛时，两个班的选手意外发生了碰撞，对方夺冠，郑老师班屈居亚军。学生感到非常委屈，要求郑老师向裁判组申诉。而郑老师觉得当时的碰撞是相互的而且是无意的，表示要放弃申诉，并一再引导学生们宽容大度，但学生们仍然不服。接下来的女子 1500 米长跑，郑老师和对方班级的班主任借来话筒，一起为两个班的选手加油。学生被郑老师的举动所感动，在运动会最后的项目中，两个班学生终于摒弃前嫌，互相为对方班级加油鼓劲。②

在日常生活中，用自己的实际行动提升学生的道德认知、塑造学生的高尚品质是最好的方式。正如塞缪尔·约翰逊所说："榜样具有良好的感染力。"教

---

① 朱小蔓，王平. 在职场中生长教师的生命自觉：兼及陶行知"以教人者教己"的思想与实践[J]. 南京师大学报（社会科学版），2017(3)：67-74.

② 郑小侠. 做学生真实的榜样：我的品质教育实践[J]. 班主任，2020(6).

师的垂范的力量一定会在学生身上扎根、传递。

2. 教育责任感

教育责任感是指教师应具有教育使命感和教育理想，对教育有思考和追求，对学生发展有高度责任感，尽心尽力对待教育工作，践行作为人民教师的职业道德规范。新时代对广大教师落实立德树人根本任务提出了新的更高要求，广大教师要努力成为有理想信念、有道德情操、有扎实学识、有仁爱之心的"四有"好老师。教书育人是班主任的职责所在，强烈的教育责任感是班主任做好本职工作的前提。班主任对学生的成长起着主导作用，只有具有强烈的教育责任感，对自身的教育工作负责、对学生负责、对学校负责，才能引领学生德智体美劳全面发展，培养社会主义建设者和接班人。顾明远说："教师的人生价值就体现在把青少年培养成材上。教师照亮别人的时候，也照亮了自己。看到自己的学生一个一个成材，教师就会有一种成就感，就会感到人生的价值。"教师将献身的教育事业作为生命的意义，才能创造性地把教书育人的事业做成功，才会以一种反思和研究的态度不断地探索教育教学过程出现的新问题，引导和帮助学生跨过知识和人格发展过程中的一道道坎，使每一个学生都能健康成长。"教育本质上是一个理想主义的事业。"[①]教师胸怀理想，才能培养出有理想的学生，才能长久葆有对教育事业的激情，才能不断超越自己追求卓越。教育是国之大计、党之大计。新时期的班主任更要从党和国家事业发展全局的高度，为党育人、为国育才，担当起自己的责任和使命。

3. 教育教学

教育教学能力是教师顺利完成教书育人工作的重要因素，主要包括教学能力和教育智慧两个方面。

（1）教学能力

教学能力体现在教师应具备任教学科的专业知识和教学方法，做到因材施教。教师必须具备精深的学科专业知识和扎实的教学能力，全面掌握教育学、心理学及相关学科的知识，了解教育工作的基本规律和方法，了解学生身心发展的特点，以便在系统而完备的科学理论的指导下全面做好教学和育人的工作。

---

① 钱理群. 教育本质上是理想主义者的事业[J]. 南方周末，2012(2).

（2）教育智慧

教育智慧体现在教师善于捕捉教育时机，借助语言、动作、环境等方式教育学生，恰当地、艺术地、创造性地解决教育实践中的问题。具有灵活、机智的教育应变能力的班主任能够随机应变、沉着冷静地处置复杂的教育情境和偶发事件，巧妙运用有效的教育方法，以达到最优的教育效果。

例如，陶行知"四块糖的故事"体现了批评教育的艺术。陶行知先生在做校长时，一天，在校园里看到一名男生正想用砖头砸另一个同学。陶行知及时制止同时令这个学生去自己的办公室。在外了解情况后他回到办公室，发现那名男生正在等他，便掏出第一颗糖递给他："这是奖励你的，因为你很准时，比我先到了。"接着又掏出第二颗糖："这也是奖励你的，我不让你打人，你立刻就住手，说明你很尊重我。"该男生将信将疑地接过糖。陶行知又掏出第三颗糖："据了解，你打同学是因为他欺负女生，说明你有正义感。"这时那名男生已经泣不成声了："校长，我错了。不管怎么说，我用砖头打人是不对的。"陶校长这时掏出第四颗糖："你已经认错，我们的谈话也结束了。"陶先生以出其不意的奖励感化教育，轻而易举地攻破了学生的心理，圆满地达到了教育的目的。①

4. 关爱学生

关爱学生是每位教师育人工作的基础。教师与学生之间不仅是课业授受的关系，还应当是相互信任的成长伙伴关系。教师要与学生建立一种平等对话的情感性交往，就要具备关爱学生的能力。范梅南说："我们可以说教育智慧是知识的一种形式，然而，教育智慧与其说是一种知识，不如说是对孩子们的关心。"作为教师，要时刻关心学生成长。

（1）尊重学生

尊重是师生开展平等对话的前提。教师要平等对待每个学生，尊重每个学生的人格，建立与学生的信任关系。只有如此，学生才能感受到教师的关爱，教师才可能深入学生的内心世界，才能达到"亲其师，信其道"的育人效果。

（2）关心学生

教师要全面地关心学生德智体美劳各个方面的发展状况。班华教授提出：

---

① 张万祥. 德育智慧源何处[M]. 北京：中国轻工业出版社，2010.

"精神关怀是班主任专业劳动的核心内容。班主任教育劳动主要的、内在的目的是育人，教育劳动的主要内容，或者说实质上就是关怀学生的精神生活、促进学生的精神成长。"①因此，教师要与学生进行心与心的情感交流，了解学生的成长需求，做学生的知心朋友。

(3)理解学生

了解学生的基本信息是教师采取教育指导的基础。教师要了解学生的身心状态、品德发展、学业水平、行为习惯、性格爱好等，才能对学生有深入的理解。"处天外遥望地球很小，居体内细察心域极宽。"魏书生老师两句精彩的哲理诗句，阐明了每个人的内心世界之广阔。一个学生就是一个世界，每位班主任都是学生心灵世界的耕耘者，只有深入了解学生，才能走进学生的心灵世界。班主任的工作对象是有意识、有感情、有理智、有不同认知和心理特点的人。班主任要面对这些千差万别的精神世界去探索、去研究，把握其成长经历、内在情感、个性特征、兴趣爱好、理想追求，才能够因材施教，创造适合其个性特点的教育方式。

例如，林老师用闪光表格记录学生优点，深入了解并走进学生内心世界。林老师将其命名为"做最好的自己"。"闪光表格"第一列是学生姓名；第二列是该生特长记录；第三列是林老师对这个学生的第一印象，比如"你是个眼睛里闪着光的孩子""你爱运动""你的笑声感染了我""你心灵手巧"等；从第四列开始是每天的新发现，记录着孩子当天做的好事，比如"你随手捡起纸张，可见你是个爱干净整洁的孩子""你主动帮同学拿餐具，是个乐于助人的孩子""你让组员分工合作，有领导气质"……林老师认为，学生就像百花园中悄然绽放的一朵朵鲜花，没有哪两朵是一样的，即便有相似之处，也能于细微处见不同。记录"闪光表格"，可以发现每个学生独特的优点，帮助班主任根据每个学生不同的特点因材施教。期末，林老师会对每个学生的闪光点进行整理、提炼，并改编成他的期末评语。从这些评语中，家长们更多感受到了班主任对学生的关心与爱，更愿意付出努力来和老师一起教育好孩子。林老师也常常鼓励家长："您是个善于反思的家长。""您不仅有想法，更有行动力。""感谢您对我

① 班华. 专业化：班主任持续发展的过程[J]. 人民教育，2004(Z3)：9-14.

的信任，您这样配合，相信孩子会成长得更优秀!"①

在这则案例中，林老师通过"闪光表格"全面及时地了解学生的日常表现，发现每个学生的可爱之处。在记录优点的过程中，老师拉近了与学生间的心灵距离，以赏识的眼光发掘学生的优点，让学生感受到老师的关爱，促使每个学生都努力做最好的自己。

5. 专业发展

专业发展是指教师作为专业人员，在专业思想、专业知识、专业能力等方面不断发展和完善的过程。教师的专业发展要求教师成为终身学习者、研究者和合作者，要求教师具有发展的自主性。教师作为专业人员，要树立终身学习的理念，更新知识结构，不断提高专业素养和教育教学水平。

（1）学习能力

选择做教师，就意味着选择将学习作为自己的生活状态。教师面对的是鲜活的学生个体，其职业特殊性要求教师不能固守已有的知识和经验，要不断充实自己的知识储备，不断完善自身的教育理念体系。教师要善于通过多种渠道进行学习，如通过阅读、与同行交流、参加研修培训等方式，不断提高分析、归纳、概括、总结的能力，获得专业成长，向专家型、研究型教师发展。

（2）反思能力

反思是教师专业成长的重要手段和途径。教师在职业生涯中要始终坚持独立思考和批判性思维，只有如此才能有分析、洞察事物本质的能力。教师要在教育场域保持敏感性，在实践、学习和研究的过程中不断审视和反思，从而发现问题，改进调整教育行为，进而解决问题，最终形成理性认识，促进专业自我的形成。

例如，缪老师基于对班级日常管理工作的反思，及时调整自己的教育理念和实践。缪老师曾经带过一个班，一次晚自修抽查中，班里出现了"脏、乱、闹"的场景。缪老师懊恼地批评了学生，还严厉地训斥了班委，师生都很不愉快。在记录教育心得时，缪老师不断反问自己：今天我调查原因了吗？怎么会如此浮躁？是不是因为有了点儿进步，我就操之过急了，应该还有更好的解决

---

① 林慧. "闪光表格"，记录优点促成长[J]. 班主任，2020(5).

方法吧？在不断地自我追问后，缪老师告诉自己：我对班级发展中可能会出现的反复性和曲折性估计不够，因而期望值太高；已经取得的成绩在鼓舞我的同时也让我心浮气躁。反思后，缪老师重新调整心态和行为，后来师生又回到了相互理解的正轨上。①

（3）研究能力

苏联教育家苏霍姆林斯基曾说："如果你想让教师的劳动能够给教师带来乐趣，使天天上课不至于变成一种单调乏味的义务，那你就应引导每一位教师走上从事研究这条幸福的道路上来。"②教师的研究能力是推动教师专业发展的重要途径，班主任要善于在平时的教育教学实践中总结经验，发现教育问题，探究教育现象，运用科学的研究方法开展科研工作。班主任可以通过教育写作和课题研究两种主要的途径开展科研工作，从而提高自己的研究意识和能力以及教育教学水平。

（4）创新能力

教师职业需要很强的创造力，只有具有创新能力的教师，才能培养创新型人才。

（二）作为班主任应具备的核心素养

班主任是教育职责的首要承担者，是一个班级中负主要责任的教师。班主任在肩负教育教学职责的同时，还行使管理和育人之职，主要包括：对学生进行思想政治教育和品德教育、组织和管理班集体、关注学生的全面发展、协同科任教师和家长形成育人合力以及学生综合评价等。由于班主任角色的特殊性和职责的重要性，班主任还需要努力提高自身的"核心素养"，包括班级建设、学生指导、沟通协调三大内容。三项核心素养是班主任区别于一般教师的最为重要的三项能力。它既是对班主任这一重要岗位的专业要求，也是对班主任专业成长的指导框架。

1. 班级建设

班集体不是学生的简单集合，班集体的形成有一个过程，一个班集体形成

---

① 缪兴秀. 教育反思：班主任成长的阶梯[J]. 班主任，2010(5).

② 苏霍姆林斯基. 给教师的建议[M]. 北京：教育科学出版社，2000：494.

的标志是有共同的班级发展目标，有共同认可的行为规范，有学生自主管理机制，有共同的情感和向心力。教育部颁布的《中小学班主任工作规定》指出："认真做好班级的日常管理工作，维护班级良好秩序，培养学生的规则意识、责任意识和集体荣誉感，营造民主和谐、团结互助、健康向上的集体氛围。指导班委会和团队工作。"由此可见，班级建设能力，是班主任岗位的基本要求和重要基础。班级建设的最终目的是促进每个学生个体的成长和发展，班主任在班级建设过程中要始终以学生发展为本。

（1）班级日常管理

教育部颁布的《关于进一步加强中小学班主任工作意见》要求班主任"要做好班级的管理工作。加强班级的日常管理、维护班级良好的教学和生活秩序"。班主任对学生的管理首先是从班级日常管理开始的，对学生的教育也更多的是通过日常管理来进行和落实的，可以说班级日常管理是班主任最基础的工作。班级管理的根本目的是实现教育目标，使学生得到充分的、全面的发展。班级管理包括班级组织建设、班级制度管理、班级教学管理、班级活动管理。① 班主任要在党的方针政策和相关理论指导下，善于运用班级管理的原则和方法，如强化激励、平行管理、民主参与等，形成友善、和谐的班级文化氛围，建立起学生的规则意识和自我管理能力。

例如，孙老师以"自我教育"为理论依据，力求将班级建设成有安全环境、制度保障、广阔空间的"练习场"，根据学生的年龄特点和班级发展阶段，不断调整班干部制度，形成了班干部阶段式培养路径。

一、二年级：岗位体验，明确职责。一、二年级是小学的起始阶段，学生在此阶段的重点任务是适应小学生活，养成良好习惯。孙老师将班级方方面面的事务进行细化，设置班级岗位，让学生每月进行一次轮岗。这样既保证了机会的公平，也让学生通过体验不同的岗位了解其职责。据此制定了"小鬼当家"班级岗位职责表，并把它贴在教室墙上，做到"人人有事做，事事有人做"。在小学低年级阶段，学生轮岗体验班级事务，班主任的身份是陪伴者，陪伴他们参与班级事务的全过程，并给予细致、耐心的帮助与指导。

三、四年级：成长课程，培养能力。经过两年的岗位体验，学生已经很熟

---

① 王桂艳. 德育与班级管理[M]. 北京：北京师范大学出版社，2015：109-113.

悉班级事务，工作能力得到了进一步提升，于是采取"竞选制"。孙老师利用班会课时间面向全体学生开设了为期两个月的班干部成长课程，包括服务意识、沟通能力、组织能力、管理能力四个方面。至于是否参选班干部，则根据学生个人的兴趣和意愿决定。此外，班级还实行了班干部例会制度，每两周做一次工作总结，每月开展一次述职报告。班干部利用班会课时间向全体同学汇报一段时期内班级工作的开展情况，其他学生也可以借此机会提出自己的建议或想法。这一时期，孙老师在管理班级事务上已渐渐退居"二线"，更多是以指导者的身份培训学生，把实践机会交给小干部，让他们实践自己学习到的知识与方法，提高解决问题的能力。

五、六年级：任务招募，自主管理。为保障班级工作的正常开展，孙老师将班级任务分解为常规任务和实践活动两个方面。常规任务通过"任务招募制"完成，将"班级管理者"变为"任务负责人"，具体做法是将班干部的管理职责细化为一个个任务，招募愿意承担的学生领取并完成任务。实践活动则通过"申报审批制"完成，学生根据自己的兴趣或特长，自行提出主题，独立设计活动，召集相同兴趣的伙伴相互协商、共同合作完成，能够充分满足学生的不同需求。由于任务多样且按月轮换，所有学生均可根据自己的兴趣和所长选择并完成相应任务。①

在上面的案例中，孙老师根据学生的年龄特点和班级发展阶段，分阶段实施班干部培养计划，使学生主体性得到发挥，锻炼了学生民主协商、合作互助的品质，实现了班级学生的自我管理和自我教育。

班级日常管理不只是为了规范学生，更重要的是为了培养学生、发展学生。因而班主任在班级日常管理时，要尊重学生的主体地位，发挥学生的主体作用，始终将学生视为班级日常管理的主人，引导学生自我管理、自我教育，最终养成自主管理意识和能力。

(2)集体建设

班集体是按照班级授课制的培养目标和教育规范组织起来的，以共同学习活动和直接性人际交往为特征的社会心理共同体。班主任作为班级教育职责的首要承担者，要具备将班级凝聚成集体的规划和实施的能力，通过培育学生集

---

①　孙秀林. 班级小干部阶段式培养路径[J]. 班主任，2022(1).

体，促进集体和个体共同发展。班集体必须依靠班主任的培养、管理，使之成为一个优化的环境。这需要班主任在分析班情学情的基础上，进行班级目标建设、班级组织建设、班级制度建设、班级文化建设、班级活动建设、班级情感建设。班主任要与学生共同确定班级发展目标；组建班级领导团队和家长教师合作组织；有针对性地组织班、团队会以及各种主题教育活动和文体活动；确定班级组织建设制度和班级日常管理制度；注重创设"有文化品位"的班级生活；营造亲密的人际关系，发挥情感在班级建设中的重要作用等，使班级成为学生的精神家园。

此外，随着新一轮高考改革的推行，一些学校开始尝试选课走班制改革。选课走班后，原有固定班级被打破，学生在不同的教学班上课。就目前来看，学校选课走班类型大体可以概括为两类模式：一类是彻底解散了原有班级的完全走班模式，学生失去了原有固定班级；另一类是保留原有班级的"原有班＋教学班"模式，这种模式下，每个学生在无选课时间都能回到原班级。这种新的教学组织方式的变化给班集体建设带来了多方面的影响。选课走班后，"班级授课制"这种教学组织形式的本质依然存在，"班级"以不同的形式呈多样化存在，班级工作内容没有发生本质的变化。同时选课走班也为落实全员育人提供了很好的发展机遇。在这种情况下，班主任更要协调好与各科教师、家长、社区的关系，加强对学生的教育和管理，建立全员、全程、全方位班级育人体系建设。

互联网的发展、新媒体技术的应用，为班级管理和建设提供了机遇。新时代班主任要不断提升自身素养，合理利用网络和新媒体技术，将其与传统班级管理模式相结合，最大限度地发挥网络带给班级建设的优势。

在立德树人的大背景下，班主任还需要不断学习，探索、实践出一套适合自己的班集体建设方法。

2. 学生指导

学生指导指班主任对学生开展个性化指导。班主任要充分了解、关爱、平等对待班级中的每一个学生，并实施适性指导，让每一个学生都能在集体中有所提高和发展。教育部颁布的《中小学班主任工作规定》就明确指出："全面了解班级内每一个学生，深入分析学生思想、心理、学习、生活状况。关心爱护全体学生，平等对待每一个学生，尊重学生人格。采取多种方式与学生沟通，有针对性地进行思想道德教育，促进学生德智体美全面发展。"

（1）价值观教育

价值观教育对于提升学生的思想道德水平具有重要意义。坚持立德树人，就要把社会主义核心价值观融入学校教育全过程。

班主任是落实立德树人根本任务的关键岗位，是中小学思想道德教育工作的主要实施者，要发挥自身在培育和践行社会主义核心价值观方面的基础作用。班主任要将价值观教育融入思想道德教育、文化知识教育、社会实践教育各环节，为学生打牢思想基础，教会学生进行价值判断和行为决策。班主任要根据学生不同年龄段的身心发展特点，选择适当的教育方式对学生开展理想信念教育、社会主义核心价值观教育、中华优秀传统文化教育、生态文明教育、心理健康教育等，帮助学生形成正确的世界观、人生观和价值观，引导学生自觉把个人成长与新时代的使命任务相结合。这既是我国社会主义发展的需要，也是学生个体健康成长的需要。

（2）个性化指导

班主任开展班集体建设，重在形成集体、建成团队，其最终目的是使每个学生在集体中获得个性的发展和成长。因此，如何让不同情况的学生都能获得发展是班主任的一项重要能力。个性化和集体建设要建立在对个体理解的基础上。班主任要了解学生的基本信息、身心状态、品德发展、学业水平、行为习惯、性格爱好、优势特长等，了解学生的成长环境、家长的基本信息、家庭类型、家庭问题、家长诉求等，这是班主任开展个性化指导的基础。

（3）学业指导

联合国教科文组织提出了面向 21 世纪教育的四大支柱：学会学习、学会合作、学会做事、学会生存。学会学习是成长的根本。教育部颁布的《关于进一步加强中小学班主任工作的意见》指出：教育学生明确学习目的，端正学习态度，掌握正确学习方法，养成良好学习习惯，增强创新意识和学习能力。2021 年 5 月，中共中央办公厅、国务院办公厅印发《关于进一步减轻义务教育阶段学生作业负担和校外培训负担的意见》（以下简称《意见》），该《意见》出台后，班主任更要加强对学生学业的指导。在新时期，班主任对学生进行学业指导，要培养学生学习兴趣，让学生具备基础知识，掌握科学的学习方法，引导学生学会自主学习。

（4）身心健康指导

新时代学生不仅要有足够的科学文化知识，还要有健康的体魄和健康的心理。全面培育学生的积极心理品质和健康体质，让广大学生更加健康，是落实立德树人根本任务应有之义。

班主任要了解学生的生理特点和身心发展状况；及时发现学生个体身心发展存在的问题，对学生身心发展进行辅导和纠正；加强对学生体质健康管理和引导，保障学生每天校内1小时体育活动时间；引导学生掌握情绪管理技能，对学生进行恰当的情绪疏导；开展健康教育和卫生教育。促使学生的心理品质和身体素质得到全面提升，实现学生的健康成长和全面发展。

身心健康指导还包括班主任要十分重视与学生建立良好的师生关系，班主任通过日常语言和行为建立起与学生的彼此信任的关系，从而在学生遇到困难时能够得到学生充分的信赖，帮助学生解决个性化问题。

（5）生活指导

为了让学生学会合理安排生活，提高独立自主能力，能够适应未来社会生活，班主任还需要对学生进行生活指导。班主任通过生活指导增进学生对生活的理解，培养乐观的生活态度，养成良好的生活习惯，掌握应有生存技能，引导学生过有意义的生活，成为"积极的生活者"。生活指导内容可以包括对学生进行礼仪常规教育，指导学生的日常交往，指导学生遵纪守法、合理消费，引导学生热爱生活，对学生进行劳动教育等。

（6）生涯指导

学生生涯指导主要体现在初中和高中阶段。生涯教育有助于学生认识自我和终身发展。班主任生涯指导主要是帮助学生建立生涯规划意识，引导学生认识自我，思考学习与未来专业职业发展的关联性，树立正确的职业目标，做好生涯决策和生涯规划。

（7）评价学生

评价学生的能力是班主任科学开展学生指导的重要素养。教育部颁布的《中小学班主任工作规定》要求班主任："组织做好学生的综合素质评价工作，指导学生认真记载成长记录，实事求是地评定学生操行，向学校提出奖惩建议。"班主任是与学生接触最多的教师，能够综合科任教师的意见，对学生的德智体美劳等方面进行综合评价。班主任要以促进学生发展为目标，关注和发现学生成长中的需求和潜能，帮助学生制定恰当的发展目标，通过客观、公正的评价，记录学生的成长，帮助学生认识自我、树立自信，并通过向家长和学校及时、如实反馈学生情况，促进学生德智体美劳全面发展。

综合素质评价主要包括品德发展评价、学业发展评价、社会实践评价、艺术素养评价、身心健康评价和劳动素养评价等方面。品德发展评价主要考查学生在爱党爱国、理想信念、诚实守信、仁爱友善、责任义务、遵纪守法等方面的表现。学业发展评价主要考查学生各门课程基础知识、基本技能掌握情况以及运用知识解决问题的能力等，注重过程性考核与结果性考核有机结合、兼顾课堂参与和课堂纪律考查，以引导学生树立良好学风。社会实践评价主要考查学生在社会生活中动手操作、体验经历等情况。艺术素养评价主要考查学生对艺术的审美感受、理解、鉴赏和表现的能力。身心健康评价主要考查学生的健康生活方式、体育锻炼习惯、身体机能、运动技能和心理素质等。劳动素养评价主要考查学生劳动教育课程学习与参加日常生活劳动、生产劳动和服务性劳动情况，注重过程性评价，以引导学生崇尚劳动、尊重劳动、践行劳动。

在日常教育教学活动中，班主任要注重指导学生记录在成长过程中反映综合素质内容的活动，收集相关事实材料，及时填写活动记录。在实施评价的过程中，第一，班主任要注重掌握多元评价方法和科学、合理的奖惩方法开展学生评价。第二，班主任要以个体内差异为评价基准，看到每个学生在自身原有基础上的成长和进步。第三，班主任要有计划、有目的地指导学生开展自评、互评、他评，进行自我教育。第四，班主任要以全面、发展的视角看待成长中的个体，在全面了解学生的基础上，结合学校学生综合素质评价的具体内容和要求，科学客观地进行评价，创造有利于每位学生的个性发展和全面发展的教育机会。

例如，焦老师将《小学生综合素质评价手册》（以下简称《手册》）融入日常的学生评价。焦老师采取了五方面做法：一是与学生习惯培养相结合。焦老师将《手册》中的评价内容与学校的习惯培养目标巧妙结合起来，还结合班级学生的实际，将这些评价点分解到每月的评价细则中，使《手册》与学校评价、班级评价有机结合在一起。二是实施日、周、月三级评价，促进学生发展。三是"预支"红星，保护学生的上进心。如果某个学生表现突出，只差一两颗红星就能符合颁发"大红星"标准，可以在班级讨论，征得大家同意后，预支红星，预支的红星在下个月的评价中返还。这样既保护了学生的上进心，又提高了评价的有效性，激发了学生参与评价的积极性。四是用评价激发学生闪光点。每个学生都有闪光点和不足之处，焦老师力求通过评价使每个学生看到自己的优点，逐步养成自尊、自爱、自信等心理品质。五是评价结果及时向家长反馈。每周将评价结果以邮件形式反馈给家长，让家长及时了解孩子在校的表现，并及时评价、及时反馈、及时矫正，与老师共同推动学生进步，使教育教学活动处于一种良性循环状态。[①]

在这则案例中，焦老师将《手册》活用起来，在班级日常管理中实施日、周、月三级评价制度，将《手册》中的评价内容与学校培养目标相统一，通过多种评价方式评价促进学生养成良好的行为习惯，发掘学生的闪光点，并及时向家长反馈，形成良好的教育协作关系，共同促进学生健康成长。

3. 沟通协调

教育部颁布的《中小学班主任工作规定》指出："经常与任课教师和其他教职员工沟通，主动与学生家长、学生所在社区联系，努力形成教育合力。"促进学生的健康成长和全面发展是学校、家庭、社会的一致目标，班主任为达成共同的育人目标，密切协同科任教师、家长和社会的教育力量，形成责任共识，才能更好地发挥协调一致的育人合力，构建和谐教育生态。因此，沟通协调是班主任核心职责的重要组成部分，具体包括沟通教育信息、协调教育关系、调动教育资源。

(1)沟通教育信息

班主任是联系学生、家长、学校领导、校外资源等相关群体的纽带，班主任要积极发挥自身在协同育人中的主导作用，与各教育主体经常性地沟通教育信息，才能更好地发挥协调一致的育人合力。

沟通教育信息主要包括三个部分：一是班主任要经常与家长进行沟通，以平等协商的态度交流学生成长过程中的信息，鼓励引导家长参与学校教育，并有针对性地为家长提供家庭教育指导服务。2021年10月中共中央、国务院印

---

① 焦立群. 让《评价手册》动起来[J]. 班主任，2014(6).

发的《深化新时代教育评价改革总体方案》提出，"将落实中小学教师家访制度，将家校联系情况纳入教师考核"。在政策要求下，班主任更要进一步加强与家长的沟通协调。二是班主任要及时与科任教师沟通班级学生发展状况，进行集体教研，实现资源共享，共同解决班级问题。三是班主任要了解学生所在社区的相关信息，引导家长参加社区家长学校或引导学生参加社区相关活动，发挥社区教育的力量。

例如，贺老师为家校沟通做了四项准备，达到了很好的沟通效果。一是备沟通目标——为何说。有效的家校沟通，是家、校、孩子多方的兼顾。在制定沟通计划时，要明确沟通目标。目标的设定，要根据孩子年龄、心理特点，融合家长的实际需求，具有合理性和针对性，避免一厢情愿现象。

二是备沟通对象——和谁说。由于每个家长教育理念、知识背景、职业个性等不同，沟通时间、沟通方式、内容也就不能等同划一。班主任充分了解了"说"的对象，才能在面对面交流时有的放矢。

三是备沟通内容——说什么。班主任要提前思考家校沟通的主题，合理设置"说"的内容，并把交流过程中可能遇到的问题进行预设，做好应对措施。围绕"说"的核心内容，贺老师确定好交流的切入点和主要方面，考虑好处理意见和解决方法，并对交流过程做了翔实计划、周密备"案"。

四是备沟通方式——怎么说。沟通方式是沟通的重要方面，如果缺乏良好的沟通方式，不但达不到"说"的效果，无法解决学生教育问题，同时还会使家长对老师失去信任。沟通前，班主任需要根据不同的沟通对象，合理选择"说"的方式。[①]

这则案例中，贺老师在与家长沟通前，通过备"为何说""和谁说""说什么""怎么说"四方面内容，充分了解学生的行为表现，明确沟通目标；了解家长的基本信息和家庭教养方式，明确沟通的对象；思考与家长沟通所需解决的问题和解决方式，明确沟通内容；根据沟通对象选择适合的沟通步骤与策略，明确沟通方式。

（2）协调教育关系

教育关系的和谐是学生健康成长和全面发展的必要条件。班主任作为班级

---

① 贺敏. 家校沟通，有备而"说"：以一次家校沟通为例[J]. 班主任，2020(2).

教育活动的组织者和协调者，应建设好班级人际关系，包括师生关系、生生关系、师师关系和家校关系。

就班级管理而言，班主任要处理好三对人际关系：一是建设亦师亦友的师生关系。师生关系是班级生活中最重要的人际关系，直接关系着教师的教育效果。班主任不仅是传道受业解惑的师长，也应当是取得学生信任的知心朋友。班主任树立正确的学生观才能形成和谐的师生关系。班主任要树立平等观，平等对待每个具有独立人格的学生；班主任要树立发展观，用发展的眼光看待成长中的学生；班主任要树立差异观，尊重每个学生的差异性和个性，从而建立起与学生的信任关系，成为学生的成长伙伴。

二是建设互助友爱的生生关系。同伴是学生发展友情、实现社会化的重要来源。良好的生生关系能够为学生个体提供有力的心理支持，也有助于产生独特的班级情感体验和集体意识。班主任要在集体生活中养成学生相互尊重、和谐相处、平等协商、合作共事等意识和品质，形成学生相互理解和信任的班级氛围。

三是建设合作互助的师师关系。新时代科任教师也应当成为班级教育与管理群体中的一员，尤其是新高考改革后一些学校实行选课走班制，教师的育人职责更为凸显。在全员育人背景下，教育主体由班主任转向教育群体，班主任与科任教师共同组成了班级的管理者团队。班主任要主动与科任教师沟通，尊重科任教师在班级工作中的参与权，调动其共同参与学生教育管理，形成合作互助的伙伴关系，合作做好班级管理工作。

四是建设将心比心的家校关系。让孩子成长为完整、丰富的人是家校合作的目的和归宿，班主任与家长之间是具有一致目标和共同责任的教育伙伴关系。面对党和国家的育人要求、政策规定和社会发展带来的新挑战，新时代家校共育必须由家长单方面配合走向家校相互合作，新时代家校关系也必然由松散割裂走向紧密协同。班主任要主动与家长构建教育共同体，促进双方在互动过程中以儿童的发展为逻辑起点，站在他者的立场审视自身行动，进而达成班主任与家长的相互理解，促进家校双方的和谐。

(3)调动教育资源

教育是一项系统性工程，班主任要充分调动家长、学校、社会的相关力量，有效挖掘和整合相关教育资源，共同助力学生健康发展。

第一，调动家长资源。家长是班主任教育孩子的合作伙伴，班主任可以通过多种方式调动家长参与学校教育的积极性，如建立家委会组织，引导家长作为联合教育者、活动志愿者等方式。家长通过担任学校活动志愿者或亲自走进课堂，能够深入了解老师的工作，更加理解和体谅老师，并且从只关注自己的孩子转变为关注学校的每个孩子，促进家校之间更加紧密的联结。

第二，调动教师资源。从班主任工作来看，教师是班级建设中的一支重要力量，班主任与学校教师之间的关系直接影响到班主任工作的开展和班集体建设。班主任要主动获取班级科任教师、校医、心理教师、体育教师等的支持，提升班级工作水平，尤其要加强与科任教师的沟通协作，形成教师间合作互助的伙伴关系。这样才能够在学科间搭建交流与合作的平台，多角度了解学生成长的需要，分析学生成长的问题，科学有效地助力学生全面发展；同时，促进科任教师参与班级管理和决策，形成人人教书育人的格局。

第三，调动社会资源。学校教育还应当广泛吸取社区和社会力量的支持与参与。班主任要积极主动地思考和寻找可供班级发展的教育资源，为学生发展谋求更多的支持。一方面，班主任要拓宽实践育人的途径，让学生参与社会生活。实践育人是让学生通过参与社会实践活动获得道德体验，是实现全面育人不可或缺的重要环节。班主任可以积极挖掘社会教育资源，以开展主题教育实践活动、劳动实践、志愿服务等实践活动为契机，发挥社会协同育人的力量。另一方面，班主任可以聘请班级校外辅导员，为学生树立成长榜样。校外辅导员是社会各行各业中具有模范性和榜样性的群体，如专家学者、体育明星、知名作家、英雄人物等，是学校丰富的德育资源。班主任可以聘请班级校外辅导员进入班级，使其成为学生的成长伙伴。

第二章　构建班级育人体系：以班级为平台落实学校育人工作

本章主要从班级是学校德育工作开展的依托平台，班级育人体系是学校德育体系的子系统，建设全面、系统、完整、有特色的班级育人体系三个方面分析论述了班级在学校德育工作中的重要作用，建立学校育人体系的重要意义，以及如何具体构建。班级是学校最基层的组织，是学校教育教学的基本单位，学校德育工作是以班级为单位开展的。班级育人体系是学校德育体系的子系统。而班主任作为班级的组织者和管理者，是班级工作的主要执行者，要真正落实学校德育工作，班级育人体系建设必须以班主任为核心。因此，班主任要从班情分析、带班理念、班级目标、实施途径、班级评价五个方面建设全面、系统、完整、有特色的班级育人体系，有效发挥班级的集体育人价值，实现学生健康成长和全面发展。

班级是学校最基层的组织，是学校教育教学的基本单位，学校育人工作是以班级为基本单位开展的。班主任作为班级的组织者和管理者，其工作的一项重要内容就是建设全面、系统、完整、有特色的班级育人体系，有效发挥班级的集体育人价值，以更好地将学校育人工作落地、落小、落实。

第一节　班级是学校德育工作开展的依托平台

班级是学校为实现一定的教育目的，将年龄相同、文化程度大体相同的学生按一定的人数规模建立起来的教育组织。在我国现行的中小学组织形态中，班级是学校教育教学的基本单位，也是学校行政管理的最基层组织，整个学校教育功能的发挥主要是在班级中实现的。从学校教育系统运行机制来看，学校一切教育、教学、管理工作的开展都以班级为单位进行，学校工作必须通过年级、班级，最终到学生，层层落实开展。班级是学校最主要的组成部分和最重要的工作开展平台。

一、班级的起源和发展

班级，即学班＋学级，其中，"学班"是将同一学习目的或任务的人群根据某一标准进行编排，"班，分瑞玉也"；"学级"是将不同班依照其学习目的或任务上的连续状态，依次编排，"级，丝次第也"。[①] 通常在我国所言"班级"就单单指"班"，"级"一般用年级代替，班比级重要。[②]

班级是社会和时代发展的产物。在奴隶社会和封建社会，世界各国基本上都采用的是个别教学形式，我国也不例外。个别教学形式是指"在一间房子里聚集着一群年龄相差很大程度不一的学生，由一个教师对每一个学生进行不同的个别教学，教学内容、进度都各不相同，也没有固定的学习年限、开学和结业时间、周课程表"[③]。这种教学形式是与当时社会发展和经济状况相适应的。

---

① 魏国良.学校班级教育概论[M].上海：华东师范大学出版社，1999：35.
② 王洪明.从"管理"到"辅导"：班级变革研究[D].上海：华东师范大学，2011.
③ 谭保斌.班主任学[M].长沙：湖南师范大学出版社，1998：2.

西方国家在中世纪以前以个别教学为主流形式，虽偶有巴特里制、利森制和座堂制的出现，但并不具备"班"的本质属性。中世纪末期，随着工商业的发展、中心城市的不断涌现以及平民阶层的不断扩大，为了提高工商业生产力水平和劳动力素质，扩大教育规模、加快教育速度、缩短人才培养周期，成为当时学校教育的迫切需要。于是，法国出现了"拉萨尔分组"，这是班级教学形式的雏形。文艺复兴时期，伊拉斯谟最先提出"班级"一词。随着资本主义经济的发展和科学技术的进步，在16世纪欧洲的一些学校里出现了班级授课制的萌芽。法国的居耶纳中学、德国的斯特拉斯堡文科中学是最初设立班级的学校。16世纪中叶，是否依据年龄与发展阶段把学生分成班级，成为西方国家评价优秀学校的标志之一。到了17世纪，捷克教育家夸美纽斯在其著作《大教学论》中提出了用"班级授课"代替"个别教学"，并系统地阐述了班级授课制的理论，为班级组织奠定了理论基础。18世纪末到19世纪初，西方学校把教学单位分成若干班级，由教师向数十名乃至数百名学生实施同步教学。从此，班级授课制逐渐成为各国学校普遍采用的教学组织形式。

我国采用班级授课制是在1862年清政府创立的京师同文馆。在这之前，春秋时期的私学，汉以后的私塾，都是将学生集中后进行个别教学。到了汉代，实行集体教学，称"都授"，宋代出现"三舍法"，元代产生"升斋等第法"，明代"国子监"已经分班编级进行教学，但都只是类似班级教学。1862年，京师同文馆最先采用班级进行教学，标志着夸美纽斯意义上的"班级"出现，开创中国班级教学之先河。1901年，清朝政府宣布废科举、兴学堂，班级授课制在全国各地推广。

二、班级是学校教育教学基本单位

在我国，班级是学校教育教学的基本单位，整个学校教育功能的发挥和教学活动的开展都在班级中实现。

各种教育政策的贯彻执行、落实落地必须要到学校这一组织，而学校通常是通过班级将相关教育工作落实到每位学生身上。如以班级为单位授课、组织活动、日常考勤、下发各类通知等。学校的一切教学、活动、管理等首先要融入班级工作中，学校教育才能顺利开展。

班主任是班级的直接组织者和管理者，学校所有工作的落实都需要班主任在班级中传达、布置，班主任联系学生以及家长，是各方面的重要桥梁和纽带。同时，学校秩序的维护与维持，也需要班主任的支持。

三、班级具有开展集体教育的重要价值

班级有其自身的目标和规划、育人策略、教育机制等，是培养学生世界观、人生观、价值观的关键场所，是开展集体教育的重要场域。

首先，社会组织是班级的第一大社会属性。任何班级都是由学生以及学生组成的集体构成的，在这一社会组织中，学生和学生、教师和学生之间的交往与互动都在影响着学生的品德发展。

其次，班级具有促进学生社会化的重要功能。在班级这一组织系统中，学生不仅能获得系统的科学文化知识和技能，而且能习得社会规范和社会角色，培养社会行为习惯，很好地融入集体和社会，过有道德的生活。

最后，班级具有促进学生个性化的重要功能。在班级生活中，学生是学习生活的主体，是形成各种关系的主体。班级在形成班集体，促进学生社会化发展的过程中，也在促进着学生个性化的发展。实践也证明，个体的个性化发展只有在集体中才能培养并通过集体才能形成和发展。

第二节　班级育人体系是学校德育体系的子系统

班级是学校教育教学的基本单位，也是最基层的教育组织。德育要真正发挥作用，必须要依靠班级这一基层组织落实下去。而班级作为教育教学的基本单位，不会自动产生育人作用。这时候，就必须以班主任为中心建立班级育人体系，系统化地做好育人工作。

一、学校德育工作是一项系统工程

学校德育工作是一项系统工程，是为实现德育目标按照一定的系统原则建

立起的各组成要素、各层次及环境之间相互联系、高度协同的复杂系统①，是实现全员育人、全过程育人、全方位育人的制度和机制性载体。2017年教育部在印发《中小学德育工作指南》的基础上，又编写了《中小学德育工作指南实施手册》，站在学校德育工作立场，用一体化思路进行德育工作整体设计，并对实施途径、具体措施和保障等方面做了细致规定。

从学校德育体系运行机制看，学校是一个"学校—年级—班级"的层次结构系统，班级是学校德育工作开展的基本单位，德育工作需要通过学校、年级、班级层层落实开展。同时，班级本身也是一个相对独立的教育系统，是一个完整的育人体系。班级育人体系作为相对独立且完整的育人体系，是学校德育体系的子系统，是学校德育体系最主要的组成部分。学校要想让德育工作有实效，必须将德育工作内容落实到班级育人体系之中。

二、班级育人体系是学校德育体系的组成部分

班主任是班集体教育的引领者，是学生成长的重要他人，班主任要结合班级实际，明确班级发展方向、制定合理计划、落实具体措施，建设全面、系统、完整、有特色的班级育人体系。班级育人体系既是学校德育体系的子系统，其本身也是相对完整的育人体系，那么一个全面、系统、完整的班级育人体系建设应至少包括以下几个方面。

（1）班情分析

班情分析是建设班级育人体系的基础和前提。只有了解班情和学情，并在此基础上深入分析和研究，完全掌握班级和学生的基本情况，班主任才能引导学生，协同家长等各方力量制定有针对性的班级发展目标，带着班级向好的方向前进。

（2）带班理念

带班理念是班主任基于班情分析所决定采用的带班指导思想，带班指导思想是建设班级育人体系的魂。

---

① 闫昌锐. 系统德育论[D]. 武汉：华中师范大学，2019.

（3）班级目标

班级目标是班级发展的方向，是基于班情和带班理念，班主任和学生协商讨论来统领班级发展的蓝图。

（4）实施途径

实施途径是班主任基于班级目标，结合班级实际和学情特点所采用的系列教育措施和教育方法。班主任要达成班级目标或育人目标的途径很多，比如班级文化、班级组织、人际沟通、班级活动、班级制度等。

（5）班级评价

班级评价是班主任依据班级目标和实施途径，对班级发展和学生发展情况进行评价的过程和结果。

三、班级育人体系建设要充分发挥班主任的作用

中国班主任制度是中国的特色教育制度之一。班级建设是班主任工作的重要内容，是班主任最重要的职责和素养。2009 年教育部印发的《中小学班主任工作规定》指出：班主任是中小学日常思想道德教育和学生管理工作的主要实施者，是中小学生健康成长的引领者，班主任要努力成为中小学生的人生导师。班主任要真正成为学生的人生导师，除了要发挥自身作用，给学生做好示范引领外，还要发挥班级的集体教育价值。教育家马卡连柯的集体教育理论强调，教育要遵循"在集体中、通过集体、为了集体"的原则，要重视依靠集体的力量来教育影响个体。

班主任在建设班级育人体系的同时，要充分考虑学生在班级建设过程中的主体性。班级是学生生活、学习的空间场域，要调动学生在其中的积极性和主动性，必须要发挥学生的主体性，由此才能使各方面的教育更好地内化于学生心中。班主任要注重发挥其他教育力量在班级建设和学生成长过程中的重要作用，协调自己与任课教师的关系、与家长的关系、与学校中其他育人力量的关系，共同助力班级建设和学生成长。

第三节　建设全面、系统、完整、有特色的班级育人体系

班主任建设有特色的班级育人体系要有一定的规划，如此才能让班级朝着预想的方向有计划、有步骤地前进。

一、全面分析班情

班主任要进行科学、全面、深入的班情学情分析，这是班级育人体系建设的前提和基础，更是落实"因材施教"教育理念的应有之义。班主任必须对班级情况进行全面了解和研究，并根据学生个体差异进行适切教育，保证每个学生都能在自身资质和才能的基础上获得发展和完善，真正做到因材施教、因"班"施教。

(一)掌握班情的内容

1. 全面了解学生

每个学生都是独立个体，都是处在发展中的未成熟主体，全面了解每个学生是班主任开展育人工作的基础。班主任可以通过查阅学生档案、开展问卷调查、访谈前任教师、召开学生座谈会、进行家访等方式了解学生的基本信息，并通过分析掌握学生身心状态、品德发展、学业水平、行为习惯、性格爱好、优势特长等身心发展状况。班主任只有掌握基本的"学生"知识，掌握对学生身体、学习、心理、品德、行为的了解、分析与评估方法，才能够真正理解学生，走进学生的精神世界，更好地帮助学生成长。

班主任要重点了解学生两个方面。一是要了解学生身心发展阶段特点和规律。学生个体处在不同的发展阶段，会表现出不同的身心发展特点和规律。因此，接班时，班主任要了解这一年龄阶段学生的身心发展阶段特点和规律，科学制定学生发展目标。二是要了解班级学生特点、问题和需求。除了学生的年龄阶段特点外，每班学生的实际情况都不一样。有的班级学生整体偏活泼好动，有的班级学生偏稳重理性……每班学生既有其擅长的方面，也有其不足和

问题。如何发挥已有优势，看到班级学生的发展需求，然后补其不足，这需要班主任在接班前期就要全面了解和研究。

2. 全面了解家长

学校是学生接受教育的主阵地，教师是孩子成长中的重要他人；家庭是孩子成长的第一课堂，父母是孩子的第一任老师，家庭与学校、教师与家长承担着共同的教育责任。因此，对学生家长的了解是班主任开展家校合作、实现全面育人的基础。班主任可以通过家访、家长会、电话、网络等多种方式了解家长，了解学生成长环境、家长教养方式、家庭类型、家庭问题、家长诉求，以及家长参与学校教育的意愿和能力等。班主任要主动与家长沟通和交流，建立良好的家校关系，形成教育合力，发挥协同育人的作用。

3. 全面了解校情和社情

每个班级都不是孤立存在的，作为学校教育教学的基本组成单位，是依托于所在学校和社区发展的。社区的文化教育资源，学校的育人理念、办学目标、办学历史、文化积淀等都影响着班级发展，而且也为班级建设提供各种支持和帮助。因此，班主任要认真分析校情、社情，充分利用学校和社区资源，助力班级发展。

对班情学情的深入了解和分析，可以帮助班主任发现班级问题，从而协调各方教育资源建设班级，同时，也可以为特殊学生和家庭提供有针对性的帮助。

(二)了解班情的方法

班主任了解班情的方法很多，以下几种方法是班主任在实际工作中经常用到的。

1. 借助专业书籍

班主任要了解学生的身心发展阶段特点和规律，可以查阅心理学书籍。在心理学书籍中，关于每个年龄阶段学生的身心发展特点、容易出现的问题以及发展规律，介绍得比较齐全。

比如，某校一年级学生小 A 写字时，字不是写反了，就是写不到田字格正确的占位中，写出的字就像画画一样，有多一笔的，有少一笔的，还有左右写颠倒的。随着识字、写字量逐渐增加，当小 A 站起来读词语时，不是读不出就是会出错，还经常把形近字搞混，比如，"地上"会读成"他上"，即使提示过后，她还会按错误的方式读。对此，班主任孔老师翻阅了大量教育书籍，寻找原因。在一次翻阅资料时，"儿童阅读障碍"映入了孔老师的眼帘，文章中提到：这类孩子在识字、写字上，看多少遍、写多少遍，有的字依然记不住，读不出，遗忘的速度快；他们可以绘声绘色地口头描述一件事情，但是却没有能力将它们变成文字；这些孩子智力范围正常，可是遇到识字、书写等情况，付出和回报不成正比。这让孔老师恍然大悟。①

2. 问卷调查

通过问卷调查了解学情，也是大部分班主任经常采用的一种方式，这是短时间批量了解学生基本情况的好办法。班主任通常会在接班前，针对每个学生设计有针对性的调查问卷，了解学生的特点以及背后的家长群体特点。

不同的班主任在使用问卷调查方法时，有的会收集到有用的信息，有的收集上来的信息则是无效的。关键在于，我们设计出来的问卷不仅要有效，而且要让回答者能清楚地填写、放心地填写，这样收集上来的信息才能让我们很好地掌握班情特点。

比如，有的老师在开学初通常会设计一张细致的调查表，在首次家长会上让家长详细填写，包括孩子的爱好、特点，家长的职业、可以为班级提供的资源、家庭住址，家长对孩子的评价、期望，家长心目中孩子需要改变的地方。为了让每位家长知道怎么填，而且能够放心地填，老师会在问卷中对家长们容易产生歧义且比较谨慎的内容，做出详细备注，这样收集上来的信息才是有效的。如针对"孩子需要改变的地方"，老师在备注中写道"如挑食、偏执等，真实的填写会让老师的教育更具有针对性"；针对"需要特殊照顾的地方"，老师在备注中写道"胆小、近视等不妨写出来，以便老师给予孩子更周到的照顾"；针对"对孩子的客观评价"，老师在备注中写道"对孩子的性格、特长、爱好等情况进行详尽的描述，有助于老师及时了解学生，为其提供相应的发展空间"。②

① 孔佳. 她不是"笨小孩"[J]. 班主任, 2023(04).
② 田冰冰. 新手接班必做的七件事[J]. 班主任, 2016(5).

3. 谈话

谈话是比较灵活的了解学生基本情况的方法。班主任既可以通过跟学生谈话了解班情，也可以通过跟先前的班主任或任课教师谈话了解班情。谈话前，班主任可以根据想要获得的内容制订一个大致的计划和内容，有针对性地了解；同时，班主任也可以根据谈话过程中新发现的问题，深入访谈或扩大访谈范围，深入了解学生的内心世界。

比如，孟老师面对班里总是不交作业的小马时，以前总是用暴力语言进行沟通，但是这样的沟通不仅获取不了任何有用的信息，而且很容易引起学生的抵触情绪，激化师生的矛盾。后来，孟老师决定改变谈话方式，通过"非暴力沟通"方式——客观描述所观察到的、清楚地表达自己的感受、明确说出自己的需要、提出具体的请求，进行沟通谈话，与小马产生共情，走进小马内心，了解其不做作业的真正原因。在第一步客观描述所观察到的事情时，孟老师温和地问："我怎么没批改到你的作业呀？忘了交吗？"只说观察到的客观事实，不给学生打上标签，就不会引起学生的逆反心理。在第二步清楚地表达自己的感受时，老师清楚地表达了自己的感受："哦，还没写完？作业不多呀？知道吗？孩子，老师现在很伤心，你向我保证过要按时完成作业的。"只有更清楚地表达感受，与学生产生共情，才会使谈话更为顺畅。如果说"我觉得你应该遵守自己的承诺""我以为你会按时完成作业"，常常并不是在表达感受，而是在表达想法。在沟通中，一味强调自己的想法，等于将自己的观点强加到他人身上，这就是暴力沟通中的"强人所难"。在第三步明确说出自己的需要时，老师听到小马说自己不愿意写作业，一写就烦，让老师别管自己后，没再说："你总是不交作业，怎么能有进步？气死我啦，真是朽木不可雕！"而是换言之："我很担心你被其他同学落下。老师希望你通过练习巩固学到的知识，这样才能进步。"这样，既表达了老师对他的担心，也明确表达了老师对他的期待。如果我们直接说出需求，往往会得到积极的回应。在第四步提出具体请求时，老师并没有命令他怎么做，而是和学生一起商量出解决办法后，具体详细地提出了自己的希望。[①] 在这则案例中，孟老师主要通过谈话法去了解学生"不做作

---

① 孟丽. 用"非暴力沟通"解决学生不做作业问题[J]. 班主任，2021(7).

业"这一表面问题背后的所思所想。孟老师为了在谈话沟通中获得真实的、有效的信息，改变了以往发泄情绪、批评惩罚的思维模式和做法，而是专注于观察、感受、需要和请求这四个方面，与学生产生共情，让学生放下负担，袒露心声，最后取得了意想不到的效果。

4. 文本资料

通过文本资料了解学生，也是班主任在实践中经常采用的一种方式。这里的文本资料可以是学生之前的学籍信息，可以是学生的周记，也可以是师生之间的"悄悄话"等，这种方式可以让学生能够没有负担地去写，让班主任更真实地了解学生的内心想法和需求。

比如，刘老师为了让学生敢于表达自己的内心感受和想法，在教室一角开辟出一片园地，和学生们一起搭建了一个"爱心树洞"。这个"爱心树洞"是用纸箱拼粘成形似中空的树干，在表面粘上用彩纸剪成的繁茂的树叶，用彩笔画出爬满岁月痕迹的树皮，树干上开一扇心形的门，供孩子们袒露心声。孩子们可以通过画画，也可以通过文字来倾诉心声，而刘老师每天放学后都会悄悄阅读和记录孩子们在"爱心树洞"里的倾诉，并以简笔画配简单拼音文字的方式予以回应，以引导孩子们再表达。"爱心树洞"成了学生们无话不谈、亲密无间的"知心朋友"，也成了刘老师和孩子们心与心相连的桥梁。①

不同的班情决定班主任建设班级育人体系的着力点是不同的。比如，接手小学一年级的曹老师发现，每一个初入校园的学生都渴望班级像家一样温暖，渴望被老师关注，被同学喜爱，有的孩子对学校充满了畏惧感、不安全感；于是，曹老师在建设班级育人体系时，着手以"温暖"建设孩子们成长的"甜蜜家园"。② 比如，清华附小赵丽娜老师接班后发现，班里的学生普遍依赖性较强，自主性和自主能力较弱，怕苦怕累，而家长包办现象也比较严重，缺少让孩子自主成长的意识。于是，赵老师将"激励每个学生做更好的自己"作为建设班级育人体系的着力点。再如，北京市大兴区第七中学商瑜老师接班后发现，班级学生地处郊区，视域较窄，同时他们又正值青春期，处于世界观、人生观、价值观培养的关键时期，于是商老师将"开拓"作为建设班级育人体系的着力点，

---

① 刘杰林. 让一年级学生学会调控小情绪[J]. 班主任，2018(5).
② 曹静. 从"甜蜜家园"到"成长舞台"[J]. 班主任，2021(8).

着手建设"开拓"型班集体，为学生打开一扇窗，使学生具有开阔的视野，树立更为远大的目标，将开拓自我作为人生的信念。

二、提炼带班理念

带班理念是班级建设的指导思想，是班主任育人思想在班级层面的综合体现，发挥着实现班级目标、指导班级实践的作用，贯串班级建设与发展始终。因此，班主任要具备明确、科学、符合育人规律的先进的带班理念。

班主任的带班理念主要来源于理论、政策和实践三个方面，是在此基础上经过思考、总结而提炼出的。一是教育理论，班主任要掌握教育学、心理学、班级管理等相关专业知识，不断丰富自己的教育思想。二是教育政策，班主任要把握党和国家教育方针政策中的教育目标和新时代要求，并将教育方针政策与理念建设相结合。三是教育实践，班主任的教育理念不能脱离本班学生的实际情况，要在结合班情学情的基础上提炼有针对性的班级建设理念。有了这三方面基础，班主任提出的班级发展理念才是符合国家教育目标要求、遵循育人规律且切合班级实际的理念。

班主任所带班级的班情不同，所采用的带班理念也不尽相同。要形成科学、合理的带班理念，班主任的学习必不可少，要向教育书籍学习，向优秀班主任学习。

比如，潘老师接手一年级后，在如何将一群懵懂的孩子带成阳光正气的少年这一班级育人体系建设着力点上，将"蒙以养正"作为自己的带班理念。"蒙以养正"语出《易经》蒙卦的彖辞，意为新生儿童蒙昧幼稚心智未开，启蒙的方法应施以正确的教育。在这一理念指导下，潘老师设立了以养正为宗旨，从个体培养到团队建设，从格物致知到诚意正心，从认识小我到觉知他我的目标，并将这一教育理念根据不同学段特点分为低段正规、中段正学、高段正心三个层级推进的阶段。"蒙以养正"教育思想如一盏明灯，点亮了潘老师与孩子六年生命成长的美丽旅程。①

再比如，北京市石景山区古城第二小学任老师接手一年级后，根据学生们

---

① 潘笑也.蒙以养正：小学六年一贯制班集体建设实践探索[J].班主任，2017(8).

喜欢游戏、活泼好动的身心发展特点，将"寓教于乐"作为自己的带班理念。"寓教于乐"意为给学生创造一种愉悦、有趣、生动的学习氛围，使教育收到事半功倍的效果。任老师依据不同学段的培养目标和学生心理特点和认知规律，将"寓教于乐"理念的创意活动实践分为低段悦养常规、中段雅以立德、高段韧以树人三个层级递进的阶段。基于这样的理念，任老师在班级建设过程中主要通过丰富多彩的创意活动，给学生创造一种愉悦、有趣、生动的班级氛围，在快乐的氛围中教育引导每一个孩子，使教育收到了事半功倍的效果。

带班理念是班级建设的指导思想，是班级建设的灵魂，其内含着价值观建设，其所体现的价值观应贯串班级发展和学生成长始终，成为班级成员共同的价值追求，引领班级和学生的长远发展。

三、明确班级目标

有了对班情的具体分析，有了科学、合理的带班理念，班主任接下来要做的就是制定班级发展目标。目标是一个组织的灵魂，组织依靠特定的目标来维持其存在，组织内部的一切活动也是围绕目标而进行的。[1] 班级发展的最终目标是成为班集体，成为理想班级，最终是为了实现师生共同成长，所以必须以师生成长为基础，发挥班级成员的主动性，共同努力促进班级发展，建成理想班级。

美国管理学家德鲁克提出的"目标管理理论"，将目标管理的实施分为目标制定、目标实施和成果检测三个主要阶段，强调通过组织群体共同参与制定目标，使组织目标的实现与个人成就感的满足结合在一起，并以"自我控制"的管理代替"压制性"的管理，以发挥人的主动性。[2] 目标管理理论强调发挥人的主体意识，这与班级教育目标的实施逻辑相契合。班主任可依据目标管理理论进行班级发展目标的制定和实施。第一，在目标制定阶段，班主任应基于对班情学情的了解和分析，制定适合班级发展的目标建设规划，同时，组织学生、科任教师和家长共同参与目标制定，在研讨、交流和确定班级目标的过程中，增

---

① 郑杭生. 社会学概论新修[M]. 北京：中国人民大学出版社，2019：224.
② 李睿祎. 论德鲁克目标管理的理论渊源[J]. 学术交流，2006(8)：32-36.

强参与者的责任感和认同感，使班级目标成为大家的共同约定、共同理想。班级共同愿景形成后，班主任还要带领学生、家长制定更为详细、可行的班级具体目标，将班级发展目标落细、落小、落实，细化到年、学期、月，细化到班级建设的各项工作中去。第二，在目标实施阶段，班主任要给予学生自我管理、自我教育的空间，发挥班级所有成员的主体性，引导大家自觉为实现班级目标贡献力量。第三，在目标成果检测阶段，班主任要不断反思班级目标的实施情况，对班级发展中的成绩及时肯定，问题及时解决，发挥正向引导和激励作用，促使班级成员不断完成阶段目标，从而实现班级发展目标。

比如，戴老师在分析班情时发现，现在小学生自我管理能力较差，学生们大多因为没有系统的整理习惯、整理方法、整理思维，在整理东西时总是手忙脚乱，理了这个丢了那个；换一个新环境又不会整理，无法迁移所学；已有的"整理"只成为一时之需，不能成为终身之用。于是，注重培养学生"理"的能力就成为戴老师的初步想法。在与学生经过问题呈现、问题分析后，他们一起将"从会整理，到坚持有序整理，直至'慧'整理"作为班级建设目标，使"慧整理"成为学生们终身受用的法宝。[1]

再如，班主任白老师在接手高二年级后，她发现班里学生虽然都成绩优异，但性格类型多样：有的自信耿介、有的内敛含蓄、有的追求极致。新建成的班级非但没有呈现群英荟萃的画面，反而散发着各自为政，唯我独尊的气息。与其说这是一个"集体"，倒不如说更像一个"集合"。白老师为了让这个"散是满天星"的集合，真正成为"聚是一团火"的集体，将班级建设目标定为：共建一个"心有奋斗目标，人有奋斗热情，以凝聚力促奋斗力"的班级。在此基础上，她和学生们一起制定了具体目标：一是调动优秀学生个体发挥其主观能动性，让他们在集体中，释放能量、发挥才能、实现自身价值，从而点燃其他同学的奋斗热情。二是让每个学生都感受到集体的强大向心力，将个人荣誉与集体荣誉联系在一起。[2]

有了宏观的班级发展目标后，班主任要有意识地将宏观的班级发展目标细化为具体目标，这样才能在班级实践中落地。在细化班级发展目标时，班主任

---

① 戴蕾蕾. 麦穗"理"成记[J]. 班主任，2022(4).

② 白雪洁. 树立青春理想　点燃奋斗热情[J]. 班主任，2023(6)。

可根据班级发展关键期的阶段性特点，制定阶段性的发展目标。

比如，北京市大兴区第七中学班主任商瑜老师基于班情分析，制定了建设"开拓"型班集体的班级建设目标。基于这一大目标，班主任和学生进一步细化了班级目标：打开自我之窗，通过发现真实的自己，进而提升突破，发现更美好的自己；打开心灵之窗，通过换位思考，理解他人，学会沟通，更加懂得欣赏他人；打开眼界之窗，通过观察、思考、领悟、实践的过程，走向更广阔的世界。从发现美好自我，到眼里有他人，具备开阔的胸襟，再到走向广阔的世界，胸怀愿景，具备忧国忧民的远大理想，进而实现"开拓"型班集体的目标。

四、多元实施途径

班级建设的实践是践行带班理念、实现班级发展目标的行为。班级教育实践体系主要包括班级组织建设、制度建设、关系建设、活动建设、文化建设、情感建设六大操作层面的内容。

(一)班级组织建设

从管理学角度来看，班级也是一种组织。在班级建设中，班级组织是班级的组织架构。合理、健全、有效的班级组织能够使班级学生有序地分工合作，可以充分调动每个学生的积极性，一起努力产生协同效应，有效实现班级建设目标。

虽然每个班级都有班级组织，但达成的效果却大相径庭。有的班主任直接指定班委人选，未考虑学生的民主性；有的班主任在班级组织建设上，只涉及小部分学生，未考虑全体学生；有的班主任虽考虑到了人人有岗，但只是将工作布置给学生，却没有后续的目标设计、监督与评价等，容易导致"一人努力""千头万绪""浮于表面"等问题，影响班级风气。

鉴于此，班主任在进行班级组织建设时，要依据班级建设目标和班级发展需要，借鉴组织结构的设计原则，如目标任务原则、分工协作原则等，架构班级组织。建设好班级组织，并不代表班主任可以将所有事务放手给学生，而是要做引导者、监督者和评价者，引导学生很好地内化岗位职责和班级事务，积极主动地开展各项工作。如班主任吴老师在建班初期主要采取"两委六部四层"

的部委制管理体制。为了让各岗位有序开展，吴老师在部委制运行过程中又开展了"六、三、一"工作——"六个一工作""三层会议制""一个追问的思维方式"。其中，"六个一工作"即"制定一份部门工作计划，完成一次履职宣讲，召开一次主题班会，设计一次班级活动，为班级建设提出一项建设意见，完成一次述职报告"；"三层会议制"即正式开展每一项工作前，通过部门会在每个部门内部集思广益，通过班委会的集中讨论完成部委之间的团结合作，通过班会的集中宣讲实现班级工作的民主评议；"一个追问的思维方式"即吴老师在每一次会议上应用"ORID理论"设计有效的问题帮助学生完成这些思考："你面对怎样的问题？你有着怎样的思考？你打算采用什么办法？你期待怎样的评价改进？"学生在回答追问的过程中逐渐产生了独特的感受，有了新的思考，为班级工作创造了新的可能。[①]

　　班级组织建设除了要架构好班级组织框架外，对于低年级学生来说，班主任还要尽量在班级组织框架的基础上明晰各岗位的职责、各岗位的流程以及岗位之间的对接等，让学生明晰且清楚怎么开展工作，这样才能保证班级工作的高效运转。这需要班主任基于班级工作实际和个人实际在实践中多加探索、尝试。如班主任陈老师基于班级实际萌生了制作"管理岗位说明书"的想法，说明书包括岗位名称、岗位价值、岗位职责、岗位条件、岗位流程、岗位对接、岗位标准和岗位禁区八个部分。在入学初，人手一份说明书，便于学生理解、操作和践行班级工作。借助这样清晰的岗位说明书，学生们渐渐上手，而陈老师也逐渐从琐碎的事务中抽身出来，退居幕后，更好地做班级建设和学生发展的指导者，职业幸福感不断增强。[②]

　　另外，班主任还要组建班级家长委员会，建立家校共育组织。教育部于2015年颁布的《关于加强家庭教育工作的指导意见》明确要求"各地教育部门要采取有效措施加快推进中小学幼儿园普遍建立家长委员会，推动建立年级、班级家长委员会"。2017年颁布的《中小学德育指南》也明确要求"要建立健全家庭教育工作机制，统筹家长委员会、家长学校、家长会、家访、家长开放日、家长接待日等各种家校沟通渠道"。班级家长委员会是落实教育部相关政策要

---

①　吴爱兄. 激发学生潜能，实现班级成长"链式反应"[J]. 班主任，2019(4).
②　陈小敏. 小小岗位说明书 班级管理大作用[J]. 班主任，2022(1).

求，开展家校合作的重要组织形式，是班级建设的重要支持力量。通过组建班级家长委员会，班主任可以开展家庭教育指导，可以组织家长互相学习交流家庭教育经验，可以组织家长为班级发展服务，发挥协同育人的作用。

(二)班级制度建设

制度是直接或通过影响人们的价值取向而间接地约束人们行为的社会交往规则。[①] 在组织内，制度是一个组织为实现共同奋斗目标而制定的规则、法则，是管理组织的准绳，其包含着组织的公平、正义的价值观。班级制度是规范学生行为的准则，其背后也包含着班级生活所提倡的道德和价值观念。任何班级都是由个性、意志、惯习不同的学生个体组成，规章制度作为一种强制性力量，能够给学生提供规范自身行为的准则，促使形成班级价值共识，确保班级各项事务有序运行。

首先，班级制度要服务于班级生活。班级生活需建立在一定的秩序之上，因此，规范是班级生活的内在要求并服务于班级生活的，是促进学生健康成长的必要手段。班级制度主要包括班级组织建设制度（如班级岗位、班级小组、家委会条例等制度）和班级日常管理制度（如班规、卫生、纪律、作业等制度），理想的班级应依据班情学情构建完整的制度体系，服务于班级生活。

其次，班级制度要基于生命发展的立场。"道德秩序本身不是目的，更不是通过压抑人性来建立某种道德规范，而是帮助人不断地提升自己的人性，最大限度地促进生命的自由发展。"[②]因此，班级制度是促进人生命发展的手段，而非凌驾于生命之上的约束机制。班主任要遵循学生成长规律，以学生发展为旨归制定和实施班级制度。同时，要特别关注弱势学生群体，保证制度正义。罗尔斯在《正义论》中提出了"正义"的两个基本原则，一是平等自由的原则，二是机会的公正平等原则和差别原则的结合。[③] 后者是对弱势群体的补偿原则，使处境不利的学生群体通过补偿获得平等地位。教师应对班级中的特殊学生给予更多的关爱和指导，让制度获得情感的润泽，建立起互助友爱的集体氛围，

① 董建新. 制度与制度文明[J]. 暨南学报(哲学社会科学)，1998(1)：8-13.

② 胡金木. 规范与自由：关怀生命的道德教育[J]. 湖南师范大学教育科学学报，2009，8(1)：39-42.

③ 约翰•罗尔斯. 正义论[M]. 何怀宏，等，译. 北京：中国社会科学出版社，2009：60.

实现制度的内在育人目的。

再次，班级制度要坚持学生参与的原则。《中小学德育工作指南》明确要求"制定班级民主管理制度，形成学生自我教育、民主管理的班级管理模式"。班主任要把制定和实施班级制度的过程视为学生自主管理班级的过程，坚持学生的主体地位，让学生参与决策班级制度的全过程，才能使制度成为班级成员共同约定和认可的准则。学生通过理解、讨论、实践、感悟各项班级制度，能够规范言行，学会过一种民主、平等、理性的班级公共生活。同时，考虑到学生民主参与决策能力的有限性，班主任要对制度建设进行引领与调节，逐步提高学生的自主管理能力。如班主任徐老师为了让学生参与班级制度制定过程，将制定班级制度划分为四个阶段。第一阶段：小组讨论，形成公约框架。先分小组讨论，再由全班商议确定，最后拟定课堂公约、健康公约、公共场所文明公约、自习公约、值日公约、环保公约、美丽公约、考试公约、作业公约、志愿服务公约10个方面的班级公约，形成基本的公约框架。然后，用抽签的方式把10个方面的公约分配给10个小组，每个小组负责一个公约内容的起草拟定。同时，要求各小组在规定时间将拟定好的公约上交给电教员。第二阶段：创建论坛，上传公约，培训操作。由班里的电教员负责创建班级论坛，并将10个小组上交的公约初稿发至论坛上。第三阶段：回帖讨论，小组修改。要求每个学生对每个公约至少发表一条评论，可以点赞或指出公约的优点，也可以指出不足并提出修改建议。之后，各小组根据学生的评论对本组拟定的公约进行修改。第四阶段：修改稿再审，签字通过。各组将修改后的公约打印出来，在全班传阅，由全体学生进行复审，如仍有异议可用红笔直接进行修改或提出疑问；如认为没有问题，即签字通过。再次提出的疑问由小组负责人在全班提出并由全体学生共同讨论解决方案。"班级公约"经过一个月的孕育，正式诞生。[①] 在上面案例中，班主任调动全体学生参与了班规的制定，经历"制定公约框架—小组认领—小组完善—相互提出修改意见—小组修改—再完善—定稿"的过程。班规制定过程看似用时较长，但实际上是学生认同班规的过程，为学生后续执行班规奠定了很好的基础。

---

① 徐欣悦. 班级公约诞生记[J]. 班主任，2017(2)：25-26.

(三)班级关系建设

　　人际关系指人们在人际交往过程中结成的心理关系、心理上的距离。班主任、科任教师、学生和家长等因班级发展和学生成长而构成了富有教育意义的关系网络，只有发挥各方力量才能更好地促进班级发展和学生成长。因此，班主任作为班级负主要责任的教师，作为家校合作的桥梁和纽带，应把建设和谐的班级人际关系作为一项重要工作。

　　一是建设亦师亦友的师生关系。师生关系是班级生活中最重要的人际关系，直接关系着教师的教育效果。班主任作为与班级学生接触时间最长的教师，不仅是传道授业解惑的师长，也应当是取得学生信任的知心朋友。班主任要树立正确的学生观，平等对待每个学生，特别是要通过日常语言和行为的接触建立起与每个学生的信任关系，成为学生的成长伙伴，使学生"亲其师，信其道"。如班主任曹老师为了拉近师生关系，从与学生的初次见面到日常接触，都做了精心设计。在开学初为了给学生留下良好的第一印象，曹老师事先准备好三样"宝贝"。第一宝：美名卡。用彩纸为学生们亲手制作名卡，女生用粉色纸，男生用蓝色纸。名卡的正面是学生们的中文名和学号，背面预留出写他们英文名的格子。每次见到学生，曹老师都会用双手给他们送上漂亮的名卡。第二宝：标签。从见面的第一刻起，曹老师就给学生们贴上一个个优质的标签，从而让他们产生自我暗示："我在老师眼中是最棒的。"一颗阳光、积极向上的种子就此在学生心中萌芽。第三宝：棒棒糖。曹老师会买来各式各样的棒棒糖，并贴上夸奖学生的彩色小纸条，让学生的心里甜甜的，从而让学生觉得老师不是高高在上、威严高冷的，而是平易近人、和蔼可亲的，良好的师生关系从这一刻就开始了。在学生发展的过程中，曹老师始终相信学生犯错在所难免，每个学生都是积极向上的。基于对学生的理解和尊重，曹老师在教室里设计了"开心信筒"，当学生遇到烦恼或不好解决的事情都可以写下来，投进信筒，曹老师会全力解决。有了"开心信筒"，曹老师有了遇到问题冷静思考的时间，有了从儿童视角看待问题的机会。对于隐私问题，曹老师坚持单独解决；对于共性问题，曹老师会利用班会或实践体验等方式解决；对于一年级学生要重点关注的习惯问题，曹老师也会和他们站在一起，帮他们想办法。这样一个小小的"开心信筒"不仅解决了学生的焦虑、困惑和问题，而且拉近了老师、学生之间的距离，使师生关系更融洽。①

二是建设互助友爱的生生关系。同伴交往是学生发展友情、实现社会化的重要方式，在学生成长中居于重要地位。良好的生生关系能够为学生个体提供有力的心理支持，也有助于产生独特的班级情感体验和集体意识。在班级生活中，班主任要在集体生活中养成学生相互尊重、和谐相处、平等协商、合作共事等意识和品质，形成学生之间彼此理解和信任的班级氛围。如班主任孙老师认为每个孩子都是独一无二的，为了不让这种独一无二成为孩子们被边缘化的因素，孙老师在班级里开展了"特别的你让人迷"的活动。孙老师在教室里特别设置了一面墙，这面墙上有很多"大头像"。每张"大头像"都是由四个人的一部分组成，而每个人相对应的部分都有一个纸条，上面有三个分别来自同学、家长和学生自己的表扬。所有的人都大方地接受这些表扬并且写下一段话，进行自我勉励。这书写在纸上的话让学生更加肯定自己；而这一张张奇特的脸使学生认识到了独特的美好，在笑声中拉近了同学的关系。孙老师还在班级里开展了小组合作，通过多方面的协作，在争取小组荣誉的过程中，增进同学间的友谊。从桌椅摆放，到学生们自己商讨出的小组特征(组名、组徽、组歌、口号、分工等)再到共同承担值日、早读、分餐等任务。在互促互助中，每一位学生都能发挥作用。再辅以表彰和特别的奖励，在获得荣誉的同时让学生体会到他人的力量，也让每名学生感受到自己被大家所需要着，增强了他的责任感，更加促其向上。②

三是建设合作互助的师师关系。在全员育人背景下，教育主体由班主任走向教育群体。班主任作为班级教师育人集体的核心，要与其他教师以诚相待，加强沟通协作，形成育人合力。班主任要主动与科任教师沟通，为科任教师间搭建交流与合作的平台，多角度了解学生成长的需要，分析学生成长的问题，科学有效地助力学生全面发展。此外，学校社团教师、德育干部、心理教师、卫生保健教师等也是全员育人不可或缺的重要力量，班主任要积极寻求他们的支持与协助，共同促进学生健康成长。如南京外国语学校仙林分校把班主任一

① 曹静. 从"甜蜜家园"到"成长舞台"[J]. 班主任，2021(8).
② 孙健全. "好关系"养成记[J]. 班主任，2019(7).

人负责制改为班级教育小组共同负责制，各学科任课教师与班主任共同合作管理班级。教育小组的教师有具体分工，有的负责主题班会的组织，有的负责集体活动的组织，还有的负责帮扶困难学生等。另外，教育小组的教师每周都会抽出时间集体处理班级问题，商量下周工作安排，每月还会对班级学生进行集体"诊断"，制定指导方案。①

四是建设将心比心的家校关系。班主任与家长是具有共同的教育目标和教育责任的伙伴关系，家校合作的目的和归宿是让孩子成长为完整、丰富的人。班主任要通过加强家校联系与沟通、引导家长参与班级建设、开展家庭教育指导等方式与家长建立信任关系，从而形成教育合力，促进学生健康成长和班级发展。如班主任李老师知道家长最不喜欢孩子一出现问题老师就找家长。于是，李老师不会等到学生犯了错误才跟家长联系，而是从接班之日起，主动通过家访、电话、约谈、班主任沙龙等形式和家长一起从孩子的成长经历、抚养环境、性格特征、家校表现等方面了解孩子，然后共同商议探讨适合的教育方法。为了给予家长充分表达的机会，李老师几乎每周都会通过微信公布"家长约谈日"的时间，任何家长都可以与李老师进行面对面的沟通。② 这样的沟通不仅消除了家校之间可能存在的矛盾，还建立起了家校间和谐的合作关系。

(四)班级活动建设

班级活动是在班主任组织和指导下，为实现班级教育目标而有计划开展的各种教育教学实践活动。作为班级建设重要组成部分的班级活动，是培植共同价值取向、达成班级建设目标、促进班集体形成的重要载体，是学生最喜欢的且能促进学生在集体中交往、合作、共情等社会性发展的重要平台。

学生在成长过程中，其认知和行为的改变需要一定的时间和过程，由浅入深，由知道到做到；同时，学生对事物的认知与体悟需要多角度、全方位立体开展。这就需要班主任在进行活动设计时，立足于班级目标或阶段性目标进行系列设计，使活动真正成为推动班级建设和学生发展的有效载体，而不是让活

---

① 钱红艳. 南外仙林分校首尝取消班主任，改由教育小组管理班级，改革覆盖小学至高中120多个班级[N]. 南京日报，2010-10—13(A8).

② 李红延. 让学生遇见最美的自己[J]. 班主任，2019(9).

动成为自己的负担。如班主任曹老师在小学低年级阶段为了培养学生的感恩情怀，从一年级开始就有计划地在每个学期开展系列感恩活动，从感恩父母到感恩老师到感恩自然到感恩社会，一步步推动学生仁爱情怀的成长。其中，在感恩自然系列活动中，设计了大自然与我们生活的关系、和穿山甲交朋友、走进水博物馆、走进植物园、做公园环保小卫士等系列主题活动。①

在设计系列主题活动的基础上，班主任要注重学生内心需求和体验感受，并将其融入活动过程中，从活动设计初始就要让学生参与其中，这样才能得到真正的成长。如班主任张老师认为学生的实际状态应该成为班级活动研究的出发点，并且要成为班级活动目标的重要依据。在临近毕业季时，张老师发现学生对学校生活特别留恋。于是，张老师立足学生立场和学生成长阶段的需求，从他们的需要和育人价值出发，开展了前期调查：你想要怎样的毕业季活动？基于学生们的调查，张老师把设计权交给学生，征集学生对毕业季的设计创意；同时组织学生分析，权衡选择，最终生成了"毕业旅行""毕业比赛""毕业派对""最美时光""把爱留下""走进中学"6个项目。② 基于学生需求的活动，不仅调动了学生的积极性，而且使育人价值得到了充分的挖掘。

同时，学生在活动过程中的参与和体验也是活动成功开展，且使德育真正内化于学生的关键。如班主任陈老师在开展书香班级文化建设时，将《苏东坡传》《苏东坡和杭州》列为班级的必读书目。为了让学生们对班级建设以及所读书籍有深刻感受，陈老师注重让学生亲身体验与实践。于是，陈老师在和学生阅读《苏东坡传》《苏东坡和杭州》基础上，尊重学生的内心需求和成长规律，师生一起设计了行走线路：东坡纪念馆—苏堤春晓—三潭印月—六一泉。学生们在活动中驻足东坡纪念馆，整体感知苏东坡生平；漫步苏堤春晓，充分领略苏东坡绝美诗词中的西湖美景；走进三潭印月，真切感受苏东坡的出众才华和爱国爱民的赤子之心；徜徉六一泉，体会苏东坡的师生情、朋辈情。在交流中，学生们感慨道：纸上得来终觉浅，绝知此事要躬行。③

---

① 曹静. 从"甜蜜家园"到"成长舞台"[J]. 班主任，2021(8).

② 张丽民，魏登尖. 凸显学生立场的小学毕业季活动设计与实践[J]. 班主任，2019(3).

③ 陈明梅. 文化浸润，书香育人[J]. 班主任，2019(2).

(五)班级文化建设

文化是人类在处理人与世界关系中所采取的精神活动与实践活动的方式及其所创造出来的物质和精神成果的总和。① 班级文化就是班级成员经过共同生活而形成的活动方式及其所创造的成果。可以说,有怎样的班级文化就意味着过一种怎样的班级生活。生活德育理论指出,德育与生活具有本体统一性。"生活是德育的场域,德育必须基于生活,在生活过程中,德育的目的也是为了生活。"②对于共同体生活来说,道德是其内在规定,道德教育就内在于生活中。因此,班主任要借助班级文化建设,培植学生正确的价值观,追求一种有道德的、高品质的班级生活,从而实现文化育人。

班级环境建设是班级文化的有形载体。班级是学生在学校最主要的"生活世界",班级物理空间的形态对学生的精神世界的影响巨大。班主任要创造整洁、温馨、舒适并具有吸引力的班级空间,同时要注意班级环境的教育性和审美趣味。在对教室环境进行布置时,要做好四个关键的设计:一是学生作品展示台,二是班级论坛交流区,三是图书阅览架,四是布告栏。③ 此外,班主任也要根据不同学段的特点,对教室环境进行灵活的、个性化的布置。班主任要鼓励学生参与班级环境布置,发挥其主体作用和个性特长,让教室成为学生自由发展、健康成长的乐园。如班主任曹老师基于"让班级成为温暖学生的'甜蜜家园'"的班级目标,针对刚升入一年级学生"爱玩""喜欢游戏""容易忘带东西"等特点,拟将教室布置成学生在校学习、生活、交往的温馨之"家",既要方便低年级学生在校的生活,又要起到幼小衔接的过渡作用。于是,曹老师借助教室后排的组合柜设计出了"学具区""玩具区""图书区""卫生用品区""生活用品区"等区域。下课后,学生们就可以从"学具区"里拿取自己的美术用具、形体鞋裤、数学学具等;从"玩具区"借来益智玩具,和小伙伴们一起度过开心的课间;从"图书区"借来喜爱的图书安静阅读。"生活用品区"有洗手液、小毛巾、

① 张岱年,程宜山. 中国文化与文化论争[M]. 北京:中国人民大学出版社,1990:2.

② 冯建军."德育与生活"关系之再思考:兼论"德育就是生活德育"[J]. 华中师范大学学报(人文社会科学版),2012,51(4):132-139.

③ 教育部基础教育司组织编写. 中小学德育工作指南实施手册[M]. 北京:教育科学出版社,2017:71.

护手霜、驱蚊液、小药箱、一次性纸杯、湿纸巾、干纸巾等用品；"卫生用品区"有适合儿童用的小墩布、能够伸缩的黑板擦，让学生能够轻松地劳动，自主地为班级服务。曹老师在教室里的每一处设计都是从学生的需要出发，便于学生使用，让刚入学的学生感到亲近而温馨，在物理空间上更易融入班级，适应学校生活。①

班级精神文化建设是班级文化的核心。班级精神文化是一个班级本质、个性和精神面貌的集中反映，其核心是价值观建设，主要通过班名、班训、班歌、班徽、班风学风等呈现，是班级所具有的"归属"意识的重要来源。价值观是班级成员在共同生活中所形成的公认的价值追求，影响、制约、规范着每个学生的言行。班主任要通过设计班级文化标识、开展多种形式班级活动将价值观教育深入班级生活的土壤，引导学生树立正确的价值观。班级成员在精神上的共识和联结，能够增强班级凝聚力、增进全体师生的归属感，为学生成长注入教育意义。如班主任杨老师在走班制背景下为了打造"形散神不散"的班集体，在班级组建之初，就注重班级形象塑造，使学生形成集体意识，对班级生活产生期待。杨老师带着学生用图书、绿植、海报、板报画等布置教室，精心准备了雨伞、手提袋、胶条、创可贴等常备物品，精心设计了集体文化符号——班徽、班训、特色符号、口号，定制了印有班级符号的专属胸牌、海报旗帜、条幅等。② 学生在环境建设过程中不仅发挥了智慧和力量，调动了主动性，更产生了自豪感、归属感和荣誉感。

(六)班级情感建设

情感是人类精神生命中的主体力量③，在人的成长历程中发挥着一种全息性的作用。在班级建设中，情感发挥着贯串班级建设始终的"催化剂"作用。鲍曼认为，共同体是一个温暖而舒适的场所，一个温馨的"家"，在这个家中，我们彼此信任、互相依赖。④ 而情感就是增进共同体的信任感、维系亲密人际关

---

①　曹静. 从"甜蜜家园"到"成长舞台"[J]. 班主任，2021(8).

②　杨倩. 形散神不散：走班制背景下的班级建设[J]. 班主任，2019(5).

③　朱小蔓. 情感是人类精神生命中的主体力量[J]. 南京林业大学学报(人文社会科学版)，2001(1)：55-60.

④　齐格蒙特·鲍曼. 共同体[M]. 欧阳景根，译. 南京：江苏人民出版社，2003：5.

系最重要的纽带。因此，班主任要积极构建一个具有丰富情感的班集体，使其成为师生成长的精神家园。

首先，师爱是班级情感建设的基础。师爱自古以来就被视为教师必备的道德修养。古代教育家"学而不厌，诲人不倦"的教学态度，"有教无类"的教育热情，"教学相长""因材施教"的教育原则等都是师爱的体现。在班级建设的视域下，师爱，即"教师对学生的爱，它是在教育实践中形成发展并体现出来的教师乐于与学生交往、真诚关心爱护学生、主动为学生发展投入的积极情感"①。师爱能够营造有利于学生健康成长及和谐人际关系的良好氛围。尼尔·诺丁斯也认为道德生活源于"爱"和"联系"，主张以关怀为核心组织教育，建立、维持和增强关怀关系。② 因此，教师一切的教育活动无不以爱为基础，教师只有付出师爱，才能深入体察学生的内心世界，走进学生的心灵。而师爱所营造的关怀关系，也会使关怀对象学会接受爱、给予爱，进而巩固整个共同体的亲密人际关系。

其次，班级日常生活是情感建设的重要场域。班主任承担着班级日常管理、学生适性指导、教育沟通协调等诸多工作，不仅要关心学生学到了什么、学的结果怎么样，还要关心他们的情绪状态，为学生提供支持性的情感环境。班主任不仅要关注班级整体情感状态，更要关注每一个学生，特别是那些不能很好地融入班集体的学生，并为其提供有针对性的帮助。班主任是学生心灵成长中的重要他人，在班级日常教育生活中，要尊重、理解、关怀、信任、接纳每一个学生，从而建立良好师生关系，营造良好班级情感氛围，发挥情感教育的重要作用。

最后，班级活动是情感建设的重要载体。理想班级是一个具有亲密人际关系的共同体，而活动就是培育班级情感、深化情感体验、形成班级凝聚力的重要载体。活动密切了生生和师生的情感交往，也让班级成员能够发挥主体精神、展示个性特长，使联结在互动中的每个学生都紧密团结在一起，紧密编织成一个共同体。在班级活动中，班主任要发挥活动有助于产生独特的班级情感

① 郑欢，钱飞，陈宁. 师爱基本理论再审思[J]. 上海教育科研，2016(10)：60-64.
② 檀传宝. 德育原理[M]. 3版. 北京：北京师范大学出版社，2017：48-49.

体验和集体意识的特点，有意识地增强活动中真切的情感体验，促进班级共同情感的培育，从而让班级建设事半功倍。

五、科学班级评价

在班级育人体系建设中，班级评价是其中重要的组成部分，是撬动班级建设、班级管理的杠杆。班级评价的根本目的不是评价、定性，而是强化学生养成良好习惯，使班级建设事半功倍。因此，班级评价要将着眼点放在班级上，放在促进每个学生的发展上，而不是促进某一个或某一部分学生的发展。

(一)班级评价旨在促进学生成长

班级评价是指"收集教育的过程、条件与成果等信息，对照教育目标，进行价值判断，而展开的调整并改进教育教学的活动"①。要做好班级评价，我们必须回归原点，追问"我们到底需要培养什么样的人"。这一问题思考清楚了，那我们对班级学生评价的方向和主旨也就明晰了。

当前的中小学生正身处于一个大发展、大变革、大调整的时代。这样一个时代对人的知识、能力、素养等提出了要求。联合国教科文组织在《学习：财富蕴藏其中》的报告中指出，21世纪的学习应围绕学会求知、学会做事、学会共处、学会发展、学会改变5个方面展开。北京师范大学学生核心素养研究课题组提出了学生核心素养的基本框架，以培养"全面发展的人"为核心，分为文化基础、自主发展、社会参与3个方面，综合表现为人文底蕴、科学精神、学会学习、健康生活、责任担当、实践创新6大核心素养。对"培养什么样的人"这一问题，很多学者都进行了研究。虽然每项研究结果都各有侧重，但最终指向"培养全面发展的人"，增强学生的综合素质。"全面发展""综合素质"是未来社会的"通行证"。基于以上分析，新时代的学生评价就要指向"学生的全面发展"。

另外，我们要认识到，每个学生先天的因素不同，后天的教育和环境影响也不同，因此，每个学生的表现都是有差异的，每个人都是具有独特个性的个

---

① 钟启泉. 发挥"档案袋评价"的价值与能量[J]. 中国教育学刊，2021(8).

体。因此，新时代的学生评价必须要关注每一个活生生的人，指向促进每一个学生的全面发展，这样才能让每一个学生在最适合自己成长的环境中获得发展。

(二)学生评价的主要方式

班级学生评价要关注每一个学生，促进每一个学生的全面发展。学生发展性评价是学生评价的一种主要类型，是一种以学生为主体、以促进学生发展为目的的教育评价方式。发展性评价不同于传统的注重鉴定、甄别与筛选等导向的结果性评价，其更注重对学生发展过程的评价和反馈，更注重对每个个体的评价，更注重对学生多元发展的评价；其以促进每个学生的全面发展为最终目的。学生发展性评价倡导的为了学生发展而评价、以评价为载体促进学生发展的理念正是新时代学生成长评价的核心诉求。基于以上对学生发展性评价特点的理解，教育工作者在对学生进行发展性评价时要从评价内容、评价方式等方面做好学生的教育评价工作。

第一，在评价内容上，要体现评价的全面性和发展性。传统的学生评价内容更注重学生的学习成绩，忽略了学生其他方面的发展，如品德、个性、思维品质等，这和国家倡导的"立德树人""促进学生全面发展"等思想是相违背的。因此，学生发展性评价的内容要立足于全面性、多元性，关注学生成长的各个方面。党的二十大报告明确提出："育人的根本在于立德。全面贯彻党的教育方针，落实立德树人根本任务，培养德智体美劳全面发展的社会主义建设者和接班人。"《中国学生发展核心素养》也从文化基础(人文底蕴、科学精神)、自主发展(学会学习、健康生活)、社会参与(责任担当、实践创新)等方面提出了学生多元发展的素养。因此，学生发展评价内容要基于以上要求，立足学生德智体美劳全面发展构建学生发展性评价内容。

第二，在评价标准上，要注重评价的客观性、公平性、真实性和差异性。班主任面对全班几十个学生，评价时要客观、公平、真实，关注每一个学生。由于每个学生的认知、能力等都不同，学生评价也要"因材施教"，不能"一刀切"。

第三，在评价方式上，重视大数据的使用，注重多元化。在今天这样一个大数据时代，班主任基于学生德智体美劳多方面评价内容，充分利用现代信息技术手段，科学收集学生发展信息，为每个学生建立数据库，同时要科学分析学生数据，客观了解学生的成长轨迹。另外，学生成长不受时空限制，因此，评价方式要关注学生成长的各个场域，让学校、家庭等不同场域的主体都能参与学生发展性评价。

当前，成长档案袋作为一种主要的发展性评价方式，在中小学被广泛应用。成长档案袋能弥补其他评价方式的不足，这一评价允许学生个体差异的存在，可以展示个体在学习过程中所付出的努力和成长的经历，还有发展个体薄弱领域的机会和空间，它是在学习过程中评价学生的状态。成长档案袋的外在形式并不固定，只要能够储存学生成长的信息即可，可以是物质形式的文件袋、文件夹，也可以是电子文档。

关于档案的构成要覆盖学生的全面发展情况，包括学生的思想品德、学业水平、身心健康、艺术素养、社会实践等各个方面。班主任在使用档案袋的过程中，要注意把握几个事项：第一，档案袋要"一人一袋"，且要长期坚持。因为档案袋是基于个体差异所实施的一种评价方式，所以"一人一袋"是基础。另外，档案袋评价是立足于学生发展的，因此档案袋评价是长期的，而不是断断续续、可有可无的。第二，在建立档案袋前，教师要和学生达成共识，引导学生明确建立档案袋对于其发展的价值、目的，收集哪些材料，如何使用等，以调动学生参与的积极性，便于学生操作。第三，为了让档案袋发挥真正的作用，师生之间要展开相关的讨论，比如"怎样制定目标""怎样制订计划""哪些作品是好的""你如何看待自己"等，通过讨论引导学生一步步深入思考。

比如，班主任张老师在学生成长记录袋评价方面做出了有益的尝试。首先，在成长记录袋的封面设计上，师生协商确定封面上的栏目以及具体栏目的填充内容。

其次，张老师引导学生创造性地使用成长记录袋。第一，学生随意放。学生在记录袋中可以随意放入自己满意的作品。一开始，学生放的材料大多是活动计划、调查问卷、收集的资料、日记等，而对于师生合作探究、自主学习的过程、方法与结果，家长、老师、同学的评价等内容较少，需要老师引导。第二，对学生放入的材料提出一定的要求。让学生根据老师的要求有选择地放入一些材料，引导学生审视自己的作品，逐步引导学生向善于积累自主、合作、探究学习的过程、方法、结论等材料的方向发展。第三，展示性地放。让学生说出放入材料的理由，引导学生对自己的作品进行鉴赏，还可以让学生将材料当众展示。第四，把成长记录袋作为学习反思的材料。在学习过程中，指导学生不定期或定期（如每周、月、学期一次）翻阅其中的材料，让学生自己分析学习历程与现状，评价自己学习的态度和学习特点，并及时更改和补充材料。①

在这则案例中，张老师为突出学生的全面发展而采用了"成长档案袋"的评价方式，在向学生讲清使用成长记录袋的意义和作用基础上，侧重引领学生收集、记录过程中的具体情况，并不断反思，做出相应的调整。在这种评价方式的引领下，每个学生的参与意识、分析能力、探究能力、表达能力等都会得到提高。

当然，在班级建设过程中，档案袋评价的方式还有很多，班主任可以依据班级建设和个人实际情况，采取适合自己、适合班级、适合学生的班级评价方式。比如，班主任霍老师在实践中研究并采用了多种适合班级学生实际的评价的操作方法。

第一，评语激励法。学生的档案袋里都有一些数量不等的小卡片，上面是教师在教育教学、班级建设过程中随时随地写给学生的简短评语。如"老师真喜欢听你读课文，声音甜美、感情丰富、停顿自然……你真是一个有才气的小女孩，继续努力吧"。评语内容包括学习、纪律等方面，涉及学生的情感、兴趣、毅力、信心、习惯等；表述有直接表扬的，有委婉批评的，也有殷切希望的。

第二，对话式交流互评法。学生档案中都设有"同学眼中的我""我的友谊之舟""回音壁""老师和家长的赠言"等栏目，为学生间、师生间提供了互相评价的机会。他们还通过不同内容的主题评价活动，达到不同的评价目的。通过"难忘同窗的你"活动，使学生学会正确评价别人；通过"小星星闪闪亮""我学会了……"活动，让学生展示自己的才艺、技能。

---

① 张永丰. 成长记录袋的设计、使用与反思[J]. 当代教育科学，2003(22).

第三，反思性自我评价法。学生的档案袋为每一个学生提供了反思空间。"看看我的社会公德""我目前的学习状态""查查我的自控能力怎样"等卡片的填写过程，其实就是学生自我反思、自我评价和自我改进的过程。这样的档案卡片就成了使学生看到自身不足并加以改进的载体。

第四，习惯养成自测评价法。在学生的档案袋里设计了"我的体质"系列档案评价卡，以此了解学生喜欢的运动项目、锻炼身体的习惯以及学生身高、体重等变化情况。在运动项目上，学生可以选择自己喜欢的体育活动；在运动量上，学生可以自我设定目标，因人而异；在数据记录上，学生对照记录，检查、反思，从而养成自觉锻炼健身的习惯。

第五，家长反馈评价法。学生档案卡片中给家长留有反馈意见、表达建议的空白，促使家长更关注且更全面了解孩子的成长。

第六，故事陈述评价法。霍老师让学生选择自己最有意义的一张照片收藏起来，并写出照片里的故事，可以反映家庭亲情，可以表现同学友情，可以歌颂祖国大好河山等。之后会召开"照片里的故事"主题班会，为学生搭建展示平台。

第七，作业改革评价法。为了让作业评价更有利于增强学生的自信心、进取心和学习兴趣，霍老师和任课老师会让学生根据每一单元授课的重点、难点，自己的学习所得和实际情况，独立设计一张自己的试卷，以取代以往每单元一张卷子大家考的"老传统"。考试结果既作为单元成绩，也是学生成长的宝贵资料，保存在学生的档案中。这一做法调动了每个学生学习的积极性，使不同层次的学生都得到了相应的发展。

第八，心理倾诉评价法。结合学生档案卡片中"谈谈我的心里话""成长的烦恼"等栏目，创造性地开展了让学生写心灵日记的做法。学生可以把学习生活中遇到的烦恼、困惑、疑难问题随时写出来，以便老师及时把握学生的心理，了解学生的需求。[1]

除上述方法外，还有情境性评价法、才艺表演法、个案分析评价法等。教师可以根据班级发展和个人实际选取适合自己和学生的内容和方式。

---

[1] 霍益芳，刘文. 以人格发展档案为载体的多元评价研究[J]. 班主任，2006(4).

成长档案袋评价最终目标是要促进每一个学生的全面发展。很多时候，班主任在使用档案袋时更多的是将其静态化，只是单向地往里面"输入"。其实，档案袋也是一种促进学生发展的"输出"。每位班主任都要善于利用，让每个学生都能够"被看见"。比如，杨老师在新生入学时就给每个学生建立了档案袋，将每个学生入学时的基本信息以及平时观察所得搜集整理归档。当开展班级活动时，杨老师会到每个学生的档案袋中去查找，推荐相关的学生参与活动，让学生们得到展示自己、锻炼能力的机会。①

---

　　① 杨倩. 形散神不散——走班制背景下的班级建设[J]. 班主任，2019(5).

第三章　构建班级育人支持体系：形成以班主任

为中心的全员育人新格局 ——————

本章主要从我国中小学班主任工作现状和问题，全员育人视域下的班主任工作新格局，建立和完善班级育人支持体系三方面内容，进一步分析论述构建育人支持体系为班主任工作提供支持和保障的现实意义和实施建议。学校既是"学校—年级—班级"的层次结构系统，又是"学校—家庭—社会"的协同育人系统。学校既要把握好德育实施过程中学校、年级、班级等各育人体系建设，又要整合各类资源，推进学校、家庭、社会育人体系建设，发挥学校的核心作用，激发家庭德育力量，整合社会德育资源，形成教育合力。在全员育人大背景下，必须改变班主任孤立无援之局面，建设班级育人支持体系，这既是班主任工作顺利开展，也是学校德育体系建设的一项重要内容。因此，当前在中小学校的一个重要任务是建立和完善班级育人支持体系，形成全员育人的新格局，以保障班主任工作顺利、有效、常态开展。

　　班主任工作复杂且多变，要想落实立德树人根本任务，单靠强化班主任一人工作，既不现实，也不合理。由于班主任工作量大、安全责任压力大、班级管理任务重，班主任出现了不同程度的职业倦怠现象。造成这种现象的原因：一是各地相关政策对班主任资格、职责、义务、待遇相当重视，但均缺乏对学校其他相关系统的综合规定；二是各地对"全员育人"理论阐释多，而具体制度、落实措施少；三是学校领导、家长组织、卫生保健、心理咨询、科任教师与班主任工作的关系缺乏有机、系统设计。为此，要从学校层面构建全员育人体系，为班主任及其工作提供专业支持，形成全员育人的新格局。

第一节　我国中小学班主任工作现状和问题

　　随着基础教育事业的不断发展，班主任工作更加复杂和艰巨。班主任工作是一个小切口，却关系到学校全面贯彻党的教育方针、落实立德树人根本任务的大战略，关系到营造良好教育生态的大问题。当前中小学班主任工作面临的困难主要是班主任工作支持系统建设跟进不力。无论是学校管理层、科任教师还是学生家长，都缺乏对班主任的支持和帮助，导致班主任"个人奋战"。要想从根本上解决问题，必须建立团队合作机制，建立班级育人支持系统，给予班主任工作支持和保障。

一、我国中小学班主任工作现状

　　《中小学班主任工作规定》提出了班主任应履行的五条"职责与任务"，分别是："第八条　全面了解班级内每一个学生，深入分析学生思想、心理、学习、生活状况。关心爱护全体学生，平等对待每一个学生，尊重学生人格。采取多种方式与学生沟通，有针对性地进行思想道德教育，促进学生德智体美全面发展。""第九条　认真做好班级的日常管理工作，维护班级良好秩序，培养学生的规则意识、责任意识和集体荣誉感，营造民主和谐、团结互助、健康向上的集体氛围。指导班委会和团队工作。""第十条　组织、指导开展班会、团队会（日）、文体娱乐、社会实践、春（秋）游等形式多样的班级活动，注重调动学生的积极性和主动性，并做好安全防护工作。""第十一条　组织做好学生的综合素质评价工作，指导学生认真记载成长记录，实事求是地评定学生操行，向学校提出奖惩建议。""第十二条　经常与任课教师和其他教职员工沟通，主动与学生家长、学生所在社区联系，努力形成教育合力。"依据上述规定，除学科教学职责外，班主任的核心工作主要分为五个方面：一是关注学生的全面发展，做好学生教育工作；二是做好班级管理工作，对学生进行常规管理和教育；三是做好班级活动的组织工作，以班级为单位开展各类教育活动；四是有针对性地对学生进行思想道德教育和综合素质评价；五是做好家庭、社会等各方教育力量的协调沟通工作。其实，在学校教育过程中，班主任工作内容远比《中小学班主任工作规定》的事项更为复杂和烦琐。在本书论述第一章第三节"新时代中小学班主任的专业素养"时，我们对班主任工作职责与任务有所涉及，此处就不过多展开。从如此全面、细致的职责与任务要求中，我们可以看出班主任工作几乎涉及学校工作的方方面面，是学校教育的首要承担者和学校管理的首要执行者。

2015 年，受教育部基教一司委托，北京教育科学研究院班主任研究中心、《班主任》杂志社联合北京师范大学、中国传媒大学、华东师范大学、南京师范大学等单位的相关专家组成调研组，开展了全国中小学班主任工作现状调研。通过此次调研，我们对中小学班主任工作现状有了基本了解和认识。

目前，几乎所有班主任都不同程度提出班主任工作压力太大，因为压力大，所以许多教师不愿意担任班主任。但需要指出的是，这并不表示所有教师都不愿意当班主任，其实多数班主任对该项工作价值认同感高，认为"虽累但有成就感"。此处还有一点需要澄清，虽然班主任也承担着学科教学的职责，但班主任的这些压力更多的来自管理和育人，而并非来自教学。当前需要重视和解决的问题是减轻班主任工作压力，尤其是由管理和育人所带来的压力，而减轻压力的关键就在于建立和完善班主任工作支持体系，形成全员育人的基本格局。

(一)班主任任职意愿情况

在教师担任班主任的主要原因调查中，"学校安排"排在首位，其次是"有更多学习、成长机会"，再次是"和学生相处有成就感"，而"对班主任工作喜欢、感兴趣"居于最后。针对"您喜欢班主任工作吗"问题调查，52.8％的教师表示喜欢班主任工作，35.0％的教师用"一般"和"谈不上喜欢不喜欢"表达意见，12.2％的班主任明确表示不喜欢。关于班主任工作成就感的调查结果显示，90.5％的班主任能在工作中不同程度地体验到成就感，14.1％的班主任一直能体验到成就感，31.7％的班主任经常能体验到成就感，44.7％的班主任有时能体验到成就感，8.1％的班主任很少能体验到成就感，仅有1.4％的班主任从来没有体验到成就感。

(二)班主任的工作量情况

班主任的工作时间是反映和衡量班主任工作量和工作负担的重要指标。问卷调查结果显示，19.3％的班主任每天在校工作时间在8小时及以下，53.7％的班主任每天在校工作时间为9～10小时，17.6％的班主任每天在校工作时间为11～12小时，还有9.4％的班主任每天在校工作时间超过12小时。这些数据显示班主任日均在校工作时间较长，这还没有包括班主任在家工作的时间。

关于班主任回家后是否还会继续处理班级工作，数据显示，93.6％的班主任选择了回家后还会不同程度地处理班级工作。其中，38.7％的班主任平均每周1～2天回家后会处理班级工作，33.3％的班主任平均每周3～4天回家后还会处理班级工作，21.6％的班主任每周5天以上回家后会处理班级工作。

关于班主任岗位工作时间的统计结果显示，6.8％的班主任认为班主任工作占用了自己一小部分(30％左右)时间，42.4％的班主任认为班主任工作占用了自己一半(50％左右)时间，34.4％的班主任认为班主任工作占用了自己大部分(70％左右)时间，16.5％的班主任认为班主任工作占用了自己绝大部分(80％以上)时间。

《中小学班主任工作规定》(以下简称《规定》)第十四条规定："班主任工作量按当地教师标准课时工作量的一半计入教师基本工作量。各地要合理安排班主任的课时工作量，确保班主任做好班级管理工作。"调查结果显示，74.6％的班主任认为班主任的学科课时量应占非班主任教师的学科课时量的"40％～60％"，另外25.4％的班主任则认为可占"更少"或"更多"。这一数据表明《规定》估算的"一半工作量"是合适的。但对于这一规定的落实情况并不尽如人意。数据显示，与同学科非班主任教师相比，90.3％的班主任认为自己担任的学科教学工作量并没有减少一半。

(三)班主任津贴情况

班主任津贴在一定程度上代表着学校对班主任工作价值的认同和肯定，是一种激励机制。在"学校对班主任津贴是否分档"问题调查中，结果显示，有46.8%的学校对班主任津贴分档，53.2%的学校对班主任津贴不分档。关于班主任每月津贴的调查结果显示，班主任每月津贴在100元及以下的占38.4%，101～500元的占48.2%，501～1000元的占11.0%，1001～1500元的占2.1%，1501～2000元的占0.2%，2000元以上的占0.1%。从地区来看，西部地区班主任的每月津贴相对较低，陕赣、吉豫地区班主任津贴在100元及以下的分别占58.2%、58.3%，津贴在101～500元的分别占38.1%、40.8%。从学段来看，小学班主任的每月津贴相对较低，100元及以下的占52.2%，101～500元的占39.5%，中学班主任每月津贴在100元及以下的占21.7%，101～500元的占58.7%。座谈时，绝大多数班主任表示，班主任月津贴应该占其月工资总额（税前）的三分之一。但在问卷调查中，15.3%的班主任的月津贴实际占其月工资总额的1%及以下，33.7%的班主任的月津贴实际占其月工资总额的1%～5%，29.0%的班主任的月津贴占其月工资总额的5%～10%，8.3%的班主任的月津贴占其月工资总额的10%～15%，7.8%的班主任的月津贴占其月工资总额的15%～20%，3.8%的班主任的月津贴占其月工资总额的20%～30%，2.1%的班主任的月津贴占其月工资总额的30%以上。

(四)班主任参加研修和培训情况

班主任定期研修活动能在班主任团队间建立起一种交流互动的良好氛围，让班主任获得一种专业发展和组织归属感。在"学校是否有定期的班主任研修活动"问题调查中，结果显示，62.6%的班主任表示学校有定期的班主任研修活动，37.4%的班主任表示学校没有。其中，陕赣、吉豫和津粤闽渝地区班主任选择"没有"的比例分别为51.8%、38.3%、38.1%，此比例远远高于京沪地区的9.0%。

班主任岗前培训可以帮助初任班主任尽快熟悉班主任工作，缩短入职适应期。针对初任班主任的岗前培训情况，37.9％的班主任表示学校没有专门的岗前培训，32.6％的班主任表示学校有初任班主任岗前培训但针对性不强，29.5％的班主任认为学校不仅有初任班主任岗前培训且针对性强。

从优秀班主任的成长经历来看，入职后的专业培训对班主任的专业引领和指导有很大的促进作用。调查结果显示，对于培训内容对自己专业成长的促进作用，11.5％的班主任认为非常大，32.3％的班主任认为比较大，37.0％的班主任认为一般，7.2％的班主任认为比较小，4.9％的班主任认为非常小，还有7.1％的班主任表示自己没有参加过相关培训。

为了解班主任对培训内容方面的需求，项目组要求班主任按照个人需求程度进行排序。调查结果显示，班级管理技能，青少年、儿童身心发展的基本规律，教育学、心理学、管理学等基础知识是班主任最需要的三大主要内容；排在中间位置的是具体的班级管理中所需要的一些技能，如协调沟通技能、处理突发事件技能、个人心理困惑的解答、心理辅导技能、组织活动的技能、法律法规常识等；排在最后的知识和技能包括国家时事政治、学生学习指导技能、个别辅导转化技能。

(五)学校对班主任的评价评优情况

在评价方面，结果显示，学校对班主任的考核内容比较多元。按选择比例从高到低依次是：班级卫生情况、班级纪律情况、班主任的师德、学校任务落实情况、班主任出勤情况、班级获奖情况、班级学科成绩、主题班队会质量、班主任获得的社会声誉、班主任的科研情况。班主任普遍认为，"检查和评比太多""缺乏激励机制"是学校及上级主管部门对班主任的管理和培养方面存在的两大问题。班主任职称评定不仅仅是对班主任工作水平和资格的客观评定，更是对班主任工作价值的一种承认和肯定。访谈过程中，大部分班主任表示这一专业发展通道尚未建立起来。数据显示，68.3％的班主任认为需要建立学校、区/县、省/市不同级别的班主任专业评价体系(类似于骨干教师、学科教学带头人制度)，16.4％的班主任认为不需要，15.3％的班主任认为无所谓。针对班主任是否了解所在学校、区/县、省/市级的班主任专项评优活动，结果显示，3.6％的班主任表示非常了解，14.9％的班主任表示比较了解，35.8％的班主任表示一般了解，38.3％的班主任表示不了解，7.4％的班主任表示完全不了解。在教师职称晋升、评优评先方面，59.2%的班主任表示学校会优先考虑班主任，40.8%的班主任表示学校不会优先考虑。其中，陕赣地区选择不会的比例相对更高，逾五成。在学校对班主任的奖励方式方面，结果显示，55.3%的班主任选择荣誉称号奖励，38.1%的班主任选择评优、评职有倾斜，35.0%的班主任选择培训学习，21.4%的班主任选择物质奖励，也有20.1%的班主任认为学校没有任何奖励。

(六)班主任获得的支持情况

关于班主任工作支持系统，主要从学校教师团队以及家长群体给予的支持进行分析。

副班主任可协助班主任做好日常的班级管理和学生教育工作，减轻班主任的工作压力。针对学校是否设立副班主任制问题，58.0%的班主任表示学校没有副班主任制，39.1%的班主任表示学校有副班主任制；在有副班主任制的学校中，68.3%的班主任认为学校实施副班主任制的效果一般。在学校是否有专门要求科任教师参与班级管理的制度问题上，58.3%的班主任表示学校没有，34.1%的班主任表示有，还有7.6%的班主任表示不清楚。

针对学生发生安全事故，86.1%的班主任表示学校有相关的安全预案和处理措施，6.6%的班主任表示学校没有，还有7.3%的班主任表示不清楚学校有没有。无论中学还是小学，心理教师和校医都可以协助班主任做好青春期学生生理、心理问题或受伤学生的常规卫生处理和保健工作。通过问卷调查发现，73.3%的班主任表示学校有校医室，24.8%的班主任表示学校没有校医室，1.9%的班主任不清楚学校是否有校医室。和城市学校(7.2%)相比，农村学校没有校医室的比例(44.8%)更高；当班级学生出现心理问题时，57.7%的班主任会向心理教师求助，13.0%的班主任不会向心理教师求助，还有29.3%的班主任表示学校没有心理教师。座谈时，很多班主任认为学校所设的校医室和心理咨询室并没有为班主任提供很大的帮助，很多流于形式。

家长委员会组织可以很好地帮助班主任解决工作中的一些压力，包括来自家长的压力、学生的压力以及社会的压力等。调查显示，56.7%的班主任表示学校建立了校级家委会组织，28.4%的班主任表示学校建立了年级家委会组织，40.5％的班主任表示建立了班级家委会组织，还有 22.2％的班主任表示学校没有建立家委会组织。关于班级家委会的职责，46.9％的班主任选择"反馈家长对班级工作的意见和建议"，46.0％的班主任选择"帮助做好家校沟通协调工作"，37.9％的班主任选择"与家长交流家庭教育经验"，33.2％的班主任选择"组织家长志愿者为班级活动提供后勤服务"，32.5％的班主任选择"及时让家长了解班级管理情况"，29.5％的班主任选择"帮助策划、组织班级重大活动"，还有 30.5％的班主任表示没有班级家委会组织。在家长工作方面，结果显示，班主任感觉最大的压力来自家长与班主任的教育理念不一致、家长对教师和孩子的高期待、家长不愿参与班级工作。

(七)班主任的压力源及学校应对措施情况

为了解班主任的工作压力情况，调研组要求班主任根据自己的真实情况进行选择。调查结果显示，在 13 项压力源中，班主任面临的第一大工作压力来自"安全责任压力"(76.7％)，这里既包括直接关系学生的身心安全问题，也包括因学生安全而带来的家长的压力和社会舆论的压力。学生安全成为班主任在其教育工作中首要关注的重点。除了安全责任压力外，班主任面临的第二大工作压力来自"班级管理任务重"(65.1％)，第三大工作压力来自"工作量大"(64.8％)，第四大工作压力来自"待遇低"(60.0％)，此外还有"各类检查和评比等活动太多"(53.8％)、"社会舆论压力大"(47.9％)、"教学、升学压力大"(46.8％)。针对班主任的身心健康状况，特别是职业倦怠现象，58.8％的班主任表示学校没有具体措施，23.2％的班主任表示不清楚，仅 18.0％的班主任表示学校有具体措施。

二、班主任工作存在的问题及原因探究

从 2015 年全国中小学班主任工作现状调研中可以发现，多数学校的班级管理工作、学生教育工作以及各种事务性工作几乎都由班主任一人承担、落实，班主任工作缺乏团队效应，使得班主任工作压力过大。2018 年，北京教育科学研究院班主任研究中心受北京市教委委托，对北京市中小学班主任政治素质、专业素养、工作状况、激励机制和支持系统等情况进行了全面调研。尽

管北京市是我国教育发达地区，也是师资队伍水平较高的地区，但调研结果却也反映出当前班主任存在班主任工作压力大、责任重、支持系统不完善等类似问题。

(一)班主任工作压力过大，主业和主责含混不清

班主任工作时间长、管理任务重、工作压力大已成为普遍现象。主业和主责含混不清和班主任工作压力太大是当前班主任面临的最为突出的问题。

1. 班主任工作时间长

与非班主任教师相比，班主任日均工作时间过长。2015 年北京教育科学研究院班主任研究中心开展的全国班主任工作现状调查显示，八成以上的班主任平均每天在校工作时间超过 8 小时，九成以上班主任回家后还要花时间处理班级工作问题，变相延长了工作时间。班主任是班级管理和学生教育的第一人，他们需要按照国家的教育方针、培养目标对学生的学习和生活进行全面教育、指导和管理，管理和育人工作占据了班主任的大部分时间和精力。

2."一半工作量"难以落实

班主任工作量按当地教师标准课时工作量的一半计入教师基本工作量。班主任工作量是难以精确计算的，所谓"占标准工作量的一半"只是一种经验估算。但在实际工作中，班主任"一半工作量"的规定难以落实。根据 2015 年北京教育科学研究院班主任研究中心开展的全国班主任工作现状调查数据，九成多的班主任认为班级教育和管理工作要占据自己一半以上的时间，其中 50.9％的班主任认为要占据自己 70％甚至 80％以上的时间，而中学教师在班主任工作上所花的时间也明显高于小学教师。不仅如此，在一些教育发达地区，例如北京市，班主任"一半工作量"的规定也没有很好地落实。2018 年北京教育科学研究院班主任研究中心开展的北京市班主任工作现状调查也显示，与同学科非班主任教师相比，73.78％的班主任认为自己担任的学科教学工作量并没有减少一半。因此，在实际教育过程中，绝大部分中小学班主任都是在承担了学校正常甚至超额教学工作量的基础上来开展班级教育和管理工作，班主任"一半工作量"落实情况却并不尽如人意。

　　导致上述情况出现的原因有很多。现行教师编制的基础计算方法中并没有班主任的"半个编制"，这是"一半工作量"无法落实的制度原因。因为在学校实际教育中，教师数量是按照师生比来配置的，计算编制时主要考虑学科课时，并未考虑班主任工作要占"一半工作量"这一因素，倘若严格执行《规定》，则现行教师编制远远不够。由教师编制原因造成的班主任负担过重问题在农村地区更加突出。一些农村学校由于根本不可能考虑给班主任减课时量的问题，那里的班主任也就从来不知道还有"一半工作量"的说法。此外，教育工作特殊性也是造成上述规定难以落实的重要原因之一。师资队伍中往往是能力强的教师课教得好、班主任也当得好。因此学校校长为了每个班级和整个学校的稳定发展，不得不请求那些课教得好的教师当班主任，于是他们的工作量不可能减少。

　　针对这种情况，一方面可以改革教师编制计算原则，从制度上解决班主任负担过重的问题。另一方面教育相关部门和学校要能够落实超课时补贴的规定，并给予班主任精神层面的支持。2015年全国调查中，校长和班主任都反映，班主任所需要的"待遇"，本质上并不是"钱"的问题。津贴适当提高些他们当然高兴，不提高也照样会努力带好自己的班。他们最需要的是在出现班主任无能为力的外在事故和教育困难时，学校和上级部门能够理解他们，并给予支持和帮助。

3."主业"说法得不到制度支持

　　班主任是中小学日常思想道德教育和学生管理工作的主要实施者，是中小学的重要岗位，从事班主任工作是中小学教师的重要职责。考虑到中小学班主任教师长期以来既承担了繁重的学科教学任务，也承担了繁重的班主任工作，而班主任工作往往在考核中难以得到量化，因此，《规定》提出了"教师担任班主任期间应将班主任工作作为主业"，并且提出了"班主任工作量按当地教师标准课时工作量的一半计入教师基本工作量"的具体要求，以此引导地方和学校重视班主任工作，有条件的地方可以适当减少班主任学科教学的工作量，引导他们将更多精力用在育人上。如果地方和学校有实际困难，无法减少班主任教师的学科教学工作量，那么在绩效工资考核时，《规定》提出将"班主任津贴纳入绩效工资管理。在绩效工资分配中要向班主任倾斜"。这也适用于高中班主任教师。

在 2015 年全国调查中，各地参加座谈的校长、教师对《规定》提出的"教师担任班主任期间应将班主任工作作为主业"这一条意见颇多。他们主要认为：如果将班主任工作定义为"主业"，那么学科教学能否理解为班主任教师的"副业"？其实班主任和学科教学应该并重。而从教师专业发展角度看，在目前的晋级制度下，由于职称评定及学科带头人、骨干教师的评选必须按学科申报，班主任只能是"副业"而不可能是"主业"。"主业"提法所倡导的积极意义大家都能理解，但由于与现行制度不匹配（主要是职称评定），"主业"提法落入尴尬境地。一些地区尝试用班主任职级制等方式在一定程度上迂回地落实"主业"规定，但与正规职称评定制度相比，这一规定的影响作用很小。

4. 班主任工作压力太大

一个人的精力和体力是有限的，班主任长期超负荷运转，最终导致班主任"身心透支"。当前班主任普遍感觉工作压力太大，其中，"安全责任压力大""班级管理任务重""工作量大"是前三大主要来源。工作量大是现实，但不是造成班主任压力大的主要因素。在安全责任方面，来自家长和社会的要求太高，多数学校为了减少安全事故的发生，或为了免责，而将责任转嫁给班主任，班主任工作往往首先成为"一票否决"的对象。

班主任工作压力太大问题的核心是"安全责任无边界"和"安全责任无主次"。过大的工作压力极易导致班主任产生职业倦怠，对班主任的身心健康、职业幸福造成不利影响。要想从根本解决班主任工作压力太大的问题，需要教育部门、社会、学校等共同协作以解除班主任担负不起的无限安全责任。

(二)班主任评价机制和激励机制有待加强

学校对班主任评价方式和评价内容是否科学、合理，会直接影响班主任工作的积极性。通过调查结果可以发现，班主任认为"检查和评比太多"是学校及上级主管部门在班主任管理和培养方面存在的第一大问题，而且学校多重视容易量化、可测性较强的显性工作内容，比如班级纪律卫生、学校任务落实、班主任出勤、班级学科成绩等，对班主任的社会声誉、科研情况等不易量化但能真实反映班主任素质的隐性工作内容的重视程度有待提高。

在激励机制层面，第一，班主任津贴较低。第二，学校对班主任评优活动的宣传、倾斜力度不够。第三，班主任专业发展缺乏目标引领，绝大多数班主任对建立学校、区/县、省/市不同级别的班主任专业评价体系的呼声很高，期望班主任工作能够更加专业化。不完善的激励机制不仅起不到保护积极性的作用，更起不到激励积极性的作用，致使班主任岗位失去更多的优秀教师。

(三)班主任研修机制和培训机制有待进一步完善

从做好班主任工作角度看，班主任定期研修可以为班主任队伍搭建对话、交流平台，增强班主任解决教育过程中实际问题的能力，避免个人"孤军奋战"和"自然成长"。大多数中小学校都有学科教师定期研修机制，却很少有针对班主任群体的定期研修制度。

每年都有大量的初任班主任补充到班主任队伍中来，他们缺乏经验支撑，在工作中存在许多问题。年龄较大的校长和班主任都怀念过去中师毕业生的班主任工作水平，原因是中等师范的教育内容中包含如何做班主任的基本知识技能，使得他们分配到学校后能够在老教师的指导下很快进入班主任角色。中师升格为大学后，班主任方面的课程大幅度减少了。非师范毕业生通过教师资格考试进入学校，更是普遍缺乏做班主任最基本的知识技能。这种情况下，学校对于新入职班主任的岗前培训就尤为重要。然而在2015年的全国调查中，调查数据显示，37％的学校没有进行岗前培训；而在有岗前培训的学校中，也有52.5％的教师认为培训内容的针对性不强。这一方面说明部分学校对初任班主任专业培养工作重视不够，另一方面说明学校培训缺乏针对性，培训效果不高。这些情况值得反思。

从优秀班主任成长经历看，培训对做好班主任工作十分有益，尤其是培训内容经时间和实践的沉淀，后期发力的作用和效果更是很大。因此，无论职前、岗前还是在职，班主任专业培训是极其必要的。其中，职前培训应纳入教师资格考试，岗前培训内容和方式应更具针对性，在职培训则应内容更丰富、形式更多样，特别应注重问题研讨式的交流性培训。

(四)班主任工作缺乏团队效应

育人工作是一项系统工程，班主任应该通过团队的力量共同做好这项工作。在 2015 年的全国调查中，一系列数据显示，现在多数学校的班级管理工作、学生教育工作以及各种事务性工作(如收缴学费、填报表格等)几乎都是由班主任承担、落实。许多校长和班主任都谈及非班主任教师因为班主任多得了津贴而把所有学生工作都推给班主任教师的例子，也谈及班主任所承受的事无巨细的甚至许多并非自己专长的学生问题处理工作。因此，目前来看，无论是学校管理层、科任教师，还是家长，既缺乏全员育人的理念，也缺乏团队效应的有效激励，各部门和各育人主体给予班主任的支持和帮助寥寥无几，这就导致班主任在"个人奋战"。长此以往，班主任就容易产生工作上的"孤独感"，失去积极性。

班主任工作支持系统可从五个维度来看，一是学校领导维度，二是家长组织维度，三是卫生保健维度，四是心理咨询维度，五是非班主任教师维度。其中，学校领导支持体系主要指由校长、德育主任、年级组长等所构成的班主任领导支持系统，非班主任教师支持体系主要指与本班各科教学有关的教师群体，目前班主任所能获得的支持主要来自这两个体系。2015 年的全国调查显示，另外三个支持维度就全国范围看尚处于十分薄弱状态，还不能对班主任工作形成强有力的支持。在遇到相应问题时，想到找心理教师帮助的班主任只有 7.7%(农村学校更少，只有 4.6%)；遇到相应问题时，想到找校医帮助的班主任只有 5.6%(农村学校更少，只有 2.9%)；遇到相应问题时，想到找家长帮助的班主任也只有 12.2%。多数班主任遇到问题主要还是求助于学校领导和非班主任教师(62.8%)。这与欧美国家心理和保健教师所起的作用相比，与日本和我国台湾地区学校的家长组织所起的作用相比差距极大。2015 年全国调查还发现，有 15.0%的学校没有建立家长委员会组织，而建立了家长委员会组织的学校多数是建立学校一级的组织，只有 27.4%的学校建有班级家委会。有 29.3%的学校没有心理教师，其中主要是农村学校缺乏(42.5%)。约有 25%的学校没有校医室，其中同样主要是农村学校缺乏(44.8%)。

与 20 年前相比，现在的中小学生经常出现的问题中很多属于身体(生理)、情感(心理)方面的问题，班主任常规的表扬、奖励、批评、惩罚、谈心、说服、集体教育等方式方法在处理这类问题上均显得效果不佳。特别是在青春期已经提前到小学高年级的今天，中小学班主任面临的学生问题大多为与青少年生理和心理有关的专业性问题，没有卫生保健和心理学专业教师的制度性协助，班主任很难妥善处理。有些地区要求班主任都要取得"学校心理辅导员 C 级资格证书"（成都，2014），正是出于对当前中小学生心理发展新情况的认识而推出的重大决策。这种决策的合理之处在于有利于班主任科学地处理学生的心理问题，不合理之处在于班主任教师通过短期培训获得的一些心理学知识还不足以承担心理辅导的任务。

家长是构成完整教育的重要因素之一，在现代教育制度中，家长组织是学校教育体系中不可或缺的重要组成部分。但导致不重视家长组织作用的原因是多方面的，其中，政府、社会、学校、班主任各方面都重视不够是造成这种局面的关键原因之一。2012 年年初，教育部发布了《关于建立中小学幼儿园家长委员会的指导意见》，根据文件中"需要在更大范围推广成功经验，把家长委员会普遍建立起来"的阐述，结合本次调研结果，可推测我国中小学的家长委员会组织建设还不普遍，对家长组织教育作用的发挥还远远不够。除了北京、上海等少数经济文化和教育发达地区，多数省市学校的家委会建设还很不完善。到目前为止，虽然有 85％的学校依据教育部文件建立了家委会组织，但多数流于形式。座谈中教师和校长对家委会参与教育的认识参差不齐，有的甚至认为家委会不但不能协助学校和班级开展教育，还给学校和班级增添了麻烦。调查显示，在班级层面建有家委会组织的学校很少（27.4％）；即使建立了家委会组织的班级，其组织也很不完善，功能难以发挥。

总体而言，"全员育人"理念由于配套措施的欠缺而难以落到实处。目前教育相关部门和学校较少对与班主任工作息息相关、密不可分的校内外相关支持系统进行综合设计，班主任工作的校内卫生保健体系、心理咨询体系、科任教师体系和校外家长及社区体系等支持系统还有待完善。

第二节　全员育人视域下的班主任工作新格局

为促进立德树人根本任务扎实落地，中小学校应着力构建全员育人工作体系，为班主任及其工作提供支持，不断提升人才培养的针对性和实效性，切实肩负起培养德智体美劳全面发展的社会主义建设者和接班人的职责和使命。

一、全员育人之内涵解析

全员育人是指由学校、家庭和社会以及学生组成的"四位一体"的育人机制。"全员"包括校内、社会、家庭等所有与育人有联系的群体，在中小学校特定环境下的"全员"涵盖所有班主任、科任教师、德育干部、校长、其他行政管理人员、后勤人员和学生本人。"育人"即对受教育者进行德育、智育、体育、美育、劳动教育等多方面的教育和培养。育人不仅仅指道德教育，还包括思想教育、政治教育、法治教育、心理教育、健康教育等其他方面的内容，育人的目的是使学生能够获得全面发展。"全员育人"是从育人队伍层面对中小学校提出的要求，强调全员参与，要求班主任、德育干部、科任教师、学校其他教育工作者以及家长都要肩负起育人责任，同时要发挥学生主体作用，引导其学会自我教育，以实现"立德树人"根本任务。全过程育人是指德育要渗透到学生学习和生活的细微之处，在全部管理过程中养成其良好的学习和生活习惯，并培养学生的健全人格。班主任要把德育贯串管理的全过程，科任教师要把德育渗透到传授知识的全过程。全方位育人是把学校德育工作看成一个系统工程，充分利用各种教育载体，发动社会、学校、家庭、学生等力量积极参与，并形成教育合力。全员育人、全过程育人、全方位育人三者相辅相成，密不可分，是一个有机统一的整体。全员育人即人人育人，强调育人的主体要素；全过程育人即时时育人，强调育人的时间要素；全过程育人即处处育人，强调育人的空间要素。① 当全员育人格局实现时，全过程、全方位格局也自然而然形成。

全员育人的核心是以学生发展为本。学生是具有独立人格的、发展中的、有着完整生命表现形态的个体。以学生发展为本的教育理念是对马克思主义关于人的全面发展思想的继承和发展。杜威把学生的发展视为一种自然的过程，教师只能作为"自然仆人"去引导学生的兴趣，满足学生的需要而不能多加干涉。教师在教学中只应充任"看守者"和"助手"，不应站在学生面前的讲台上，而应站在学生背后。杜威主张的是"做中学"，在过程中习得能力。这表明学生

---

① 姜雪. 高校"三全育人"：内涵、路径与机制研究[D]. 石家庄：河北师范大学，2020.

才是教育的主体，而教育是影响人的身心发展的社会实践活动，教育的过程、方法、手段都应紧紧围绕这个主体进行。以学生发展为本，意味着一切为了学生，强调学生在德智体美劳等方面充分发展，最终使学生成为全面发展的人，实现健康成长，这也是全员育人工作格局的逻辑起点和最终归宿。

二、全员育人的现实意义

党的二十大报告明确提出："要坚持教育优先发展、科技自立自强、人才引领驱动，加快建设教育强国、科技强国、人才强国，坚持为党育人、为国育才，全面提高人才自主培养质量，着力造就拔尖创新人才，聚天下英才而用之。全面贯彻党的教育方针，落实立德树人根本任务，培养德智体美劳全面发展的社会主义建设者和接班人。"营造"全员育人"新格局是建设教育强国，深入贯彻落实立德树人根本任务，切实将党和国家关于中小学德育工作的要求落细、落小、落实的必然要求。

(一)落实立德树人根本任务的关键

立德树人是教育的根本任务。所谓"立德"，就是坚持德育为先，通过正面教育来引导人、感化人、激励人；所谓"树人"，就是坚持以人为本，通过合适的教育来塑造人、改变人、发展人。我国古代就强调德在教育中的重要意义。"《礼记·大学》曰：'大学之道，在明明德，在亲民，在止于至善'，并且提出'修身、齐家、治国、平天下'的主张，认为教育就在于格物致知。这就是要培养年轻一代具有正确认识自己、正确对待他人、正确对待社会的高贵品质，对社会、对国家、对民族有高度的责任感。"[①]建党以来，我们党就十分重视以德育人、以德治教，始终把德育摆在突出位置。中华人民共和国成立后，党确立了教育方针，强调要使受教育者在德育、智育、体育几方面都得到发展，成为有社会主义觉悟的有文化的劳动者。改革开放后，党明确提出要培育有理想、有道德、有文化、有纪律的"四有"新人。党的十八大明确提出把"立德树人"作为教育的根本任务，党的十九大进一步提出要"落实立德树人根本任务"，党

---

① 顾明远. 立德树人是教育的根本任务[J]. 辅导员，2014(6).

的十九届四中全会对完善立德树人体制机制提出新的具体要求。党的二十大提出育人的根本在于立德，全面贯彻党的教育方针，落实立德树人根本任务。落实立德树人根本任务鲜明地回答了教育"培养什么样的人、怎样培养人"的问题，同时为中小学校指明了教育工作方向。

全员育人是落实立德树人根本任务的关键。习近平总书记指出："办好教育事业，家庭、学校、政府、社会都有责任。"只有把立德树人贯彻到教育事业发展的各领域、各方面、各环节，做到以树人为核心、以立德为根本，培养社会主义建设者和接班人，才能真正建成教育强国。立德树人是一项系统工程，需要利用一切资源，包括家长的资源、社区的资源、社会的资源。因此，中小学校应积极探索、构建全员育人工作机制，充分发挥学校、家庭、社会各自优势，凝聚强大的教育合力。

(二)培育时代新人的有效路径

全面建成社会主义现代化强国、实现中华民族伟大复兴，归根结底需要大批德才兼备的时代新人。我国是中国共产党领导的社会主义国家，这就决定了我们的教育必须把培养社会主义建设者和接班人作为根本任务，培养一代又一代拥护中国共产党领导和我国社会主义制度、立志为中国特色社会主义奋斗终身的有用人才。

青少年是祖国的未来和民族的希望。青少年阶段是一个人人生的"拔节孕穗期"，这一时期知识体系搭建尚未完成、价值观塑造尚未成型、情感心理尚未成熟，最需要精心引导和栽培。如果不加以正确引导和长期教育，青少年就难以树立正确理想信念，甚至可能走偏。我们必须把立德树人作为根本任务，着力教育引导广大青少年牢固树立马克思主义信仰、中国特色社会主义信念、实现中华民族伟大复兴中国梦的信心，更好地肩负起民族复兴的时代重任。

《少年中国说》中提到：少年智则国智，少年富则国富，少年强则国强，少年进步则国进步。为培育能够肩负起民族复兴重任的时代新人，各中小学校要运用一切教育因素，通过对校内校外多种德育资源的整合，进行德育队伍建设，形成全员育人格局，增强教育的针对性和实效性，引导广大中小学生从小树立正确的价值导向，成长为德智体美劳全面发展的社会主义建设者和接班人。

（三）加强学校教育的内在要求

学校担负着学生教育的主体责任，这是因为落实立德树人根本任务，最主要的途径是依靠学校教育。新时代背景下，我国中小学校教育存在不同程度的重智育轻德育、德育目标理想化、德育内容脱离生活实际、德育管理职责不明确、学校与家庭和社会联系不强等问题，进而存在德育工作未落到实处等现象。究其原因，学校教育尚未形成全员、全过程、全方位育人机制。许多教师仍缺乏德育意识，仅仅教授与本专业相关的知识和技能，忽视学生价值观的形成，认为德育只是班主任、思政课老师、德育干部的事，与自己无关。

恩格斯指出："许多人协作、许多力量融合为一个总的力量。用马克思的话来说，就产生'新力量'。"[1]这不是若干力量的简单叠加，而是协作形成的一种合力，这种合力产生了"1+1＞2"的效果。[2] 育人不仅是班主任、思政课老师、德育干部的责任，如果学校所有教职工都参与到育人工作中来，形成做好中小学育人工作的强大合力，学校育人工作将事半功倍。因此，学校应将全员育人作为工作指导原则，将全员育人的理念渗透到学校办学和教学等一切事务当中，引导全体教职工积极参与，建立全员育人模式，做到全程育人，全方位育人，构建学校育人共同体。

三、全员育人体系的构建

育人是一项长期性和系统性的工作，构建全员育人体系需要把学校、家长、社会、学生的力量和资源都集聚起来，推动学校、家庭、社会教育的有机结合，引导和激发学生学会自我教育，形成一体化育人共同体。

（一）学校教育

学校教育是指教育者按照社会的要求和受教育者身心发展的规律，对受教育者施行的一种有目的、有计划、有组织的传授知识技能、发展智力和体力、

---

[1] 马克思、恩格斯. 马克思恩格斯文集：第九卷[M]. 北京：人民出版社，2009：133-134.

[2] 李瑞瑞. 历史合力视域下的"三全育人"实现路径[J]. 南京晓庄学院学报，2021，37(5).

培养思想品德的系统影响活动。学校教育具有其他教育形态所不具备的独特特点，这些特点保证了学校教育的高度有效性，使它在各种教育形态中占据主导地位。

学校教育是现代教育的主导形式，也是个人一生中所受教育最重要的组成部分。这是因为个人在学校里接受教育培养，系统地学习科学文化知识、社会行为规范、道德准则和价值观念。学校教育从某种意义上讲，决定着个人社会化的水平和性质，是个体社会化的重要基地。中小学校要主动发挥主导作用，将德育工作要求融入学校各项日常工作中，落实课程育人、文化育人、活动育人、实践育人、管理育人、协同育人六大育人途径，引导家庭、社会增强育人责任意识，培养学生学会自我教育，形成学校、家庭、社会、学生协调一致的育人合力。

(二)家庭教育

2022年1月施行的《中华人民共和国家庭教育促进法》中对于家庭教育的解释是"父母或者其他监护人为促进未成年人全面健康成长，对其实施的道德品质、身体素质、生活技能、文化修养、行为习惯等方面的培育、引导和影响"。依照《中华人民共和国家庭教育促进法》，未成年人的父母或者其他监护人负责实施家庭教育。家庭教育应当符合以下要求：尊重未成年人身心发展规律和个体差异；尊重未成年人人格尊严，保护未成年人隐私权和个人信息，保障未成年人合法权益；遵循家庭教育特点，贯彻科学的家庭教育理念和方法；家庭教育、学校教育、社会教育紧密结合、协调一致；结合实际情况采取灵活多样的措施。

家庭教育是人类社会全部教育活动的重要组成部分，和学校教育、社会教育并称为教育的三大支柱。它对一个人的成长乃至社会的发展都有着特别重要的作用。家庭是社会的基本细胞，几千年来，家庭是我国社会维持和发展的社会基础，中华文明的传承在很大程度上都是得益于优秀家教家风的有序传承。我国自古以来就十分重视家庭教育。进入新时代，家庭教育作用经久不衰，家庭教育要以立德树人为根本任务，培育和践行社会主义核心价值观，弘扬中华优秀传统文化、革命文化、社会主义先进文化，促进未成年人健康成长。

加强家庭教育指导，构建家庭、学校、社会协同育人机制，一方面，国家和社会为家庭教育提供指导、支持和服务；另一方面，学校要建立健全家庭教育工作机制，统筹家长委员会、家长学校、家长会、家访、家长开放日、家长接待日等各种家校沟通渠道，丰富学校指导服务内容，及时了解、沟通和反馈学生思想状况和行为表现，认真听取家长对学校的意见和建议，促进家长了解学校办学理念、教育教学改进措施，帮助家长提高家教水平，形成家校合力。

(三)社会教育

社会教育是现代社会教育体系中不可忽略的部分。尽管在整个教育体系中还处于辅助和补偿地位，但社会教育越来越显示出不可替代的作用。现代学校教育同社会发展息息相关，青少年一代的成长也迫切需要社会教育密切配合。良好的社会教育有利于对学生进行思想品德教育，有利于学生增长知识、发展能力，有利于丰富学生的精神生活，有利于发展学生的兴趣、爱好和特长。

加强社会教育，构建社会共育机制，要主动联系本地宣传、综治、公安、司法、民政、文化、共青团、妇联、关工委、卫健委等部门、组织，注重发挥党政机关和企事业单位领导干部、专家学者以及老干部、老战士、老专家、老教师、老模范的作用，建立多方联动机制，搭建社会育人平台，实现社会资源共享共建，净化学生成长环境，助力广大中小学生健康成长。

(四)自我教育

自我教育是指人通过认识自己、要求自己、调控自己和评价自己，实现自己教育自己。自我教育是在一定的遗传基础上，在环境和他人教育的条件下生成和发展的，但是它一旦生成，就积极地反过来发挥作用，极大地影响着个人的成长，而且随着人的成长，自我教育的作用会越来越重要。回顾人类历史，所有取得巨大成就的人，无不是具有高度发展的自我教育的意识和能力。可见，自我教育是教育的最高峰。

苏霍姆林斯基说："只有能够激发学生去进行自我教育的教育，才是真正的教育。"因此，教育者要按照受教育者的身心发展阶段予以适当的指导，充分发挥他们提高思想品德的自觉性、积极性，使他们能把教育者的要求，变为自己努力的目标。自我教育不是个人孤立地闭门修养，而是强调要结合实践和学生的集体活动来进行。学校中的中国共产主义青年团、中国少年先锋队和学生会都是受教育者进行集体自我教育的组织，教育者要充分发挥这些组织的作用，让受教育者自己教育自己，自己管理自己，使自我教育收到更好的效果。

在全员育人视域下，学校、家庭、社会、学生"四位一体"育人机制，不仅是教育在逻辑上的回归，更是历史发展的趋势，班主任作为学校、家庭、社会、学生教育的桥梁和纽带，如何转变传统的育人模式，做好教育沟通协调，提升教育质量，让每一位学生都得到真正的发展，这是重中之重，也是班主任德育工作的新路径。

第三节　建立和完善班级育人支持体系

班主任工作是一个复杂的教育系统，在当前全员育人新形势下，亟须通过更加明确而有力的政策措施，以班主任工作为中心，通过建立班级育人支持体系，提高学校育人能力和水平，落实立德树人根本任务。建立班级育人支持体系，意味着学校德育管理方式的改革和优化。2014 年，齐学红教授提出从学校内部支持系统、学校外部支持系统、专业支持系统三个方面构建班主任社会支持系统，给予班主任支持和保障。[①] 在此基础上，结合北京教育科学研究院班主任研究中心关于班主任工作现状的调查情况，我们认为学校可从 7 个方面，建立和完善班级育人支持体系。

一、建立学校领导支持体系

学校领导支持体系主要指由校长、德育主任、年级组长等所构成的领导支持系统。为实现全员育人，学校领导要认真履行岗位职责，通过制定相关政策，创造各种条件，为班主任工作提供支持。

(一)构建常态化的学校德育管理机制

学校是一个复杂且动态变化的教育系统，要想形成一个稳定而有弹性的与学校整体协调匹配的教育管理体系，需要构建一套常态化的学校管理机制。因

---

① 齐学红. 班主任社会支持系统的建构[J]. 班主任，2014(10).

此，学校要构建新时代中小学德育工作机制，落实立德树人根本任务。学校领导可定期对学校德育工作进行全面分析研究，健全各项规章制度，明确全员育人岗位职责，进一步明确学校教师职工育人职责，制定德育工作规划，创新德育工作途径，统筹班主任、科任教师和学校各部门对学生的思想道德教育，协调推进家庭、社区对学生的教育。例如，上海南洋中学实施"一点三线"管理机制：一是德育处—班主任—学生，负责日常行为规范、校纪校规的贯彻落实和训练；二是教学处—任课老师—学生，抓课堂主渠道的育人实践和德育渗透，落实学习规范教育；三是学生团委—团员—学生，负责每日学生行为规范的监督、考评。① 这些制度与机制很好地落实了全员育人要求，当学生出现问题时，不都交由班主任一人处理，这为班主任工作提供了支持。

学校还可以通过定期或临时召集的工作会议，商讨和确定不同阶段的工作主题，对存在的教育问题进行全面分析和研究，明确工作责任，提出解决思路，并及时将会议精神通过班主任例会传达，将日常教育管理工作落到实处。

(二)制定科学合理的班主任评价和激励机制

班主任工作复杂而烦琐，工作时间长、内容多、压力大，科学合理的评价和激励机制，能调动班主任工作的积极性，形成积极向上的工作氛围。因此，应制定符合本校的科学合理的评价和激励机制。

例如，北京市朝阳师范学校附属小学结合学校实际制定《班主任工作评价方案》，通过"过程性评价"和"业绩评价"两方面考核班主任工作，促进班主任工作水平提高，完善学校教师评价体系，引导班主任工作质量和水平在规范管理中有提高，成特色。②

江苏省南通市海门区东洲小学制定了系列班主任表彰制度。其中，"十佳班主任""优秀班主任"的评选不仅注重班主任的师德修养、班级管理能力、教育科研能力，还引导班主任发挥在协调家校关系、师生关系以及师师关系中的主导作用，推动班主任全面发展。"金银铜牌班主任"的评选主要以班主任的工作年限为依据，在学校从事班主任工作 10 年以上未满 20 年的评为"铜牌班主

---

① 教育部 2021 年发布的《"一校一案"落实〈中小学德育工作指南〉典型案例》。
② 2016 年北京市中小学班主任队伍建设优秀成果。

任"，20 年以上未满 30 年的评为"银牌班主任"，30 年以上的评为"金牌班主任"，这是对长期从事班主任工作的教师的认可和肯定，更是一种致敬，让班主任真切感受到被尊重和被需要。①

总之，建立科学公正的班主任工作考评和激励表彰制度，能极大调动班主任工作积极性，激发工作热情，实现人生价值，也能充分发挥优秀班主任的榜样带头作用，提高学校班主任队伍建设水平，整体推进学校德育工作。

二、建立同事教师支持体系

班主任工作支持系统作为一个有机体，内部各教育力量之间的明确分工是其有效运作以及实现整合的前提。② 同事教师支持体系，主要指班主任与本班各科教学有关的教师群体形成的班级育人共同体。为做到全员育人，学校要完善班主任制，创新班级管理新机制，要构建以班主任为核心，以班级为平台，科任教师共同参与的班级管理新机制，形成教师育人集体，共同研究和分析学生在各方面的发展状况，共同制定教育方案，形成教育合力，促进班集体建设和学生健康成长。

例如，南京外国语学校仙林分校从 2006 年开始采用班级教育小组的团队管理方式，班主任担任班级教育小组组长，由四到五名教师组成班级教育管理团队管理班级。在人员构成上，班级教育小组由班主任、部分任课教师、生活教师、学生干部代表、家长代表组成。其中班主任任组长，部分任课教师(2～3 人)、生活教师(寄宿制学校)为核心成员。班长、团支部书记(中队长)、班级家长委员会主任为小组重要成员。班级教育小组成员包括教师、学生、家长三方代表。学校所有教师、生活教师全部进入了班级教育小组，实现了全员育人的目标。在办公形式上，班级教育小组改变过去以教研组、备课组为单位的办公形式，实施以班级教育小组成员(主要指教师)集中办公的形式；同时加强教研组、备课组活动，以保证学科教师的业务交流和教学研讨活动的正常进

---

① 周琳芳，姜东英. 班主任专业化发展的学校支持平台构建[J]. 江苏教育，2020(79).

② 汤美娟. 班主任工作支持系统的整合机制：结构功能主义的视角[J]. 班主任，2021(3).

行。在决策方式上，在班主任的主持下，由班级教育小组成员集体做出重要决策（如学期工作计划、班级各项重要工作和活动、学期工作总结等），班级日常工作决策主要由核心成员提出并制定。在行动方式上，各项决策制定后，在班主任的领导下，由班级教育小组成员分工负责落实，所有任课教师既教书又育人。在对全班学生个体指导方案确定后，具体指导工作分工到一位任课教师。① 这种制度很好地将学校教职工纳入学校育人工作，在制度上保证了学校全员育人工作的落实。

同时，学校要为班主任和科任教师搭建各种交流互动平台，激发科任教师的育人责任感，凝聚全体教师形成育人合力。学校可按照学段、年级、学科组等方式将全校教师和班主任划分为不同的"同伴互助组"，研究班级问题，形成同伴互助。例如，天津市北辰区普育学校摸索出了班级教师组的工作模式，即把任课为同一个班的教师划分为一个组，因为他们面对的是同样的受教育者和同样的教育问题。每一个成员在不同的情况下有不同的工作内容。这样一来，班主任和科任教师形成一个整体，从而达到合众聚力的目的。学校每周开设一课时的德育课，要求组内教师以体验式班会的方式轮流上德育课。学期初，同一小组的教师在班主任的牵头下协商统筹，围绕学校提供的"十二项"育人主题，制订本班德育课计划，倡导多位组内教师共同参与设计并实施一节德育课。这样就给科任教师提供了育人的途径（德育课）、内容（"十二项"主题）、方式（体验式班会）、时间（一课时）。② 这种做法很好地激发了科任教师的育人责任感，调动了科任教师育人的积极性和创造性。

作为班主任，平时也要积极、主动与各教师职工沟通协调，发挥好骨干带头作用，建立与其他教师间的信任关系。例如，在日常教育教学中，班主任可以主动与班级其他教师共同讨论协商班级问题，研究解决方案，带动科任教师一起育人，进而形成同伴互助，达到共同解决问题、互相促进成长的目的。

---

① 齐学红，钱铁锋. 建立班级教育小组制度——班级管理体制改革的尝试[J]. 班主任之友（小学版），2008(8).

② 王贵勇，杨晓伟. 由"合"到"和"：构建班主任工作支持系统的三点做法[J]. 天津教育，2017(Z2).

三、建立心理健康支持体系

在带班过程中，班主任经常会遇到有心理问题的学生。面对学生的一般心理问题，班主任凭借多年工作经验，运用一些常用的心理辅导方法就可以解决；面对学生较为严重的心理问题时，并不是每位班主任都具有专业的心理健康辅导能力和资格，必须得到学校心理健康专门机构和专业教师的支持和帮助才能对学生进行心理辅导，这就需要学校建立和完善心理健康教育的专业支持机制。

教育部印发的《中小学心理健康教育指导纲要》（2012 年修订）提出，地方教育行政部门和学校要利用地方课程或学校课程科学系统地开展心理健康教育；要加强心理辅导室建设，切实发挥心理辅导室在预防和解决学生心理行为问题中的重要作用；加强心理健康教育师资队伍建设，建立一支科学化、专业化的稳定的中小学心理健康教育教师队伍。大中城市和经济发达地区，要在普遍开展心理健康教育工作的基础上，继续推进和深化心理健康教育工作，努力提高质量和成效，率先建立成熟的心理健康教育服务体系；其他地区，要尽快完善心理健康教育工作机制，建立心理健康教育辅导室和稳定的心理健康专业教师队伍，普遍开展心理健康教育工作。2017 年 12 月 5 日教育部印发《义务教育学校管理标准》，提出要落实《中小学心理健康教育指导纲要》，将心理健康教育贯串教育教学全过程。按照建设指南建立心理辅导室，配备专兼职心理健康教育教师，科学开展心理辅导。因此，学校应将心理健康教育与班主任工作、班团队活动、校园文体活动、社会实践活动等有机结合。

学校要建立健全心理辅导室，配备专业心理教师，负责协助班主任共同做好出现心理问题以及青春期常见问题学生的教育工作。心理辅导室是心理健康教育教师开展个别辅导和团体辅导，指导帮助学生解决在学习、生活和成长中出现的问题，排解心理困扰的专门场所，是学校开展心理健康教育的重要阵地。在心理辅导过程中，教师要树立危机干预意识，对个别有严重心理疾病的学生，能够及时识别并转介到相关心理诊治部门。

例如，2011 年，北京史家教育集团建立了青苹果之家现代人格教育基地，由专业教师和具备心理咨询师资质的家长义工、市区专家，联合开展心理健康知识、行为习惯辅导、特需儿童关注、家长心理资本提升等方面的团体、亲子、个性化辅导，致力于学生现代"人格的培养"。史家教育集团青少年健康人格教育基地开展了"学会欣赏""做最好的自己""自信心的建立"等形式多样的课程进行团体心理辅导，通过沙盘治疗进行个体心理辅导，帮助学生舒缓情绪，提升学生的自我认知和自我效能感，通过个案心理咨询帮助处于困境的学生敞开心扉；家长方面，通过开展亲子辅导、家长沙龙等活动，让家长与孩子在专家的帮助指导下学习、反思、互动、分享，加强彼此的了解和沟通，增进家庭和谐，促进学生人格的不断提升和完善。① 史家教育集团"青苹果之家现代人格教育基地"的建立，实现了班主任工作中对"特需儿童矫正与关护"的多元支持，分担了教育这些学生的压力，使班主任有了依靠，缓解了班主任的工作负担。

学校应充分利用家长、社区等校外教育资源开展心理健康教育。学校要加强与基层群众性自治组织、企事业单位、社会团体、公共文化机构、街道社区以及青少年校外活动场所等的联系和合作，组织开展各种有益于中小学生身心健康的文体娱乐活动和心理素质拓展活动，拓宽心理健康教育的途径。

例如，北京市海淀区教师进修学校附属实验学校为学生和教师提供专业心理咨询的课程与指导，邀请区团委直属的彩虹之家公益组织、知子花等社会机构，为不同年级的学生进行了团体活动和个体辅导。初三阶段是青少年身心成长的关键时期：一方面，已经步入青春期的学生，可能会出现自卑、情绪暴躁、叛逆等问题；另一方面，初三年级是学习、人际关系等能力发展和培养的关键期，随着学习任务的增多，升学压力的增大，学生的心理压力也逐渐增大。此阶段极易出现人际关系紧张、同学沟通不畅、肢体冲突增多、"早恋"等问题。为给班主任搭建专业的成长阶梯，在借助专业团队力量的同时，也提升班主任在心理咨询、辅导、教育方面的能力。专业心理团队针对初三年级学生的心理特点，以自我认知、情绪管理和人际交往为主题，设计了 8 次心智课程。通过体验式的活动与训练，帮助学生更好地认识自己、提升自己，更有效地建立人际关系，更勇敢地迎接挑战。让教师在参与、陪伴的过程中提高心理

---

① 李娟，万平. 构建班主任工作支持系统的实践探索[J]. 中国教育学刊，2018(S2).

咨询、辅导的育人能力。①

学校要支持班主任参加心理学常识和心理健康辅导培训。班主任掌握基本的心理学和心理健康教育知识非常重要，不仅可以帮助学生解决一些常见的心理问题，还可以配合心理健康教师做好学生心理辅导工作。更重要的是班主任掌握这方面的知识，能树立心理健康教育的意识，面对有心理问题的学生，不是简单贴上道德品质、行为习惯不好的标签。

四、建立卫生保健支持体系

卫生与保健是班主任工作的重要内容。学校应建立学校卫生专业技术人员、体育与健康课教师支持班主任工作的育人机制，构建面向人人、人人有责的卫生保健支持体系。

2012 年 8 月，教育部、国家发展改革委、财政部、国家卫生健康委、市场监管总局等五部门联合印发《关于全面加强和改进新时代学校卫生与健康教育工作的意见》，提出坚持健康第一的教育理念，把全面提升学生健康素养纳入高质量教育体系，作为学校教育重要目标和评价标准，深化学校健康教育改革，夯实学校卫生条件保障，构建高质量学校卫生与健康教育体系，促进学生身心健康、养成健康生活方式，培养德智体美劳全面发展的社会主义建设者和接班人。到 2035 年，学校卫生条件、体育设施、健康教育和健康素养水平基本实现现代化，达到建成教育强国和健康中国要求，形成高质量的新时代学校卫生与健康教育体系。2017 年 12 月教育部印发《义务教育学校管理标准》，提出要建设安全卫生的学校基础设施的管理任务，并在第 66 条具体内容中提出学校要设立卫生室或保健室，按要求配备专兼职卫生技术人员，落实日常卫生保健制度。

学校要建立健全卫生保健室，配备专业卫生保健教师，并做好机制建设，引导卫生保健教师负责协助各班主任共同做好出现青春期正常生理问题或轻微受伤学生的常规卫生处理和保健教育工作。学校内设卫生保健机构的基本任务包括两个方面：一是卫生教育，包括卫生教育课程教学和研究，开展针对学生

---

① 2017 年北京市中小学班主任队伍建设优秀成果。

个体和群体卫生教育，向学生传授健康知识和基本技能。二是卫生保健服务，具体包括：组织开展学生健康体检，建立学生健康档案，开展个体和群体健康评价；健康咨询与指导，包括合理膳食、意外伤害预防、口腔保健、眼保健、听力保健、中医保健、常见病防治等方面；传染病、常见病预防与管理，包括传染病、常见病监测，传染病疫情报告，协助社区卫生服务机构和专业公共卫生机构开展针对学生的传染病、常见病预防控制；学校场所卫生管理，包括学校场所教学、生活、环境、食品和饮用水等方面的卫生管理；意外伤害和危重病例的现场急救与疾病送诊；参与处置学校发生的各类公共卫生事件；学校红十字会等相关工作。①

学校要配齐专兼职卫生保健人员，加强卫生保健教师队伍建设。目前我国学校卫生工作缺乏有资质的卫生保健人员，校医由非专业人员担任，因此不能给学生及时治疗或者健康指导，这是一个非常令人担忧的问题。为了保证学校卫生管理工作的质量、保证学校卫生工作的顺利开展，有条件的学校可以开发和应用优质急救技能教育培训课程资源，培养高素质、专业化的中小学卫生保健人员，为学校的卫生健康工作服务。

学校要开展卫生保健方面的培训。可以邀请医院、社区卫生院、卫生防疫部门的专业人员来学校开展卫生保健方面的专题讲座，或者在专业人员指导下在校内组织一些与学校卫生保健工作相关的能力展示活动，帮助教师尤其是班主任掌握基本的卫生知识，如止血、心肺复苏等急救知识，提高教师在卫生保健工作方面的知识水平和能力，更好地配合学校落实各项卫生工作。

上海市建立了市、区两级学校卫生保健工作跨部门协调机制，健全学生体质健康监测中心，建立市区(县)两级卫生教育教学研究组织，主要负责相关卫生保健教育教学和相关教育教研活动等内容。目前，上海市已经建成管理规范、功能明确、运行有序、基本设备设施齐全、覆盖全市的学校卫生保健工作

---

① 上海市教育委员会，上海市人力资源和社会保障局，上海市卫生和计划生育委员会，上海市食品药品监督管理局. 关于进一步加强本市学校卫生保健工作的意见的通知(沪教委体〔2013〕44 号). http://edu. sh. gov. cn/xxgk2_zdgz_qtjy_02/20201015/v2-0015-gw_415052013011. html，2013-8-25/2022-01-30.

网络，初步形成独具上海特点的学校卫生保健工作新模式。[①] 上海市的做法值得一些地区和学校学习借鉴。

五、建立家校合作支持体系

班主任作为中小学生健康成长的引领者，在家校合作中发挥着桥梁和纽带作用，学校要充分认识家校合作的重要意义，加强组织领导，发挥主导作用，为班主任提供支持。

学校要完善组织体系，加强家长委员会建设，健全和完善家长委员会制度。学校要建立三级家长委员会，构建"班级—年级—校级"三级网络，通过建言献策、监督评议、沟通协调，协同共建家校共育工作机制。一是建立由学校所在社区成员参加的家长教师协会(学校家长委员会)，明确家长教师协会的职责和功能；二是建立年级家长委员会，协助学校落实教学工作计划，贯彻教育方针，实施素质教育，推动学校各项工作的开展。三是建立班级家长委员会，在学校家长教师协会和年级家长委员会的领导、班主任指导下开展工作，使之成为班级教育和管理工作的重要支持组织。目前，大部分学校都已建立二级或三级家长委员会，但要避免流于形式，应充分发挥家委会的参与和监督作用，有效沟通、齐心协力，共同为孩子营造一个健康快乐、积极向上的学习和成长环境。

学校要加强相关制度建设，建立家长志愿者制度，鼓励家长以志愿者身份积极参与学校课程建设、社会实践体验等教育活动。同时创新工作方式，引导班主任创新家长会和家访形式(如家校共同体沙龙、微论坛等)，为班主任在家校合作方面创设条件。设立学校开放日，通过各种形式，使家长参与学校的各项活动，提高家长在学校治理中的参与度。

学校要加强家庭教育指导，建立家长学校。2021 年 4 月 21 日，全国妇联、教育部等 11 部门印发《关于指导推进家庭教育的五年规划(2021—2025年)》指出，要推动中小学、幼儿园普遍建立家长学校，每学期至少组织 2 次家庭教育指导服务活动，做到有制度、有计划、有师资、有活动、有评估。

---

① 吴茜．平顶山市区中小学校医队伍建设问题研究[D]．开封：河南大学，2020．

　　例如，北京市海淀区教师进修学校附属实验学校开展家长学校活动，开设家长学校课程(见表3-1)，取得了很好的家校合作效果。这些课程以积极心理学为理论基础和设计框架。从孩子的心智成长阶段性特点出发，针对孩子不同阶段的成长需求，给家长有针对性的指导，引导家长关注孩子积极品质的培养、创造积极的情绪、建立积极的关系，最终实现从关注孩子的教育，发展到关注家长自身的成长与幸福。[1]

表 3-1　北京市海淀区教师进修学校附属实验学校家长学校课程

家长学校课程	主题	年级
昆玉 社区大讲堂	小升初的适应；培养孩子健康的朋友圈	初一
	亲子冲突谁该赢；青春期性教育	初二
	学习动力的激发；学习兴趣的保持	初三
	生涯规划要趁早；解密高中分水岭；青春期心理教育	高一
		高二
	减压，高中更需要；这一年家长如何陪伴学生	高三

　　班主任在开展家校协同育人工作时要利用好校级、年级、班级家长委员会，家长学校等家长组织，尽可能调动家长积极性，借力于家长资源，开发校外教育资源，丰富学生的学习生活。同时，班主任要不断创新家校合作的思路、方法，帮助、引领家长做好家庭教育，形成教育合力。

六、建立专业研修支持体系

　　班主任在学校中担任着特殊的教育角色，学校对其政治思想、道德品质、业务水平和工作能力比普通教师要求更高。研修活动不仅能够在班主任团队间建立起一种交流互动的良好氛围，让班主任获得一种专业发展和组织归属感，而且可以提高班主任的思想政治素养和德育工作水平。

---

[1]　2017年北京市中小学班主任队伍建设优秀成果。

(一)岗前培训研修

目前的教师教育中缺乏系统的班主任专业课程，导致新入职教师担任班主任缺乏"班级管理技能"；而非师范毕业生通过教师资格考试进入学校，更是普遍缺乏班主任最基本的知识和技能。在这种情况下，学校可以为初任班主任安排有经验的指导教师，采用"师带徒""班主任工作导师制"等"传、帮、带"、"老"带"新"的方式帮助刚担任或者即将担任班主任的教师熟悉班主任工作各项基本要求，尽快进入角色。除此之外，学校还可以将班主任岗前培训纳入校本培训体系中，成立"初任班主任研修班"，系统、深入地提高初任班主任的班级管理技能。例如，天津市第九中学着力构建了"班主任工作培养培训系统"，提炼出"定向培养—情感交融—素养提升—体验成功"工作模式，积极探索见习班主任、青年班主任培养方式，制订培养计划，成立"青年班主任研修班"，聘请校内外教学经验丰富的指导教师，通过各种形式建立健全班主任校本研究体系。①

(二)在职培训研修

学校应加强针对性、系统性、多元化班主任培训，采用同伴互助、专题研讨、专家报告、优秀班主任经验总结、建立班主任工作坊等多种方式和形式加强班主任研修，定期交流班主任工作经验，组织班主任进行社会考察，提高班主任的政治素质、业务素质、心理素质和研究能力。

班主任年龄不一、学历不一、学段不一，学校需要结合年龄层次、学历水平、实际工作优势和不足，制定不同的培养与研修方案。例如，有的地区和学校立足高位为班主任专业发展进行规划，摒弃以往被经验和常规牵着走的做法，以班主任专业发展项目为抓手，通过开展班主任系列主题培训、专题培训，建立"培训、培养、培育"三位一体的发展思路，探索"新手班主任—成熟型班主任—名优专家型班主任"的梯级培养路径。一是以新手班主任专业培训

---

① 刘德胜．天津市第九中学着力打造"班主任培养培训系统"："幸福德育场"引领师生走上幸福之旅[N]．每日新报，2019-05-15(11)．

为主的"青蓝工程"。重点关注任职1~5年的班主任群体，通过基本素养提升、班级管理技能答疑、家校沟通技巧探讨、教育阅读和写作等"基底"培训，促进班主任尽快适应自身角色。二是以成熟型班主任专业培养为主的"蔚蓝工程"。培训对象为班级管理经验相对成熟且处于自主成长期的班主任群体，重点关注其管理、育人等能力的改进和提升，通过系列定向培训帮助他们突破成长的瓶颈，梳理工作经验，进一步明确专业发展方向。三是以名优专家型班主任专业培育为主的"深蓝工程"。培训对象为市区级优秀班主任、名班主任，重点关注名优群体专业素养的提升和教育研究能力的培育，通过压担子、引路子、架梯子、搭台子等措施，一方面督促他们积极发挥传、帮、带的作用，另一方面通过引领他人推动自己不断向前。[1]

学校要结合每位班主任的特点，挖掘他们的长处，为他们量身打造发展规划，并在实践中注重随时总结提升，让每位班主任都有非常明确的发展目标和前进方向。

此外，学校要为班主任搭建科研平台，包括专题研究、学术交流、网络研讨等，强化班主任的科研意识，提高科研能力；要鼓励班主任在日常教育教学中及时发现问题、总结反思，对一些难点、热点问题积极主动地围绕学校、班级德育发展和新时期德育工作开展研究，探索新时期德育工作特点和规律，创新德育工作的途径和方法，以研促行。

(三)网络培训研修

网络培训研修是一种以网络为基础开展教研工作的新方式，是班主任在职培训和学习的一种有效方式，是对传统培训研修的有益补充。网络培训研修借助网络，不受时空和人员限制，为广大一线班主任教师提供了内容丰富、理念新颖、技术先进、实用便捷的优秀资源，创设班主任与班主任、专业人员及时交流、平等探讨的活动平台和环境。学校要进一步实践探索，使网络培训研修成为研究、指导和服务中小学班主任工作的一个重要平台。

---

[1]　杨雪梅. 绘好专业发展的"规划图"[N]. 中国教师报，2020-04-08(11).

七、建立资源利用支持体系

学校要充分挖掘、利用德育资源，为班主任工作提供资源支持。学校可利用基础设施、馆藏书目、报纸杂志、教学设备等资源，从中挖掘适合德育的资源。学校的景观、绿化、标志物等都蕴含着丰富的教育意义，可以以校园景观为抓手，培养学生爱党爱国、爱校荣校的情感。学校图书馆也可为班主任丰富自身知识、提升业务能力提供有力支持，经典的教育理论书籍、每月出版的班主任实用刊物和丰富的儿童教育资源，都是班主任汲取教育经验，为自身能力提升夯实基础的资源。学校提供的教学设备，如学校广播、电子投影、班级书架、板报展板等，也是班主任开展时事政治教育、传统文化教育、民族团结教育、阅读交流分享的平台。

学校内部的各类组织，如学校党组织、共青团、少先队、学生会等，也是班主任可以充分利用发挥育人作用的资源。班主任可邀请学校优秀党员教师到班级讲队课、团课，充分发挥党员教师在教书育人中的模范作用。班主任可协调、支持共青团、少先队、学生会工作，依据学生特点和任务，开展健康有益的教育活动，把广大学生吸引到自己周围，成为党联系、团结、教育青少年的重要纽带。

此外，学校要积极建立与周边社区、企事业单位的合作机制，使德育工作走出学校、走进社会。班主任可以在学校统一安排下，与所在社区、村镇建立联系，还可以借助周边资源，主动协调宣传、综治、公安、司法、民政、文化、共青团、妇联、关工委、卫健委等机构及企事业单位，为学生了解社会、参加社会实践等活动提供条件，搭建社会育人平台。如北京市中关村第四小学通过邀请派出所负责人、交警部门负责人、消防部门负责人等担任学校法制副校长、法制教师，定期为班级进行法制安全讲座，邀请家长到班级做讲座，开展职业生涯辅导，加强班级和社区资源的联系，一方面达到共同育人的目标，另一方面让班主任工作得到更多的理解与支持。① 吉林省长春市第二中学通过与社区对接，秉承"奉献、友爱、互助、进步"的志愿服务精神，开展学雷锋志

---

① 2016年北京市中小学班主任队伍建设优秀成果。

愿服务活动，推动学雷锋活动常态化、机制化，打造"心星"学生志愿者服务队及"心烛"青年教师志愿者服务品牌。① 这些都是学校与周边社区合作共育的有效做法。

　　同时，班主任也要发挥主动性，在日常教育中积极探索、发现新的德育资源，创造条件，更好地保障学生健康成长。如一位班主任巧用社区人力资源解除学生青春期烦恼。进入初一后，面对学生对身体上的一些变化感到无所适从的情况，班主任邀请了社区青春期教育专业老师进入班级，分别给学生做"青春期性意识觉醒""青春期性保护""如何正确认识自己的身体"等专题讲座。这些老师从青春期学生的身心变化着手，回答了学生最为关注的痛经、遗精、亲子对抗、早恋等问题，澄清了学生的思想认识，一定程度上消除了学生的青春烦恼。后来，这位班主任又发现班上学生普遍有着"体相烦恼"——女生觉得自己不够美，男生觉得自己不够帅。为帮助他们正确认识自己、悦纳自己，学会表现自己的美，这位班主任又邀请航空公司空乘培训教官为学生做"塑造形体美"专题讲座。教官为学生讲解了形体美的内涵，并当场和学生一起演练了美的形体、美的动作和美的礼仪。之后，班上一些平时喜欢把头发垂下模仿动漫人物和"二次元"打扮的女生扎起了头发，露出了额头，看起来特别有朝气；体形偏胖的女生不再通过盲目减肥追求所谓苗条身材；喜欢把裤腿卷得很高的男生也放下裤腿，不再故意显示与众不同了。学生平时上课都能注意端正坐姿，同学交往更有礼貌，文明素养明显提升。借助社区人力资源，发挥专业人士的优势，有的放矢地对学生进行辅导，有效解决了学生内心的矛盾和冲突，帮助学生自信地面对学习和生活。这位班主任还巧用社区自然资源，促进人与自然和谐共处，借助学校周边社区的自然资源，利用周末组织全班学生去湘湖踏青，促进学生与自然、社会、自我和谐共处，更好地建立自我同一性；巧用社区文化资源，磨炼学生意志力；巧用名人大师钻研成才的案例，培育学生坚强的意志品质；巧用社区组织资源，培养学生社会责任感，依托社区组织资源让学生积极参与社区劳动和公共服务，培养他们的责任感、价值感和幸福感，帮助他们更好地成长。②

---

①　教育部 2020 年发布的《"一校一案"落实〈中小学德育工作指南〉典型案例》。
②　徐晓莉. 巧用社区资源做好学生教育[J]. 班主任，2021(6).

　　社区是社会的缩影，社区里各种公益组织、生活场景、娱乐活动、公共设施等都是可开发利用的资源，班主任要积极主动开发，创新班主任工作方式，提升育人水平。

　　另外，中小学校在构建班级育人支持体系的基础上，要创设有利于班主任工作开展的德育大环境，使得班主任工作和学校德育工作健康、规范、有序地稳步推进，从而更好地落实立德树人根本任务，实现学生健康成长和全面发展。此部分内容将在第四章中详细展开。

第四章　构建学校德育体系：创设有利于班主任工作的育人环境

本章主要从新时代学校德育工作新形势，新时代学校德育工作新要求，构建常态开展的学校德育体系三节内容进一步分析论述建立学校德育体系的重要意义以及构建途径和方式。班级是教育教学的基本单位，班主任是班级的组织者、领导者和协调者，班主任工作是学校德育实施的最重要途径，建立以班主任工作为中心的学校德育体系有利于推动学校德育工作顺利开展，建立学校德育体系也是为班主任工作提供方向、引领、抓手，便于班主任开展育人工作。新时代背景下，学校必须理顺德育工作机制，建设常态开展的学校德育体系，系统规划、分层设计、有机衔接，形成"教书""育人"目标相结合，学校、家庭、社会三方协同的育人共同体，将德育渗透学校教育各方面和全过程，把德育落实到每个学生身上，将德育工作做细、做好、做实，从而更好地落实立德树人根本任务，进而培养德智体美劳全面发展的社会主义建设者和接班人。

学校构建立足于整体规划的德育体系可以为班主任带班育人提供方向、引领、抓手，便于班主任开展育人工作。近年来，中小学生面临的社会环境、网络环境、校园环境都出现了一些新现象和新问题，对学校德育工作提出了新的挑战。与此同时，从国家层面到教育部门也针对学校德育工作出台了一系列指导性文件，对学校德育工作提出了新的要求。进入新时代，面对各种新形势和新要求，中小学校如何在系统思考的基础上整体规划构建德育体系，推动德育工作取得实效，进而创设有利于班主任工作的育人环境，是当前亟须思考的问题。中小学校要以落实立德树人根本任务为出发点，根据德育工作新的任务要求，遵循教育规律，结合学校办学历史和办学理念，融合各种途径和方式，构建目标明确、内容系统、途径多元、措施具体、体系完善、特色鲜明的德育体系，形成全员、全过程、全方位育人格局。

第一节　新时代学校德育工作新形势

面对世界百年未有之大变局，站在开启全面建设社会主义现代化国家新征程向第二个百年奋斗目标进军的重要关头，教育改革发展也进入了新的阶段。新时代的德育该如何实现超越和突破，以适应共商共建共享共赢的新时代要求，是摆在全社会面前的重要课题。① 在这种大环境下，学校要把德育放在更加重要的位置。

一、社会发展对德育工作的挑战与机遇

在世界多极化、经济全球化、文化多样化、社会信息化深入发展的背景下，我们在吸收有益文化的同时，也遭受着各种不良文化的侵蚀。青少年学生正处于行为习惯和思想道德观念养成的重要时期。

德育是一个动态的历史进程，在不同的时期具有不同的历史内涵，这也为新时代学校德育工作提供了新的发展机遇。面对德育环境遭遇的新挑战，各学校

---

① 王冰倩. 新时代·新德育·新探索——全国德育青年学人学术论坛综述[J]. 中国德育，2022(3).

都应该把习近平新时代中国特色社会主义思想、社会主义核心价值观、中华优秀传统文化和实现中华民族伟大复兴的中国梦融入学校德育工作之中，加强对青少年学生的思想道德教育，以培养德智体美劳全面发展的社会主义建设者和接班人。

二、网络对德育工作的挑战与机遇

进入信息化社会，网络技术在人们的生活中发挥着越来越重要的作用，它正改变着我们的生活、工作和学习的方方面面。网络在给人们生活带来便捷的同时，也给学校德育工作带来挑战。一方面，网络对青少年学生思想品德的形成产生了越来越大的影响。网络上的部分价值观念与社会主义核心价值观、教育理念等不符，甚至背道而驰。青少年学生往往无法辨别对错，甚至受错误价值观引导，严重影响其成长发展。另一方面，随着互联网产业和电子设备的迅猛发展和技术革新，网络游戏已悄然取代现实游戏成为学生日常生活中主要的娱乐方式之一，网络虚拟交流平台代替面对面交流成为学生日常生活中主要的沟通方式之一，它们在给学生良好心理依托的同时，也影响着学生的健康成长，一些含有负面内容的网络游戏和网络虚拟交流平台侵害了学生的身心健康。

网络虽然给学校德育工作带来了挑战，但它本身也具有一种潜在的德育促进功能。网络技术的广泛应用，也为学校德育工作的组织与开展注入了很多新的教育元素。与传统德育相比较，网络德育具有开放性、交互性、及时性、隐身性、个性化等特征，在新时代背景之下，德育现代化发展趋势已成必然。为此，学校应该加强网络设施建设，重视网络技术的研究与管理，充分借助网络技术的各种优势，结合德育工作的具体目标和具体内容，创新德育工作的形式，探索基于网络技术的德育工作开展模式，提升德育工作的效果。作为德育实施主体的班主任，要更新工作思路，主动提高自身技能，积极利用网络教育平台，加强对学生的德育指导，提升学生道德认知和道德水平。

三、选课走班对德育工作的挑战与机遇

在新一轮高考改革中，高考科目发生变化，除语文、数学、外语为必考科目外，学生可自主选考物理、生物、化学、政治、历史、地理等其他科目。为

适应这一变化，各地纷纷尝试高中、初中教学模式改革，学生根据所选课程走班上课，科任教师需要全面负责选该门课的学生的学习，选课走班制由此推广。在这种情况下，每个学生因所选课程不同而在几个不同的教学班上课，原有固定班级被打破，班主任与科任教师的职责也因此发生了变化。每一位科任教师从学科教学走向学科教育，他们既要负责学科教学工作，也要关注学生思想、生活和心理健康情况。这种新的教学组织方式的变化给原有的学校管理秩序带来了多方面的影响。

选课走班前，学校德育工作基本采用"学校—德育处—年级主任—班主任"的管理模式；选课走班后，班主任职责与科任教师职责发生改变，使得这一管理模式也发生变化，给学校德育工作带来了挑战。第一，学校人员德育职责有待明确。之前，德育工作以班主任为主体；选课走班后，班主任与科任教师工作职责发生变化，科任教师也制度性地承担起德育工作，使得一些学校人员德育职责划分不明确。第二，学校部分德育工作职责有待落实。选课走班后，学生流动性加大，班主任和科任教师对学生管理的难度加大，导致学生纪律规范也逐渐弱化。学生经常在不同的教学班上课，很难开展以原有班为单位的活动，导致班级活动次数减少甚至是开展不了。第三，科任教师的德育工作水平需加强。选课走班制后，负责教学的科任教师也真正承担起学生德育方面的任务，但由于一些科任教师缺乏有效的德育管理经验，学科任务重等原因，容易导致对学生德育管理的松懈。

选课走班后，科任教师除了学科教学，也必须承担起"教育"和"管理"的责任，班主任和科任教师需要相互配合、共同协作才能落实学生教育工作，班主任与科任教师合作更加容易和简单，为学校全员育人提供了良好机遇。同时，选课走班后，新的班主任工作机制使得综合素质评价工作更加完善。选课走班前，学生综合素质评价工作主要由班主任组织实施，班主任必须不断与学生、学科教师、家长等进行沟通交流，才有机会全面了解每一位学生的学习和生活表现。面对如此大的工作量，仅靠班主任一人很难将这项工作推行下去。选课走班后，在每个教学班，科任教师必须要了解学生在本课程中的表现，日常行为表现，甚至是思想动态，并与家长沟通，做好记录。在学期结束的时候，班主任可以通过每个科任教师的记录情况进行汇总，科学评定，这样既减轻了班主任的负担，又能使得汇总结果更加全面、客观，有利于实现对学生科学合理、真实有效的综合素质评价。

这种情况下，学校德育工作只能加强，不能削弱，学校应抓住有利机会，重新审视德育目标、内容、途径，真正建立起以班主任为核心的全员、全程、全方位德育体系建设，促进学校德育工作扎实落地，实现立德树人目标。

四、"双减"对德育工作的挑战与机遇

　　为持续规范校外培训，有效减轻义务教育阶段学生作业负担和校外培训负担（以下简称"双减"），2021 年 7 月 24 日，中共中央办公厅、国务院办公厅印发《关于进一步减轻义务教育阶段学生作业负担和校外培训负担的意见》。"双减"政策重新强化学校的主阵地作用，其中一点就是要求学校开展课后服务。如此一来，一方面，学校可以充分利用课后时间，提供丰富多彩的服务内容，为学生提供学习和发展空间，有助于更好地满足学生个性化发展需求，促进学生全面健康成长。另一方面，学生在校时间增加，班主任和其他教师与学生交往时间增加，更能了解学生，为学生提供个性化帮助和指导。同时，由于科任教师等也必须参与到课后服务中来，一定程度上增强了学校全员育人程度。"双减"为学校德育工作带来发展机遇。

　　但是，一些学校在"双减"政策落实过程中也存在许多困难和挑战。有些学校因为各种原因导致课后服务质量不高，使得"提供丰富多彩的服务内容，为学生提供学习和发展空间""满足学生个性化发展需求，促进学生全面健康成长"难以真正实现；学生在校时间延长，导致教师工作量加大，也为广大教师尤其是班主任增加了压力，这种情况下，有些教师有可能会忽视对于学生的教育管理；同时，由于缺少备课和自我学习时间，还可能造成教师的教学质量和教育水平存在一些问题等。学校必须重视这些问题，创新"双减"后的德育工作方式方法，推动各项育人工作顺利开展，实现教育"双减"后的育人新常态。

第二节　新时代学校德育工作新要求

　　新时代，党和国家对德育工作提出了新的要求。中小学德育工作必须要从党和国家事业发展全局的高度，全面贯彻党的教育方针，落实立德树人根本任务，培养德智体美劳全面发展的社会主义建设者和接班人。

一、全面贯彻党的教育方针

中国共产党是新时代中国特色社会主义事业的领导核心，处在总揽全局、协调各方的地位。进入新时代，面对世界百年未有之大变局，面对中华民族伟大复兴的中国梦，中国共产党深刻回答了培养什么样的人、如何培养人以及为谁培养人这一根本问题。我国是中国共产党领导的社会主义国家，这就决定了我们的教育必须把培养社会主义建设者和接班人作为根本任务，培养一代又一代拥护中国共产党领导和我国社会主义制度、立志为中国特色社会主义奋斗终身的有用人才。这是教育工作的根本任务，也是教育现代化的方向目标。

新时代贯彻党的教育方针，学校要始终坚持马克思主义指导地位，贯彻习近平新时代中国特色社会主义思想，坚持社会主义办学方向，落实立德树人根本任务，坚持教育为人民服务、为中国共产党治国理政服务、为巩固和发展中国特色社会主义制度服务、为改革开放和社会主义现代化建设服务，扎根中国大地办教育，同生产劳动和社会实践相结合，加快推进教育现代化、建设教育强国、办好人民满意的教育，努力培养担当民族复兴大任的时代新人，培养德智体美劳全面发展的社会主义建设者和接班人。

二、全面落实立德树人根本任务

把立德树人作为教育的根本任务，具有鲜明的时代特征。随着经济全球化、信息化和后工业时代的到来，人类面临的德性挑战日趋严峻。为了提高我国的软实力，为了实现中华民族伟大复兴，加强德育工作、提高全民族的道德文明素养、增强我国软实力，已成为我国教育战线面临的一项重大而紧迫的战略任务。[①]

党的十七大第一次提出"坚持育人为本、德育为先"。党的十八大把"育人为本，德育为先"进一步提升为"立德树人"。党的十九大继续提出"全面贯彻党的教育方针，落实立德树人根本任务，发展素质教育，培养德智体美全面发展

[①]　教育部课题组. 深入学习习近平关于教育的重要论述[M]. 北京：人民教育出版社，2019：49.

的社会主义建设者和接班人"。党的二十大报告提出："教育是国之大计、党之大计。培养什么人、怎样培养人、为谁培养人是教育的根本问题。育人的根本在于立德。全面贯彻党的教育方针，落实立德树人根本任务，培养德智体美劳全面发展的社会主义建设者和接班人。"由此可见，落实立德树人根本任务，培养德智体美劳全面发展的社会主义建设者和接班人是新时代学校德育工作的核心。

学校教育要认真落实"立德树人"根本任务，扎实有效地提高小学生的思想道德素质，促进学生道德品质的和谐发展，要结合学校实际，充分发挥德育工作在学校工作和学生成长中的导向、动力和保障作用。为全面落实立德树人根本任务，学校要把社会主义核心价值观融入学校教育全过程，加强对学生的理想信念教育、社会主义核心价值观教育、中华优秀传统文化教育、生态文明教育、心理健康教育、体育教育、劳动教育等，促进学生全面发展和健康成长，将立德树人看作检验学校一切工作的根本标准。

三、建立常态开展的德育工作机制

德育对促进学生全面发展、保证人才培养的正确方向起着主导作用。学校要始终把德育工作摆在学校教育的首要位置，自觉强化学校德育工作，积极探索新时代中小学德育工作方式方法，建立常态开展的学校德育工作机制。

(一)坚持正确方向，把握四大原则

2018年9月，习近平总书记在全国教育大会上发表重要讲话，提出"要努力构建德智体美劳全面培养的教育体系，形成更高水平的人才培养体系"[1]，把劳动教育纳入社会主义建设者和接班人的要求之中，提出"德智体美劳"总体要求，丰富发展了党的教育方针。2019年3月，习近平总书记主持召开学校思想政治理论课教师座谈会，提出要理直气壮开好思政课，用新时代中国特色

---

[1] 新华社. 习近平在全国教育大会上强调 坚持中国特色社会主义教育发展道路 培养德智体美劳全面发展的社会主义建设者和接班人[EB/OL]. (2018-09-10)[2021-04-20]. http://www.moe.gov.cn/jyb_xwfb/s6052/moe_838/201809/t20180910_348145.html.

社会主义思想铸魂育人，引导学生增强中国特色社会主义道路自信、理论自信、制度自信、文化自信，厚植爱国主义情怀，把爱国情、强国志、报国行自觉融入坚持和发展中国特色社会主义事业、建设社会主义现代化强国、实现中华民族伟大复兴的奋斗之中。① 2019 年 11 月，中共中央、国务院印发《新时代爱国主义教育实施纲要》，2020 年 6 月，教育部印发《中小学贯彻落实〈新时代爱国主义教育实施纲要〉重点任务工作方案》，要求坚持爱国和爱党、爱社会主义高度统一，加快构建一体贯穿、循序渐进的爱国主义教育体系，用好抗疫救灾等重大事件形成的教育资源，在中小学扎实开展深入、持久、生动的爱国主义教育。2020 年 3 月，《中共中央　国务院关于全面加强新时代大中小学劳动教育的意见》正式公布，强调劳动教育是国民教育体系的重要内容，是学生成长的必要途径，具有树德、增智、强体、育美的综合育人价值。以上这些重要讲话和重要文件，是新时期指导中小学德育工作开展的重要方向，中小学校在结合《中小学德育工作指南》提出的框架和目标时，要将上述关于劳动教育、思政课建设、爱国主义教育等要求和举措纳入学校德育工作，并做好校本化实施。

学校德育工作要坚持"四大原则"：一是坚持正确方向。加强党对中小学校的领导，全面贯彻党的教育方针，坚持社会主义办学方向，牢牢把握中小学思想政治和德育工作主导权，保证中小学校成为坚持党的领导的坚强阵地。二是坚持遵循规律。符合中小学生年龄特点、认知规律和教育规律，注重学段衔接和知行统一，强化道德实践、情感培育和行为习惯养成，努力增强德育工作的吸引力、感染力和针对性、实效性。三是坚持协同配合。发挥学校主导作用，引导家庭、社会增强育人责任意识，提高对学生道德发展、成长成人的重视程度和参与度，形成学校、家庭、社会协调一致的育人合力。四是坚持常态开展。推进德育工作制度化常态化，创新途径和载体，将中小学德育工作要求贯穿融入到学校各项日常工作中，努力形成一以贯之、久久为功的德育工作长效机制。② 总之，学校要努力构建全员、全方位、全过程参与的德育模式，推动学校德育工

---

① 新华社. 习近平主持召开学校思想政治理论课教师座谈会［EB/OL］.（2019-03-18）［2021-04-20］. http://www.gov.cn/xinwen/2019－03/18/content_5374831.htm.

② 中华人民共和国教育部. 教育部关于印发《中小学德育工作指南》的通知［EB/OL］.（2017-09-04）［2021-04-20］. http://www.moe.gov.cn/srcsite/A06/s3325/201709/t20170904_313128.html.

作规范化、标准化、制度化实施。

(二)以《中小学德育工作指南》为抓手

2017年8月，教育部正式印发《中小学德育工作指南》，其基本定位是指导中小学德育工作的规范性文件，是学校开展德育工作的基本遵循，是教育行政部门对中小学德育工作进行督导评价的重要依据。[①]《中小学德育工作指南》印发后，党和国家对中小学德育、思政课建设、劳动教育等提出了很多新要求，对德育目标、内容、途径等也相应有了一些新要求。为了进一步落实《中小学德育工作指南》，教育部基础教育司开展了"一校一案"案例征集活动。

2018年，教育部基础教育司开展了"一校一案"典型案例征集活动。在其发布的《关于征集全国中小学德育工作典型经验的通知》中明确提到，案例"主要围绕《指南》提出的六大育人途径(课程育人、文化育人、活动育人、实践育人、管理育人和协同育人)，以社会主义核心价值观为引领，总结学校落实德育目标与内容的有效做法。从学校视角，针对某个成效显著的育人途径总结成功经验，充分体现时代特点和学校特色，注意避免面面俱到"，并对六大育人途径提出了具体要求。

(1)课程育人典型经验

从严格落实德育课程、发挥其他课程德育功能、用好地方和学校课程等方面，突出德育类课程的系统性开展和学科类课程的全方位德育渗透。

(2)文化育人典型经验

从优化校园环境、营造文化氛围、建设网络文化等方面，因地制宜开展校园文化建设，形成良好的校风教风学风，提高校园文明水平。

(3)活动育人典型经验

从节庆纪念日、仪式教育、校园节(会)和团(队)等活动中体现，以鲜明的价值取向引领学生，突出活动的教育意义和德育效果。

---

① 中华人民共和国教育部. 教育部关于印发《中小学德育工作指南》的通知[EB/OL]. (2017-09-04)[2021-04-20]. http://www. moe. gov. cn/srcsite/A06/s3325/201709/t20170904_313128.html.

（4）实践育人典型经验

从主题教育、劳动实践、研学旅行、志愿服务等方面，增强学生的社会责任感、创新精神和实践能力，系统梳理德育经验。

（5）管理育人典型经验

从完善管理制度、明确岗位责任、加强师德师风建设、细化学生行为规范、关爱特殊群体等方面，将中小学德育工作贯穿落实到学校管理的细节之中，突出德育的重要性。

（6）协同育人典型经验

从构建社会共育机制，家庭、学校、社会联合育人角度总结典型经验。

2019 年，教育部基础教育司 2019 年工作要点提到，增强中小学德育工作实效。深入贯彻《中小学德育工作指南》，推动"一校一案"，普遍建立完善德育工作实施方案。

2020 年，教育部《关于征集"一校一案"落实〈中小学德育工作指南〉典型案例的通知》中明确要求：以社会主义核心价值观为引领，落实《中小学德育工作指南》《新时代爱国主义教育实施纲要》《关于全面加强新时代大中小学劳动教育的意见》等文件要求；从学校办学实际出发，全面展现学校德育工作，构建方向正确、内容完善、学段衔接、载体丰富、常态开展的德育工作体系；体现学校层面落实德育目标的实施内容和具体举措，突出六大育人途径（课程育人、文化育人、活动育人、实践育人、管理育人和协同育人），充分体现时代特点和学校特色。

2021 年，教育部工作要点中提到，要全面落实立德树人根本任务，要全面推进《新时代爱国主义教育实施纲要》贯彻落实，要指导各地"一校一案"落实《中小学德育工作指南》。2021 年，教育部基础教育司工作要点中明确提出：指导各地"一校一案"落实《中小学德育工作指南》，建立完善学校德育工作方案。持续推广一批各地德育工作典型经验案例。在《关于征集第二批'一校一案'落实〈中小学德育工作指南〉典型案例的通知》中首次明确了案例的主要内容应包括：标题、背景分析、办学理念、德育工作目标、德育工作内容、实施途径、支持保障、特色化实践做法等具体内容。

（1）背景分析

基于校情、学情、社情等办学情况对学校开展德育工作进行研究分析；结合新时期德育工作新形势、新要求，研究提出学校德育工作具体思路。

（2）办学理念

深入挖掘学校办学理念内涵，体现新时期立德树人各项要求。办学理念可以为班主任育人工作提供方向引领。

（3）德育工作目标

基于办学理念制定学校德育工作目标，细化学段目标和年级目标，体现年级衔接、螺旋上升，促进学生全面发展。当学校德育工作目标细化到学段和年级层面时，可为班主任育人目标的制定和落实提供抓手。

（4）德育工作内容

落实《中小学德育工作指南》关于开展理想信念教育、社会主义核心价值观教育、中华优秀传统文化教育、生态文明教育和心理健康教育的要求，结合地方教育教学特色和学校自身特点，细化德育工作内容，全面贯穿学校教育教学工作。

（5）实施途径

系统阐述学校在课程、文化、活动、实践、管理和协同等德育实施途径的实践做法，详略得当，突出特色与重点。其中，课程育人要体现将中小学德育内容细化落实到各学科课程的教学目标之中，融入渗透到教育教学全过程；加强学校思政课建设；统筹好"德育学科"和"学科德育"；用好地方和学校课程。文化育人要体现因地制宜开展校园文化建设，学校通过优化校园环境、营造文化氛围、建设网络文化等，使校园秩序良好、环境优美，校园文化积极向上、格调高雅，让校园处处成为育人场所。活动育人要展现学校精心设计、组织开展的主题明确、内容丰富、形式多样、吸引力强的活动，强调活动的整体设计和教育意义，通过节日纪念日活动、仪式教育活动、校园节（会）活动、团（队）活动等，促进学生形成良好的思想品德和行为习惯。实践育人要体现与综合实践活动课的紧密结合，通过各类主题实践、研学实践、志愿服务等形式，不断增强学生的社会责任感、创新精神和实践能力；加强劳动教育，使学生树立正确的劳动观念、具有必备的劳动能力、培育积极的劳动精神、养成良好的劳动习惯和品质。管理育人要体现学校落实《义务教育学校管理标准》的举措，推进学校治理现代化，提高学校管理水平，将中小学德育工作的要求贯串学校管理制度的每一个环节之中。协同育人要体现新时期家校协同育人要求，建立健全家长委员会，完善家校协同育人机制，引导家长注重家庭、注重家教、注重家风；构建社会共育机制，搭建社会育人平台，实现社会资源共享共建，净化学生成长环境。

（6）支持保障

介绍学校在组织、师资、经费、场地等保障德育工作开展方面的具体做法。

（7）特色化实践做法

简要介绍学校德育工作某一方面的特色实践，在省级及以上媒体公开报道或取得省级及以上教育教学成果奖励等情况。

中小学校需要根据《中小学德育工作指南》提出的各项要求，制定校本化、特色化的学校德育工作方案，并以此开展学校德育工作。同时，面对当前中小学生面临的社会环境、网络环境、校园环境、心理环境出现的一些新问题，学校在开展学校德育工作时也需要高度关注、统筹考虑。

第三节　构建常态开展的学校德育体系

《中小学德育工作指南》对中小学德育工作进行了周密部署，提出中小学德育工作要贯穿融入到学校各项日常工作中，努力形成一以贯之、久久为功的德育工作长效机制。新时期，中小学德育工作有了更明确的方向和更高的要求。

学校一切工作要围绕立德树人展开。学校德育工作体系应包括：校情、学情、社情，办学理念、宗旨、特色，德育目标，德育内容，德育途径，德育工作支持保障以及特色化德育工作等方面的内容。因此，在学校实际工作中，学校在班级育人体系和育人支持体系的基础上，从学校整体育人工作层面入手，科学制定德育工作方案，把德育工作贯串课程、文化、活动、实践、管理各环节，落实到教学、生活、交往等各领域，进而全方位构建起方向正确、内容完善、学段衔接、载体丰富、常态开展的学校德育工作体系。

一、深入反思学校德育现状

构建学校德育工作体系要基于新时代对学校德育工作提出的新挑战、新要求，从社情、校情、学情三个层面分析学校德育工作面临的现状，理清学校德育工作脉络，全面梳理，整体思考，系统构建。

(一)关注社情

当今社会发展突飞猛进，互联网、移动终端等信息技术高度发达，学生接触的信息内容更加复杂多样，价值观冲突更加显著。中小学校要做好社会层面的情况研判，在做好日常管理的同时，需要探索教育教学与"互联网＋"的新融合，关注青少年亚文化对学生价值观的影响。

(二)分析校情

学校德育工作体系建设要基于学校多年来德育实践总结、反思和提炼，再融入新时期德育工作新要求而形成。因此，对已有德育工作的反思分析就显得十分重要。校情分析是学校对自身办学状况进行全方位检查、分析、审视的过程。学校在规划构建德育工作体系中，不仅要关注办学特色、学校规模、教师状况、课程体系建设、硬件设施等方面，更要深入反思学校是否将德育工作放在整体发展规划的首位，已经开展的德育工作是否涵盖了《中小学德育工作指南》提出的各项内容要求，如德育目标、德育内容、德育实施途径等，师资队伍建设是否满足新时期德育工作的新需要，是否落实好立德树人根本任务等。

例如，江苏省淮阴中学在学校德育工作方案中这样分析校情：长期以来，学生品格的培养多依赖于思想政治课，各类课程同向同行的价值塑造功能发挥不够，思想政治教育的目标本身表述宏观不具体，难以做到因事而化。受文化多元性影响，红色资源利用、红色基因传承与氛围营造不充分，学生主流价值模糊，家国情怀不强；受学校和家庭教育的影响，学生偏重文化知识学习，道德品格修养弱化，文明友善不足；受应试教育的趋利性影响，学生知识学习浮躁，创新实践能力不强。审慎追远，反思教育，学生品格养成中缺失很多因素，我们认为担当品质成为学生品格中最大的缺失，坚持用周恩来精神办学育人能不断弥补这一缺失。在校情分析基础上，学校立足于周恩来精神与培育时代新人相结合，从周恩来"六个杰出楷模"中凝练萃取"志存高远、进德修业、奉献社会、敢于担当、勤勉自立、追求卓越"六大品格作为周恩来精神培育时代新人的核心素养目标。[1]

---

[1] 教育部 2021 年发布的《"一校一案"落实〈中小学德育工作指南〉典型案例》。

只有将已有的德育工作成体系、成系统地总结好，发现其中的问题，分析问题原因，才能在制定学校德育工作方案时找到突破口和教育契机，指导今后的学校德育工作。

(三)研究学情

学情指的是与学生生活、学习相关的一切因素，包括学生的学习态度、学习基础、学习能力、学习习惯、兴趣爱好、家庭环境、年龄特点、心理特点等各种因素的综合。这里的学情分析有别于教学设计中对班级学生已有知识、能力掌握情况的分析，要遵循人才成长规律和教学规律，把知识传授、素质提升、能力培养和价值塑造融为一体。

例如，陕西省西安市第八十九中学在学校德育工作方案中这样分析学情：西安市第八十九中学是一所完全中学。初中学生主要来自学区内，学生的学业成绩差异很大，学生的学习习惯、行为习惯都需要进一步加强，家长也有这方面的期待。高中学生的学业成绩普遍优良，学习习惯也比较好，但很多学生缺乏合作意识，缺乏责任和担当意识，家长更多地关注学生学业成绩，希望孩子考上一所重点大学，要求比较单一。如果教育培养的是缺乏责任意识的人，如果教育行为被"成绩""成就""成效"收服，教育成为一种标榜，那是教育的失败。所以，如何培养勇于担责、人格健全的人成为这所百年历史名校一直努力探索的方向。在学情分析基础上，学校始终坚持"以人为本，为学生终身发展奠定基础"的办学宗旨，坚持"高质量、创特色、育英才"的办学目标，形成了"博爱，责任，自强不息"的学校精神。①

总之，学校要站在立德树人的高度，系统梳理各年级学生的基本情况，研究学生身心发展规律，找到教育的突破点；同时提前研究学校周边适龄入学儿童、小升初学生、中考后入学学生的情况，做好学生入校后思想道德教育的系列准备工作等。

例如，江西抚州市第一中学坐落在抚州市市区中心地带。山的沉稳、伟岸与水的灵动、柔美，赋予了抚州一中以深厚的底蕴和创新的活力，使其百余年来学脉绵延、弦歌不绝，群星璀璨、英才辈出，以"治校严、风气好、师资强、

---

① 教育部 2021 年发布的《"一校一案"落实〈中小学德育工作指南〉典型案例》。

环境美、质量高"而享有"临川才子之源""赣东教育明珠""少年大学生摇篮"等美誉。在 120 多年的发展历程中，抚州一中历经北伐战争的战火、抗日战争的硝烟、解放战争的洗礼和社会主义祖国的精心培育，发展历程与国家和民族的命运息息相关，追求爱国、进步、科学、文明的传统和勤奋、严谨、求实、奋进的校风在这里生生不息、代代相传，培育出了一批又一批仁人志士、栋梁之才。其中有像傅烈、傅大庆、舒同、李井泉这样的指点江山、胸怀天下的革命先烈和老一辈无产阶级革命家，有像饶毓泰、余瑞璜、程孝刚、艾兴、游国恩这样的遨游学海、彪炳千秋的院士、学者，成就了"临川才子"的盛名。为了做好学校德育工作方案，学校对学情、社情、校情进行了全面而深入的分析，并在此基础上提出了新时代办学理念。①

二、深度融合学校办学理念

学校办学理念是一所学校办学的总体指导思想，涉及"学校到底是什么""办什么样的学校"和"怎样办好学校"这三个问题。② 从某种意义上说，办学理念就是学校生存理由、生存动力、生存期望的有机构成，旨在回答学校的全部活动所涉及的三个基本问题：是什么？做什么？怎么做？这三个问题为学校教育活动指明了方向。学校办学理念提炼必须考虑三个基本问题，一是学校为谁服务，二是学校将提供什么样的服务，三是学校拥有什么样的教育理想和教育信念。③ 好的办学理念，不仅能为学生的个体发展服务，还必须为国家发展和社会发展服务。

(一)要体现新时代新要求

进入新时代，面对世界百年未有之大变局，面对中华民族伟大复兴的中国梦，学校办学理念必须要考虑办好人民满意的教育，培养能够担当民族复兴大任的时代新人，培养社会主义事业的合格建设者和可靠的接班人这一总体育人要

---

① 教育部 2021 年发布的《"一校一案"落实〈中小学德育工作指南〉典型案例》。

② 刘飞. 办学理念：对学校三个追问的回答[J]. 中国教育学刊，2010(2).

③ 陈建华. 论中小学办学理念的提炼与表达[J]. 上海师范大学学报(哲学社会科学版)，2020，49(4).

求。为实现这一总体育人要求，学校教育要回归教育的本质，落实立德树人的根本任务，促进学生德智体美劳全面发展和健康成长。一个好的办学理念，不仅要在发展学生个性与服务国家社会之间取得统一，还要有自己独特的理解和表达，要能够提炼出符合本校实际的个性化的办学理念。此外，"真正有价值的办学理念，总是能够体现为可操作的学校改革行为。反过来也一样，只有可以转化为改革行为的办学理念，才可能是对一所学校真正有价值的办学理念"①。因此，办学理念不能仅停留在表面形式或者认识层面上，更要深入研究、探索，准确传递表达出教育意义和社会意义，并将其落实到学校行动和具体工作中。

例如，上海市大同中学在"育人为本，育德为先，服务社会，发展自我"办学理念指引下，结合"笃学敦行，立己达人"校训，提出了大同学子所需具备的五项"必备品格"和八大"关键能力"。其中，五项"必备品格"分别为全球意识、民族情怀、责任担当、全面发展、学有特长；八大"关键能力"分别为社会生活能力、团队合作能力、表达沟通能力、信息技术能力、实践行动能力、创意创造创业能力、批判思维能力、自主发展能力。②

(二)要体现学校历史传承和新时代内涵创新

在学校德育体系建设过程中，学校办学理念是落实立德树人根本任务的重要切入点和抓手。无论是高校还是中小学校，无论是百年老校还是新建学校，其办学理念均承载着历任校长、教师和学生对本校办学的价值追求和育人理念，体现了对学校的办学目标定位。办学理念可以说是依据落实立德树人根本任务的大方向而制定的学校发展的小方向，是基于学校特有的校情学情、基于学校的历史和现实而作出的价值选择，是立德树人价值导向在学校工作实际中的具体运用和展现。③ 学校要对办学理念做新时代的内涵解读，让办学理念既能承载多年来学校特色化办学的厚重历史，又能贯彻培养德智体美劳全面发展的社会主义建设者和接班人的党的育人方针。

---

① 陈建华. 论中小学办学理念的提炼与表达[J]. 上海师范大学学报(哲学社会科学版)，2020，49(4).

② 教育部 2020 年发布的《"一校一案"落实〈中小学德育工作指南〉典型案例》。

③ 唐汉卫. 立德树人的价值导向机制：基于办学理念的视角[J]. 思想理论教育，2020(9).

例如，江苏省南菁高级中学有着百年的办学历史，学校继承百年书院优良传统，逐渐形成了"自主为先、学科培优、审美见长、国际融合"的办学特色。围绕"培养什么人、怎样培养人、为谁培养人"这个新时代教育的根本问题，南菁高级中学进行了积极有益的探索，努力将社会主义核心价值观与百年书院的文化传统相融合，积极探寻教育发展规律，坚守教育本真，办学思想逐步凝练，育人目标进一步强化，办学特色更加鲜明，形成了以学校文化培养学生核心价值观，实现立德树人根本任务的文化育人思路；办关注师生生命幸福的教育的教育哲学主张；涵育南菁气质，培养未来强者的学校育人目标；以美育重构中学生活，让学校教育走向审美境界的学校发展路径。①

河北省秦皇岛市实验中学根据学校办学历史、"实验中学"校名内涵以及建校以来师生所秉持的"求实　求是　求新　求精"校训，在新时代背景下，面对国家社会发展新思想、新征程、新使命、新要求，全校师生进一步凝结学校核心理念。经过反复酝酿与沟通研讨，学校总结出"求真知、做栋梁"六个字作为核心理念，厘清"求真知、做栋梁"概念界定及内在追求，突出学生品行自主成长的价值取向。"求真知"：格物致知，探求真知。真知代表对万物的认识与理解，真的道德、真的知识、真的本领，既包括自然科学意义上的"真知"，也包括社会人生意义上的"真知"。"求真知"是希望实验学子用一丝不苟的求学态度，脚踏实地广泛探索真知，敢于创新、审慎思考、善于明辨，在学业上有所建树，掌握好将来服务国家社会的真才实学。"做栋梁"：栋梁本义指屋顶最高处的水平木梁，支承着椽子的上端。引申为身负重担的人，能担负责任的人才，比喻能担负国家重任的人，通常也比喻有非凡才能的人愿为祖国付出。"做栋梁"是砥砺实验学子志存高远，胸怀天下，以只争朝夕的紧迫感，争做核心素养高、肩负家国重任的栋梁之材。"求真知，做栋梁"相辅相成："求真知"追求真的道德、真的知识、真的本领，目标是成为国家社会的栋梁；"做栋梁"期盼学生能够担当国家民族重任，以非凡的人生境界、发展格局和济世救民的情怀，"为天地立心，为生民立命，为往圣继绝学，为万世开太平"。"求真知"是"做栋梁"的前提和基础；"做栋梁"是"求真知"的目的与归宿。"求真知，做栋梁"就是要引导学生在实践中探理，在验证中求真，以强烈的求知欲和进取精神，发挥潜质、发展特长，增强学生的综合素质和历史的使命感，做真人，成真才。①

(三)要构建完整的学校理念体系

办学理念是学校的灵魂，它包括学校的办学宗旨、办学目标、办学策略，具体体现在校训、校风、校规、校歌、教育理想、建校原则、办学宗旨、育人取向、培养目标、精神偶像、育人途径、学风建设、教师形象、校园文化等诸多方面。

例如，山西永济市城西初级中学在办学历史的基础上，依据《中小学德育工作指南》，进一步完善了办学理念体系。秉持"立德树人，全面发展，为学生幸福人生奠基"的办学理念，以"自强不息　追求卓越"为校魂，以"创新自律，成人达己"为校训，现已形成了"文明诚信，和谐进取"的校风，"爱生敬业，厚德博学"的教风，"尊师守纪，励志善思"的学风。大力促进德育工作专业化、规范化、实效化，努力形成全员育人、全程育人、全方位育人的德育工作格局。②

三、明确细化德育工作目标

德育目标是教育目标在德育方面的具体要求，是学校德育的出发点和归宿。德育目标具有方向性和时代性，在德育体系中起着决定性作用，影响着德育内容、方法、途径的选择。落实立德树人根本任务，培养德智体美劳全面发展的社会主义建设者和接班人，是新时代德育工作的最终目标。

德育目标是一个复杂完整的体系。德育目标既包括横向目标又包括纵向目标。从横向看，学生要具备必要的政治素质、道德素质、心理素质、法治意识等；从纵向看，个体的身心发展具有顺序性和阶段性，不同年龄、不同学段的学生道德品质的形成具有不同的特点，学校德育必须遵循这一规律，按照学段由低到高设计德育目标，结合学生的生活实践和认知能力将学段德

---

① 教育部 2021 年发布的《"一校一案"落实〈中小学德育工作指南〉典型案例》。
② 教育部 2021 年发布的《"一校一案"落实〈中小学德育工作指南〉典型案例》。

育目标层层分解，逐步细化、实化、日常化，使目标之间互相衔接、内在统一。

德育目标既有总体目标又有具体目标。在《中小学德育工作指南》中，中小学德育总体目标表述为："培养学生爱党爱国爱人民，增强国家意识和社会责任意识，教育学生理解、认同和拥护国家政治制度，了解中华优秀传统文化和革命文化、社会主义先进文化，增强中国特色社会主义道路自信、理论自信、制度自信、文化自信，引导学生准确理解和把握社会主义核心价值观的深刻内涵和实践要求，养成良好政治素质、道德品质、法治意识和行为习惯，形成积极健康的人格和良好心理品质，促进学生核心素养提升和全面发展，为学生一生成长奠定坚实的思想基础。"同时，《中小学德育工作指南》根据中小学生年龄特点、认知能力和教育教学规律，按照小学低年级、小学中高年级、初中学段、高中学段四个阶段，设计了分层次的具体德育目标："小学低年级教育和引导学生热爱中国共产党、热爱祖国、热爱人民，爱亲敬长、爱集体、爱家乡，初步了解生活中的自然、社会常识和有关祖国的知识，保护环境，爱惜资源，养成基本的文明行为习惯，形成自信向上、诚实勇敢、有责任心等良好品质。小学中高年级教育和引导学生热爱中国共产党、热爱祖国、热爱人民，了解家乡发展变化和国家历史常识，了解中华优秀传统文化和党的光荣革命传统，理解日常生活的道德规范和文明礼貌，初步形成规则意识和民主法治观念，养成良好生活和行为习惯，具备保护生态环境的意识，形成诚实守信、友爱宽容、自尊自律、乐观向上等良好品质。初中学段教育和引导学生热爱中国共产党、热爱祖国、热爱人民，认同中华文化，继承革命传统，弘扬民族精神，理解基本的社会规范和道德规范，树立规则意识、法治观念，培养公民意识，掌握促进身心健康发展的途径和方法，养成热爱劳动、自主自立、意志坚强的生活态度，形成尊重他人、乐于助人、善于合作、勇于创新等良好品质。高中学段教育和引导学生热爱中国共产党、热爱祖国、热爱人民，拥护中国特色社会主义道路，弘扬民族精神，增强民族自尊心、自信心和自豪感，增强公民意识、社会责任感和民主法治观念，学习运用马克思主义基本观点和方法观察问题、分析问题和解决问题，学会正确选择人生发展道路的相关知识，具备自主、自立、自强的态度和能力，初步形成正确的世界观、人生观和价值观。"在此基础上，学段目标又可以细分到年级目标、班级目标、个体目标等。这既强调了德育工作的针对性，又突出了德育工作的有机衔接和逐级递进。

学校构建德育目标体系，既要把握横向目标要求，又要注重纵向目标特点，综合考虑、全面把握，结合总体指标，形成不同学段的目标群，并相互衔接、分层递进。例如，依据国家总目标，由上而下，学校层面将德育总目标细化为学段目标，年级层面将学段目标细化为班级目标，班级层面细化为具有本班实际的特色目标，从而由下向上，以班级建设为基点落实学段目标，以年级整合为主线落实学校目标，以学校工作为主体落实国家总目标。

例如，北京市东直门中学的学校德育总目标是：学会做人——有教养、讲诚信、明是非、知廉耻；学会做事——讲规则、有条理、善沟通、负责任；学会做学问——爱学习、勤实践、善思辨、勇创新；学会自主发展——怀天下、健体魄、懂规划、强意志。学校在总目标的基础上，设定了学校学段德育目标(见表4-1)。①

表4-1　北京市东直门中学的学校德育目标

德育目标	学段	学段德育目标
1 国家意识	初中	(1)热爱祖国，了解国情历史(知识)，为自己是中国人骄傲自豪(观念)； (2)了解中国共产党的历史和传统(知识)，具有热爱党、拥护党的意识和行动，积极要求加入中国共产主义青年团(行动)； (3)认同中华文化，了解优秀传统文化，清楚传统节日的由来及其意义(知识)； (4)尊重中华民族的优秀文明成果，传承中华民族的优秀品质，逐步树立客观的国家评价和积极向上的爱国情感(观念)
	高中	(1)热爱祖国，热爱中国共产党，为自己是中国人骄傲自豪(观念)，积极要求加入中国共产党(行为)； (2)拥护中国特色社会主义道路，具有较强的民族自尊心、自信心(观念)； (3)有明确的国家观念，关心国家大事(观念)，熟知国家的历史和发展改革现状(知识)； (4)明确高中生自身发展在国家发展中的使命(观念)

① 北京市2021年征集的中小学校落实《中小学德育工作指南》"一校一案"典型案例。

以班主任工作为中心构建学校育人新体系

续表

德育目标	学段	学段德育目标
2 社会责任	初中	(1)有强烈的家庭情感和责任感，与邻里和睦相处，互帮互助(观念)； (2)热爱社会公益事业，发扬社会主义人道主义精神，力所能及地为他人、为集体、为社会奉献爱心(观念、行动)； (3)积极参加社会实践活动，能有自觉的环保意识，以科学的态度正确认识人类自身的发展与自然环境的发展之间的关系，具有绿色生活方式和可持续发展理念及行动(观念)； (4)遵守公共秩序，注意和维护公共安全，自觉爱护公共财物(行动)
2 社会责任	高中	(1)以社会基本规范和道德规范为修身标准(观念)； (2)能够明辨是非，弃恶扬善(观念)； (3)增强对他人、家庭、组织、社会的责任感，形成参与关心他人、服务集体、奉献社会的自觉意识和行动，积极参加各类社会公益和志愿活动(行动)； (4)能够应用所学知识，关注社会议题，参与讨论并提出合理性建议(行动)； (5)提升环境保护意识，能够在人与环境和谐发展，以及现实环境问题解决和环境建设上建言献策，积极实践(行动)
3 道德品质	初中	(1)初步形成健康积极的人生观和世界观(观念)； (2)理解基本的社会规范和道德规范，养成自觉遵守社会公德的良好品质(观念)； (3)具有初步的分辨是非的能力(观念)； (4)自尊自爱，尊重他人，建立和谐的人际关系(观念)； (5)形成敬业好学、诚实可信、乐于助人、善于合作、勇于创新等良好品质(观念、行动)； (6)初步具备坚强的理想人格和坚定的理想信念。树立崇高的理想，拥有强烈的责任心和持久不衰的热情；具备坚强的意志和勇气(观念)； (7)树立"节俭光荣，浪费可耻"的思想，加强节俭意识，珍惜劳动成果(观念、行动)
3 道德品质	高中	(1)树立崇高的理想，树立正确的世界观、人生观、价值观(观念)； (2)能够理解道德品质、道德规范在社会发展中的重要意义；能够历史辩证地看待社会现象和社会问题，自觉培育和践行社会主义核心价值观；加强素质修养，提高道德水平(行动)；

续表

德育目标	学段	学段德育目标
3 道德品质	高中	(3)追求高尚人格，不断完善自身(行动)； (4)努力成为同伴群体道德品质提升的榜样和楷模；有辨别是非的能力(行动)
4 法治观念	初中	(1)树立规则意识、法治观念，培养公民意识(观念)； (2)懂得公民的基本权利与义务，能够运用法律维护自身的合法权益(观念)； (3)明确自由和纪律的关系，学习和掌握《中学生守则》《中学生日常行为规范》，遵守校规校纪(行动)
4 法治观念	高中	(1)自觉学习、遵守国家法律，增强法治观念，捍卫法律尊严(行动)； (2)自觉运用相关的法律知识，解决生活中的矛盾，规范自身行为，履行法定义务，捍卫合法权益(行动)； (3)增强法治、法律意识，形成分析处理问题的法治视角和规范行动(行动)； (4)自觉宣传法律法规，坚决抵制各种违法行为(行动)； (5)正确理解权利义务的辩证关系(观念)
5 身心健康	初中	(1)掌握促进身心健康发展的基本途径和方法(知识)； (2)热爱生活、敬畏生命(观念)； (3)能够自主锻炼身体，掌握一定的运动技能(行动)； (4)掌握青春期心理卫生和性健康知识(知识)； (5)有主动防近控肥的意识(观念)； (6)在学习和活动中拥有自信心、进取心，能较理智地管理好自己的情绪(观念)
5 身心健康	高中	(1)明确高中生身心发展规律，学会心理调节的基本方法，提升耐受挫折的能力，处事乐观，态度积极，积极传播正能量(行动)； (2)努力适应高中生活，及时调整心理和行为，积极应对变化。形成乐于沟通、善于交流合作的行为习惯，遇到问题主动寻求心理支持和帮助。掌握一定的运动健康知识、养成良好的运动习惯和生活习惯，提升运动健康能力水平，自觉锻炼身体(行动)

德育目标	学段	学段德育目标
6 艺术审美	初中	(1)具有基本的艺术知识、技能与方法的积累(知识); (2)能理解和尊重文化艺术的多样性,具有发现、感知、欣赏、评价美的基本能力(观念); (3)具有健康的审美评价标准(观念); (4)能在生活中发现美、拓展和升华美等(行动)
	高中	(1)有健康的审美标准,能感受并欣赏艺术与科学中的美(观念); (2)感受艺术与科学带给生活的愉悦(行动); (3)追求艺术,热爱艺术,发展艺术,主动学习相关技能(行动); (4)积极参加艺术活动,乐于与人分享自己在艺术上的成就(行动)
7 劳动意识	初中	(1)热爱劳动,尊重劳动,掌握一定的劳动技能(观念、知识、行动); (2)在主动参加的家务劳动、公益活动和社会实践中,具有改进和创造劳动方式、提高劳动效率的意识(行动、观念); (3)积极体验通过诚实合法劳动创造成功生活的意识和行动(观念)
	高中	(1)主动自觉地参与到各类力所能及的劳动中,提升劳动的价值认知,自觉构建劳动最光荣的群体舆论氛围(行动); (2)积极参与社会劳动实践,增强职业生涯规划意识(行动); (3)自觉提升劳动技能水平(观念)
8 行为习惯	初中	(1)有较强的学会做人、学会做事、学会自我发展的习惯意识(观念); (2)养成良好的学习习惯,包括乐学善学、勤于反思,有效地获取、鉴别、安全使用信息的意识等(行动)
	高中	(1)能够明确社会生活中的礼仪规范,形成个人行为习惯(行动); (2)不断自觉优化个人行为习惯,适应高中生活,为成年之后的独立生活做好准备(行动); (3)能够从个人、家庭、集体、社会等多视角上认识和理解集体行为规范,悦纳并遵守有关行为规范(行动)

再如,江苏省苏州市实验小学校创办于 1905 年,"诚、仁、智、健"是学校的百年校训。既包括了德智体美劳全面发展的育人目标,又体现了中国传统文化中启智与明德相结合的"全人"教育思想,继承了中华文明中对健全人的培

养目标，即人格与智力、认知与践行的和谐发展。新时代苏州市实验小学校以培养学生良好思想品德和健全人格为根本，以促进学生形成良好行为习惯为重点，对学校"诚、仁、智、健"校训进行了再次解读，并以此作为苏州市实验小学校学生培养目标（见图 4-1）。①

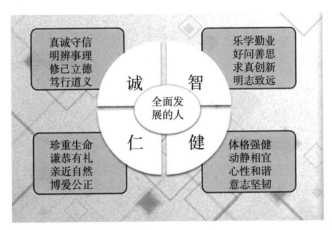

图 4-1　苏州市实验小学校学生培养目标

总之，中小学校应该在《中小学德育工作指南》提出的总体目标、分学段目标的基础上，基于办学理念制定学校德育工作目标，有机融入爱国主义教育、劳动教育等，并进一步细化出学段目标、年级目标，甚至是班级目标，使德育工作逻辑清晰、目标明确，让德育目标体现年级衔接、螺旋上升，促进学生全面发展。要达成不同学段的目标，学校还需要在具体内容、途径方法等方面依据学生年龄特征进行针对性教育。

四、系统安排德育工作内容

德育内容是德育目标的具体体现，是培养受教育者思想品德的政治观点、思想观点和道德行为规范的体系。新时期，围绕德育工作新要求，德育工作内容要更加全面具体，学校要结合地方教育教学特色和学校自身特点，确定适合本校的德育内容。学校德育内容的确定需要注意以下四个方面的问题。一是德

---

① 教育部 2020 年发布的《"一校一案"落实〈中小学德育工作指南〉典型案例》。

育内容的科学性。要以社会主义核心价值观为引导，能够正确反映时代特征，符合教育教学规律，满足学生身心发展特点和成长成才需求。二是德育内容的系统性。这里所说的系统性包含两层意思，德育内容各要素间要系统融合、有机统一，避免内容在具体实施中的脱节、顾此失彼，同时要准确把握不同教育阶段学生的身心发展特点、知识水平、接受能力，确定教育内容。三是德育内容的继承性。德育内容要充分吸收中华优秀传统文化，取其精华。四是德育内容的创新性。德育内容要跟上时代和社会发展步伐，与时俱进，不断完善和丰富德育内容，推动学校德育现代化不断向前发展。

依据《中小学德育工作指南》，学校应该以理想信念教育、社会主义核心价值观教育、中华优秀传统文化教育、生态文明教育、心理健康教育等作为德育的五大主要内容，对学生开展教育。

(一)理想信念教育

中小学校要坚持用习近平新时代中国特色社会主义思想铸魂育人，紧密结合学生实际，推动习近平新时代中国特色社会主义思想进校园、进教材、进课堂、进活动、进家庭、进学生头脑，引导学生立德成人、立志成才，树立正确世界观、人生观、价值观。以爱国主义为核心的民族精神和以改革创新为核心的时代精神，是凝心聚力的兴国之魂、强国之魂。

例如，北京师范大学大同附属中学十分重视理想信念教育。国防教育、革命文化教育、中国特色社会主义宣传教育、中国梦主题宣传教育、时事政策教育、"四史教育"均是学校德育工作的重中之重。2020年以来，学校先后出台了《北师大大同附中关于"习近平新时代中国特色社会主义思想进教材、进课堂、进头脑"工作实施方案》《北师大大同附中学党史、强信念、跟党走——庆祝建党100周年系列活动方案》《北师大大同附中爱国主义教育系列活动方案》等，编印了北师大大同附中创建文明校园系列图册共计8本，开展了少先队建队日系列活动、"扣好人生第一粒扣子"金牌思政课评比系列活动、"抗震救灾，弘扬英雄事迹"主题演讲比赛、回归历史·致敬英烈——北师大大同附中"致敬抗美援朝·争做时代新人"主题团日活动、"学党史、强信念、跟党走——重现革命峥嵘岁月情景剧"主题团日活动、北师大大同附中庆祝建党100周年红歌展演活动、"回首百年史　为国竭忠贞"学生干部培训活动、"向党献礼100个征集"活动、庆祝建党 100 周年主题征文活动、庆祝中国共产党"百年华诞"红歌合唱比赛、北京师范大学大同附中学生党史知识竞赛、革命精神宣讲主题国旗下演讲等共计 20 余项活动。学校还将三月学雷锋志愿服务月，四月校园读书节、科技节，五月校园心理健康节，十月爱国主义教育月，十二月校园文化艺术节等主题教育月活动常态化。①

(二)社会主义核心价值观教育

社会主义核心价值观教育要融入中小学校教育教学全过程，落实到中小学管理服务各环节，深入开展爱国主义教育、国情教育、国家安全教育、民族团结教育、法治教育、诚信教育、文明礼仪教育等，将社会主义核心价值观内化于心，外化于行。

例如，焦作市第十二中学围绕"社会主义核心价值观"展开系列学习教育实践活动，通过活动向学生渗透社会主义核心价值观，将社会主义核心价值观与各项活动结合起来，与行为习惯培养结合起来，努力培养学生积极的人生态度、健康的心理情感、高尚的道德品质，让学生在潜移默化中深刻理解社会主义核心价值观，并付之于行动。开展培育和践行社会主义核心价值观具体活动情况如下：利用广播站、电子显示屏、宣传栏等展示核心价值观内容，营造社会主义核心价值观学习氛围；将学雷锋活动与"社会主义核心价值观"结合起来，尤其是在党建工作的指引下，发挥团员先锋队的不怕吃苦、乐于奉献的雷锋精神；组织思政教师编写社会主义核心价值观校本课程，真正做到社会主义核心价值观教育有教材、有教案、有教学安排。②

(三)中华优秀传统文化教育

中华优秀传统文化是中国特色社会主义植根的文化沃土，是当代中国发展的突出优势，学生对祖国悠久历史、深厚文化的理解和接受，是爱国主义情感培育和发展的重要条件。学校要开展家国情怀教育、社会关爱教育和人格修养教育，传承发展中华优秀传统文化，大力弘扬核心思想理念、中华传统美德、

---

①　教育部 2021 年发布的《"一校一案"落实〈中小学德育工作指南〉典型案例》。
②　教育部 2021 年发布的《"一校一案"落实〈中小学德育工作指南〉典型案例》。

中华人文精神，引导学生了解中华优秀传统文化的历史渊源、发展脉络、精神内涵，树立和坚持正确的历史观、民族观、国家观、文化观，不断增强中华民族的归属感、认同感、尊严感、荣誉感。

例如，蒙城县城关第三小学仁和路校区注重以传统文化育时代新人。学校以文化促爱国。蒙城县是全国曲艺之乡、楹联之乡。仁和路校区开展的传统文化社团活动有书法、剪纸、快板、中国象棋等。其中剪纸艺术是最古老的中国民间艺术之一，给人以独特的艺术享受。每逢春节等喜庆的日子，人们便将美丽的剪纸贴在窗户、墙壁、门和灯笼上，节日的气氛也因此被烘托得更加热烈。看到中国独有的书法、剪纸艺术，人们的爱国热情油然而生。学校以文化强自信。曲艺是中华民族各种"说唱艺术"的统称，它是由民间口头文学和歌唱艺术经过长期的发展演变形成的一种独特的艺术形式。早在 2018 年，仁和路校区就成立了"嘎嘣豆"曲艺社，学校邀请民间艺人为学生上课，传授快板等曲艺技艺。过去快板艺人们沿街卖艺时，经常见景生情，即兴编词。他们看见什么就说什么，擅长随编随唱，宣传自己的见解，抒发感情。仁和路校区的快板创作人员利用这个特点创作了《我向习大大说说心里话》《老师，您辛苦了》《夸夸我们的家乡》等快板作品，极大地增强了孩子们的文化自信。学校以文化养品质。仁和路校区是全市象棋进校园示范学校。棋类运动是一项很好的开发智力的活动。这项活动，不只需要孩子高度集中注意力，还能对孩子良好意志品质的形成产生积极的影响。①

(四)生态文明教育

学校要将"绿水青山就是金山银山"的生态发展观融入学生价值观教育中，引导学生树立尊重自然、顺应自然、保护自然的发展理念，养成勤俭节约、低碳环保、自觉劳动的生活习惯，形成健康文明的生活方式。

例如，上海市嘉定区清水路小学充分认识生态文明教育对培养学生学习生态知识，增强节约意识、环保意识、生态意识的意义，积极倡导绿色消费，使学生养成勤俭节约、低碳环保、自觉劳动的生活习惯，形成健康文明的生活方式。

---

① 教育部 2021 年发布的《"一校一案"落实〈中小学德育工作指南〉典型案例》。

（1）以保护校园环境为基点

学校以"倡绿色文明，亮清小风景"为主题，开展校园树木植物种类统计和编号，制作宣传书签，设计个性化标牌等活动，师生共同编写了《清小校园植物志》，形成了清小"植绿、护绿、爱绿、兴绿、咏绿"的生态文明教育特色。

（2）以学科教学渗透为重点

学校要求各学科教师挖掘本学科教材中的生态文明教育"渗透点"，研究出"目标渗透、内容渗透、资源渗透"三大渗透策略，最终形成《学科生态文明教育——渗透课例集》。通过多学科的渗透，增强了学生环境保护意识与审美情趣。

（3）以"绿箱子"行动为要点

学校大力营造节粮节水节电氛围，增强节粮节水节电意识。学校每学期开展"绿箱子"环保行动，收集废电池，增强环保意识。学校号召学生积极践行"光盘行动"，人人争当"光盘小明星"。

（4）以培养自觉劳动习惯为支点

在校园中、在每个班级里设立劳动小岗位，让学生从小掌握劳动的基本技能，养成通过劳动为班级、为学校服务的习惯。鼓励学生通过自主活动、雏鹰假日小队活动、亲子活动等形式，立足家庭、走进社区、走向社会，开展劳动主题活动。①

(五)心理健康教育

学校要密切结合当前中小学生中发生的新情况、新问题，尤其重视学生在考试前后、升学前后、假期前后等重点时段和家庭变故、学生冲突、居家学习等临时突发性事件时的心理变化，引导学生增强调控心理、自主自助、应对挫折、适应环境的能力，形成健全的人格和良好的心理品质，成为德智体美劳全面发展和健康成长的社会主义建设者和接班人。

例如，上海市鲁迅初级中学非常重视心理健康教育工作，成立了心理危机干预领导小组，制定了相应的心理危机干预制度、学生心理咨询制度等。学校为每位学生建立了心理健康档案，个别咨询的个案档案规范完整。学校心理辅

---

① 教育部2021年发布的《"一校一案"落实〈中小学德育工作指南〉典型案例》。

导室每周开放 5 小时，覆盖全体学生，也接待了个别家长的来访。通过家长学校、专题讲座、工作坊等形式对家长进行家庭教育指导，内容丰富，形式多样。学校完善了心理危机三级预防网络，与区级心理健康教育中心等机构建立紧密联系，心理危机预防及转介等系统有效运作。每年的 5 月是学校心理健康教育活动月，近几年分别开展了"逐梦——从心出发""创意表达、放飞心灵""维护美丽心灵，促进快乐成长"和"我的国·我的家，我的心'晴'故事"为主题的心理健康教育活动月，通过各种丰富多彩的活动，宣传心理学知识，扩大学生视野，使学生走近心理学，亲近心理学。学校通过专题讲座、微信公众号、校园橱窗、"心灵彩虹"广播台等多种渠道对全校师生与家长进行心理健康教育宣传，创设温馨的环境。学校专职心理教师通过相关的课题研究，针对初中学段的家庭，开展课题研究，总结提炼初中家长教育焦虑的现状与成因，并分析缓解教育焦虑的合理可行的具体操作方法，帮助家长改善家庭教育方式方法，修复亲子关系，促进初中生心理健康发展。同时学校聘请专业心理团队进校助场，确保学生心理健康状况总体良好，全体师生精神面貌积极向上，师生关系融洽。①

为将德育内容落到实处，学校要注重层层细化德育工作内容，全面贯串学校教育教学工作。理想信念教育可以细化为党史国史与革命传统教育、中国特色社会主义理论教育、树立远大理想信念教育等；社会主义核心价值观教育可以细化为国家层面价值目标的教育、社会层面价值取向的教育、个人层面价值准则的教育等；中华优秀传统文化教育、生态文明教育、心理健康教育亦是如此。同时，根据学生身心发展特点和学生道德发展水平，每个细化的德育内容在不同学段又表现为不同的内容。以党史国史与革命传统教育为例，小学低年级主要内容是知晓党的名称、党的生日，小学中高年级主要内容是了解中国共产党的基本性质和奋斗目标，初中阶段主要内容是了解党在新的历史时期的指导思想和发展战略，高中阶段主要内容是加深对党的伟大使命的认知和爱党情感，坚信中国共产党的领导。再如，在对学生进行生涯规划教育时，小学低年级主要内容是愿意有计划、有目标地安排自己的生活，小学中高年级主要内容是提高分析问题和解决问题的能力，为初中阶段的学习生活做好准备；初中阶段主要内容是把握升学选择的方向，培养职业规划意识，树立早期职业发展目标；高中阶段主

---

① 教育部 2021 年发布的《"一校一案"落实〈中小学德育工作指南〉典型案例》。

要内容是在充分了解自己的兴趣、能力、性格、特长和社会需要的基础上，确立自己的职业志向，培养职业道德意识，为将来专业选择和职业规划做好准备。

例如，北京市第一零一中学在《中小学德育工作指南》中规定的五大内容基础上，结合学校实际，将德育内容分为基础类、拓展类、卓越类三层。其中，基础类教育包含养成教育、心理健康教育、劳动教育、艺体教育、法治教育、爱国主义教育；拓展类教育包含中华优秀传统文化教育、多元文化理解教育、生涯教育、生态文明教育、科技人文素养教育、理想信念教育；卓越类教育包含抗逆力教育、创新创业教育、人类命运共同体意识教育等内容。针对全体学生，三层教育由低到高、螺旋上升，并依据学生的基础和需求扎实推进、侧重开展。同时，学校结合中学生身心发展特点，分别从了解自我、悦纳自我、提升自我、认知自我、同一自我、超越自我六个维度，有针对性分阶段开展德育工作，从而促进学生的全面健康成长。①

再如，河南省郑州市二七区陇西小学结合新时代德育要求与自身实际，探索出了一条以《中小学生守则》(以下简称《守则》)为抓手落实《中小学德育工作指南》的新思路。在具体实施过程中，学校对《守则》的9条内容分低、中、高三个学段进行了细化，分层制定了与学生成长发展规律相匹配的《守则践行标准》，用以指导不同认知基础、行为能力学生的日常行为细节。以守则第一条"爱党爱国爱人民"为例，低、中、高三个学段学生的《守则》践行标准如下(见表4-2)。②

表4-2　郑州市二七区陇西小学"爱党爱国爱人民"三学段践行标准

守则内容	年级段	学生践行标准
第一条 爱党爱国爱人民 了解党史国情， 珍视国家荣誉， 热爱祖国， 热爱人民， 热爱中国共产党	低年级	1. 知道自己是中国人，知道中华民族的含义，知道"中华人民共和国"是中国的全称，北京是中国的首都，十月一日是国庆节。 2. 尊重国旗、国歌、国徽，认识中国地图，会唱国歌。 3. 能自觉参加升旗仪式、升旗时要行队礼。国歌响起，要立正，脱帽，少先队员行队礼，并注视着国旗冉冉升起，直至升旗完毕。认真听老师、同学的讲话，讲话完毕要报以热烈的掌声

---

① 教育部2021年发布的《"一校一案"落实〈中小学德育工作指南〉典型案例》。
② 教育部2020年发布的《"一校一案"落实〈中小学德育工作指南〉典型案例》。

续表

守则内容	年级段	学生践行标准
第一条 爱党爱国爱人民 了解党史国情， 珍视国家荣誉， 热爱祖国， 热爱人民， 热爱中国共产党	中年级	1. 能认识党旗、队旗。知道"七一"建党节和"八一"建军节，了解少先队的队史、性质和作用。 2. 了解家乡的物产、名胜古迹、著名人物，会绘家乡的版图。 3. 了解祖国悠久的历史、灿烂的文化、秀美的山川，养成热爱祖国从小事做起，从爱家乡、爱家庭、爱学校、爱班级做起的良好习惯
	高年级	1. 了解中国近代史，知道近代史中的英雄人物、事迹，了解一些重要党史。 2. 知道我国是一个由 56 个民族组成的国家，了解少数民族的名称和习俗。 3. 知道香港、澳门和台湾自古就是中国的一部分，知道我国"一国两制"的政策。关心国家大事，了解基本国策和国际态度

五、多元落实德育实施途径

德育目标和德育内容最终需要通过"途径"来实施和落实。学校德育工作开展得怎么样，很大程度上是在考查学校德育工作实施途径是否多元、是否有新意、是否重落实。学校应坚持以育人为核心，将德育目标、内容与途径精细整合在一起，规划适合本校发展的德育框架与实施路径。中小学校要把德育工作目标和内容通过课程、文化、活动、实践、管理、协同等途径落实到学校日常管理的各方面和各环节中，明确教育教学各环节、各领域的具体德育举措，进一步突出可操作性和特色化，加强德育工作实效性。

(一)课程育人

课程作为教育活动的载体和中介，是教育教学活动的基本依据，是实现学校目标的重要途径，是实现教育目的、培养全面发展的人才的基本保证。学校要充分重视课程的育人功能，发挥课堂教学的主渠道作用，指导科任教师将中小学德育目标和内容细化并落实到各学科课程的教学目标和过程之中，真正做到课程育人。

1. 充分重视德育课程教学

德育课程是在中小学阶段开设的以培养学生品德为根本任务的课程。我国在小学和初中开设道德与法治课程，高中开设思想政治课程。小学和初中阶段的德育课程为综合课程，高中阶段采取模块设置的形式，力求体现课程的针对性。德育课程是系统性、全局性育人课程，承载着民族复兴的使命。学校要按照国家德育课程标准，安排、落实德育课程任务，使学生不仅学习道德和法律等知识，更要让学生懂得在实践中如何把握自己的行为。教师要按照学生身心发展规律和学生生活实际整体设计、精心组织，充分发挥学生的主动性和积极性，不仅开展课堂教学，提高学生道德认知水平，也要注重实践体验，引导学生自觉遵守道德规范。

例如，北京市大兴一中课程中心结合学校育人目标，深挖学校各方面资源，设计行而有效、有针对性的"和合"校本课程，初步建立起"和合"德育课程体系；明确提出思政课是开展青少年思想政治教育的主阵地，制定了《大兴一中加强新时代青少年思想政治教育实施方案》，成立了学校青少年思想政治教育中心，研磨"有用、有趣、有效的思政课"，制定思政教师培养计划，打造德育队伍的中坚力量。①

2. 充分重视各科教学的育人功能

学科育人主要是通过充分挖掘渗透于各学科中的德育资源，对学生进行德育教育的一种方式。中小学生在学校生活的主要活动是课堂教学，学生在学习期间的全面发展主要是在各学科的学习和实践活动过程中实现的。加强学科教学中的德育对学生的健康成长和全面素质的提高具有重要意义，是遵循"教学具有教育性"规律的必然要求。多年来，广大中小学教育工作者积极开展学科育人的理论研究与实践探索，积累了许多宝贵的经验，取得一定成效。但面对党和国家对未成年人思想道德教育的新的要求、基础教育课程改革与发展的新任务和青少年思想道德教育工作的新情况，加强各学科教学中的德育还面临着不少亟待解决的问题。如学校教师在一定程度上还存在着重智育轻德育、重知

---

① 教育部 2020 年发布的《"一校一案"落实〈中小学德育工作指南〉典型案例》。

识技能轻道德实践的现象；一些教师在学科教学中德育意识不强、方法简单；教师自身素质与职业要求还存在一定的差距等。因此，教师要认真钻研课程内容和课程标准，关注情感态度与价值观目标，根据不同学段年级和学科特点，挖掘课程中的德育元素，将德育充分融入学科教学全过程，渗透到学生思想中。

例如，北京市海淀区中关村第三小学将德育与日常教研无缝对接，对 90 分钟的教研时间实现模块化、具体化、常态化管理，具体划分为：10 分钟"学科德育"，10 分钟讨论"课堂引导性标准"落实情况，60 分钟梳理核心课程、重点分析和讲解，以及 10 分钟"班级活动、师生关系"故事分享。①

3. 充分重视地方、校本、班本课程的建设

地方课程是指地方各级教育主管部门根据国家课程政策，以国家课程标准为基础，在一定的教育思想和课程观念的指导下，根据地方经济、政治、文化的发展水平及其对人才的特殊要求，充分利用地方课程资源而开发、设计、实施的课程。学校要充分认识地方课程在育人工作中的重要性，保证地方课程的有效落实，切实发挥地方课程应有的育人功能，从而极大地丰富、拓展教育内容，保证国家教育目标的实现。

校本课程是以学校为本位、由学校自己确定的课程，它与国家课程、地方课程相对应。校本课程开发者不仅仅局限于学校教师，还可以充分发动教辅人员、职工、家长、专家教授、家长等成为校本课程开发者。学校要加强顶层设计，邀请相关教师、学生、家长、社区等共同参与，在分析与研究的基础上，确定校本课程的总体目标，制定校本课程的大致结构，开发出能够发展学生个性特长的、多样的、可供学生选择的课程，提高学生的综合素质，促进学生自主全面发展。

例如，天津市津南区辛庄小学自主开发校本课程形成"悦心课程体系"，分为悦智课程、悦趣课程、悦行课程，包括：好习惯伴我成长——习惯篇；孝敬教育——美德篇；国韵颂——爱国篇；心理健康——心理篇；家长学校——教育篇；啦啦操、足球、篮球——体育篇；剪纸、烙画——传承篇；声之韵、舞之韵、美之韵——艺术篇。特色课程扎实有效开展，激发了学生的学习兴趣，

---

① 教育部 2020 年发布的《"一校一案"落实〈中小学德育工作指南〉典型案例》。

促进了学生素质教育全面发展，涵养了学生家国情怀，有效落实了学校德育教育的有效性，筑牢了学生思想教育的根基。[①]

又如，安徽省合肥市第七中学秉承"守正创新、和雅育人"办学思想，将"培养人文素养和科学精神融合、个性特长突出、发展空间广阔、能适应未来社会发展需要的优秀人才"作为学生培养目标，开发富有学校特色，符合学生个性需要的"七雅"校本选修课程群。"七雅"课程主要包括七类课程：人文素养类、科学素养类、学科拓展类、成长指导类、兴趣特色类、综合实践类、艺体特长类。"文雅"课程包含《红楼梦》诗词曲赋联精粹"等，旨在提高学生的人文情怀和美学修养；"思雅"课程包含"微积分情缘初探"等，旨在提升学生的科学精神；"博雅"课程包含"看动漫学日语"等，拓展学生学科学习的边界，激发学生的学习兴趣；"大雅"课程包含"汉风雅韵·礼仪兴邦""心理游戏与人生"等，让学生了解各种礼仪，收获阳光心态；"高雅"课程包含"篆刻入门与实践""中国书法和中国画""食用菌的识别与栽培"等，让学生提升综合素养，学会生活技能，培养劳动意识；"行雅"课程包含"广播电视节目制作及 Au 软件使用"等，引导学生掌握信息技术，提高创新能力；"艺雅"课程包含"合唱团""网球""啦啦操""武术"等，让学生在艺体活动中发展个人特长，增强自身体魄。校本课程内容丰富，深受学生欢迎，助力学生全面有个性的发展。[②]

班本课程是以班级为单位，师生双方共同开发的富有班级特色的课程，是班主任进行班级建设和学生教育的方式之一。由于班本课程建立在本班班情、学情基础之上，所以更符合学生个性特征，贴合学生发展实际，满足学生成长需要。班主任肩负着育人的重要职责，要根据不同时期的班情及学生需求，建构出适合不同阶段学生发展的和本班特色的班本课程。

例如，姚老师遵循陶行知先生"生活即教育"理念，努力创造"适合学生发展的生活教育"。她以"植根生活，为了每位学生的发展"为目标，立足于班级，关注学生的个体差异和不同需求，和学生一起自主开发了习惯培养课程、沟通交往课程、亲子成长课程、研学实践课程等丰富的系列班本课程，引导学生探究发现、分享交流，激发学生的内在求知潜能，助力学生内心成长，进而引导

---

① 教育部 2020 年发布的《"一校一案"落实〈中小学德育工作指南〉典型案例》。
② 教育部 2020 年发布的《"一校一案"落实〈中小学德育工作指南〉典型案例》。

他们"主动全面成长"。其中，习惯培养课程包括阅读习惯培养课程、写作习惯培养课程、朗读习惯培养课程、演讲能力培养课程；沟通交往课程包括师生沟通能力培养课程、亲子沟通能力培养课程、同伴沟通能力培养课程；亲子成长课程，1～3年级更加重视习惯养成教育和爱的教育，4～6年级侧重"责任意识和情感价值观的培养"，让学生学会担当、学会解决问题和劳动的技能；研学实践课程采用小组和团队协同开展的方式，根据学生时间进行灵活的协调安排，既有重要节日的专门活动，如植树节踏青、重阳节登山等，也有专题性研学活动，如民俗文化研学——春日走访百花洲，探寻古城济南的民俗文化和泉水文化，红色文化研学——参观党史馆、解放阁……系列班本课程的开发与实施，有效促进班级的发展，形成教师、学生、家长心心相印的班级生活，成就了学生展翅高飞的梦想。[①]

(二)文化育人

历史事实和现实经验表明，一个民族的觉醒，首先是文化上的觉醒；一个社会的道德力量，很大程度上取决于道德文化自信与自觉的程度。进入新时代，文化育人是落实立德树人根本任务、培育中小学生文化自信的需要，既符合国家战略要求，也符合新时代学生成长要求。文化育人将人与文化、文化与德育紧密地联系在一起，更加强调人文性，既关注对学生德育的价值引领作用，又强调在实践层面"文化化人"的功能，它能使德育从空洞说教走向文化浸润，使受教育者从外在改变走向内在精神塑造。例如，北京市朝阳区教育研究中心附属学校从管理、教学、育人、教师、环境、媒体等六方面培育阳光智慧校园文化：学校创设"以人为本、和谐统一"的民主科学集体决策的管理文化，建构"阳光智慧"教学文化，培育"阳光智慧学子"育人文化，营造"文化涵养气质，气质促进成长"教师文化，传承"适宜学生成长"环境文化，构建"时空维度，形式多样立体"媒体文化，多元融合形成"育阳光智慧人"校园文化，促进学生可持续发展。[②]

学校要依据办学理念，结合文明校园创建活动，因地制宜开展校园文化建

---

① 姚光燕. 开发班本课程，促进学生成长[J]. 班主任，2020(12).
② 教育部2020年发布的《"一校一案"落实〈中小学德育工作指南〉典型案例》。

设，使校园秩序良好、环境优美，校园文化积极向上、格调高雅，提高校园文明水平，让校园成为育人场所。总体而言，学校可以从优化校园环境、营造文化氛围、建设网络文化三个主要方面落实文化育人途径。

1. 优化校园环境

校园环境也是教育环境，这是因为学校是学生学习和生活的地方，学校里的树木、花草、建筑都是影响学生发展的因素。因此，学校要重视校园环境建设，使校园内一草一木、一砖一石能够对学生产生"润物细无声"的积极影响。在校园建筑、设施布置方面，要体现与人文精神、学校文化、学生成长特点、环保理念的结合。如学校要有升国旗的旗台和旗杆；学校、教室要在明显位置张贴社会主义核心价值观 24 字、《中小学生守则（2015 年修订）》；利用板报、橱窗、走廊、墙壁、地面等进行文化建设，可悬挂革命领袖、科学家、英雄模范等杰出人物的画像和格言，展示学生自己创作的作品或进行主题创作。在校园景观设计方面，结合学校的办学理念，将场景造型艺术与相关的文化、科技、知识结合起来，体现教育的引导和熏陶，形成一个具有鲜明特色的室外环境。在室内环境建设方面，普通教室和专业教室要整洁明亮，教室正前上方有国旗标识；共青团、少先队活动室要庄严大方，体现思想性；校史陈列室、图书馆（室）、广播室等布置与设计要安全合理，以学生为中心。

例如，天津市静海区第七中学建设了"求索""鱼跃""感恩""成才"等七个绿色实践园，布置了"励志""感恩""未来"等楼道文化走廊，挖掘了乘上石、三方亭、三园亭、鱼跃龙门石、求索塑像、文化长廊等环境课程，让每一个小品都有主题，每一座建筑都有名称，每一面墙壁都会说话，每一个角落都能育人，用校园环境濡染师生心灵。学校还组织校园文化宣讲，开展"校园文化十佳宣讲员"选拔赛，让学生在活动中感受校园的文化氛围。[1]

2. 营造文化氛围

校园精神文化建设是校园文化建设的核心内容，学校要发挥文化对学生世界观、人生观和价值观塑成的巨大影响作用，发挥校风、班风、教风、学风对学生潜移默化的影响作用。

---

[1] 教育部 2020 年发布的《"一校一案"落实〈中小学德育工作指南〉典型案例》。

校风是一所学校各种风气的总和，是学校在办学过程中长期积淀而成的具有行为和道德意义的风气，是在校内乃至社会上具有极大影响并被普遍认可的思想和行为风尚。它有一股巨大的同化力、促进力和约束力，是一种精神力量和优良传统，它全面地反映出一个学校的精神面貌和办学水平，是一个学校的灵魂。学校要加强校风建设，设计体现学校理念、特色，符合育人规律的校徽、校歌、校规、校训、校报、校网等，形成引领全校师生共同进步的精神力量。

例如，上海市松江区九亭第二中学结合九亭地区特点开展校园文化建设，通过静雅环境的创建，营造文化氛围，让校园成为育人场所。

第一，丰富走廊文化。努力让每一面墙都会说话，学校的宣传栏展示学校德育内容、教学楼内墙面上展示学生作品等，将思想、价值于无形中刻入学生心中，融入学生的精神世界，化为学生的具体行动。第二，建造特色场馆。图书馆极具书香氛围，体育馆充满活力，餐厅简约雅致，国学教室古朴素雅，茶艺室、科创实验室等各具特色，对学生的教育起到潜移默化的作用，陶冶学生情操，启迪学生心灵。第三，创建温馨教室。学校不断加强少先队对"学生在校一日常规"的检查和自评，根据学生状况不断完善《少先队一日常规检查细则》《中队自评日志细则》，完善"日检查、周评比、月反馈"制度；完善班级管理制度，指导各班级制定班级公约、提倡学生自我管理、调动学生积极向上的主观能动性。从温馨的"班级环境、人际环境、课堂教学环境和师生心理环境"四个方面不断深化探索温馨教室创建工作。将温馨教室的创建和年级文化、校园文化的建设融合起来，深化"温馨教室"的文化内涵。①

又如，云南省保山市永昌小学结合云南特色的生态文明教育，打造"和美德育年级文化"，6个年级用6种植物来命名，分别是兰花、荷花、梅花、翠竹、红枫、青松，激励学生在不同的阶段学习不同的植物的品格与风骨，使校园成为每个孩子展示的舞台，引领他们茁壮成长，升华育人氛围。②

班风是指一个班级的风气，是由班级成员共同营造的一种集体氛围，反映了班级成员的整体精神风貌与个性特点，体现出班级的内在品格与外部形象，

---

① 教育部2021年发布的《"一校一案"落实〈中小学德育工作指南〉典型案例》。
② 教育部2020年发布的《"一校一案"落实〈中小学德育工作指南〉典型案例》。

引导着班级未来发展的方向，对于班级建设具有重要的导向作用。班级是学校教育教学最基本的单位，学校教育最终是通过班级落实在每个学生身上的，在学校德育体系建设过程中，班级文化建设是校园文化建设中非常重要的组成部分。因此，班主任在班级文化建设过程中，要注重班名、班徽、班训、班刊建设，增强学生凝聚力，引导学生形成良好班风。

教风即教师风范，是教师在治学态度、科学研究、教书育人等方面形成的良好风气，是教师的德与才的统一性表现，是教师整体素质的核心，是教师道德、才学、作风、素养、治教的集中反映。教风是一个学校生存和持续发展的不竭动力之源，它对学生可以起到熏陶、激励和潜移默化的教育作用。学校要规范教学管理，严格教学纪律的氛围，树立优良的教风进而强化学校师德师风建设。

学风就是学生在学习过程中所彰显出来的风气，是凝聚在教与学过程中的精神动力、态度作风、方法措施等，它依不同特点的学校表现出独有的特色和丰富的内涵，并通过学校全体成员的意志与行动，逐步地形成和固化，成为一种传统和风格。学校要充分发挥党员、学生干部、入党积极分子等学生骨干在学风建设中的积极作用，充分发挥学生在学风建设中的主体作用。学校要推进书香班级、书香校园建设，向学生推荐阅读书目，调动学生阅读积极性，以阅读促学风。

例如，北京市朝阳师范学校附属小学积极营造"悦行为"文化氛围，引领师生行为方式。该学校的校训是"明理砺志，积极向上。乐学会学，健康成长"。校风是"明理乐学，和谐健康"。教风是"敬业爱生，笃学自强"。学风是"善思好学，文明阳光"。在此基础上，形成师生"悦行为"。教师"悦行为"体现在：我即代表学校；身体力行，以师育生；主动赢得认可；机会就是待遇；经历就是财富；高高兴兴干累活；帮助他人就是成就自己；责任到此，请勿推辞。学生"悦行为"体现在：我代表了学校；爱护学校的每一件物品；当天的事情当天完成；感谢培养我的每一个人；集体的活动积极参与；健康快乐，文明对人；喜欢伙伴，欣赏同学；走进学校，热爱学习。①

3. 建设网络文化

网络技术的发展为德育工作带来了新的机遇与挑战。网络技术扩展了德育

---

① 教育部 2021 年发布的《"一校一案"落实〈中小学德育工作指南〉典型案例》。

的空间和渠道，为学校德育工作提供了现代化手段。同时，网络信息良莠不齐，因此加强网络文化建设是新时代学校德育工作的一项重要任务。学校既要净化网络环境，建设校园绿色网络，为学生营造良好的网络空间，引导学生合理使用网络，避免沉溺网络游戏，远离有害信息，提升网络素养，打造清朗的校园网络文化，同时也要借助网络带来的优势，搭建校园网站、论坛、信箱、博客、微信群、QQ群，利用网络资源开展主题班(队)会、冬(夏)令营、家校互动等教育活动。

(三)活动育人

活动是学校开展学生教育的重要形式，也是学生喜闻乐见的学习方式。在学校中有很多活动资源可以利用，如节日纪念日活动、仪式教育活动、校园节(会)活动、团(队)活动等，这些活动都蕴含着丰富的教育内涵和教育资源。学校要通过开展丰富多彩的活动，开拓学生思维，培养学生综合能力，帮助学生养成良好思想品质和行为习惯，为日后成长奠基。

在开展活动育人时，学校要精心设计、组织开展主题明确、内容丰富、形式多样、吸引力强的活动，强调活动的整体设计和教育意义，提高学生的主体性和参与性，通过节日纪念日活动、仪式教育活动、校园节(会)活动、团(队)活动等，促进学生形成良好的思想品德和行为习惯。每项活动，都应做到事前有准备、学习有收获、事后有总结。

1. 开展节日纪念日活动

学校可以利用春节、元宵节、清明节、端午节、中秋节、重阳节等中华传统节日以及二十四节气，开展介绍节日历史渊源、精神内涵、文化习俗等校园文化活动，增强传统节日的体验感和文化感；可以利用植树节、劳动节、青年节、儿童节、教师节、国庆节等重大节庆日集中开展爱党爱国、民族团结、热爱劳动、尊师重教、爱护环境等主题教育活动；可以利用学雷锋纪念日、中国共产党建党纪念日、中国人民解放军建军纪念日、七七抗战纪念日、九三抗战胜利纪念日、九一八纪念日、烈士纪念日、国家公祭日等重要纪念日，以及地球日、环境日、健康日、国家安全教育日、禁毒日、航天日、航海日等主题日，设计开展相关主题教育活动。

例如，北京市大兴一中遵循"知—情—意—行"教育规律，结合学校主题德育活动规范化系统化一体化特色，党政工团协同开展了"我和我的祖国"为主题的爱国主义教育系列活动，通过"学起来""唱起来""讲起来""做起来"等形式，培育和践行社会主义核心价值观，落实立德树人的根本任务。"学起来"即学校通过课堂主阵地，思想政治课、学科课、每周一节的主题班会课，组织学生学习党史国史、改革开放史，引领学生深入学习习近平新时代中国特色社会主义思想，通过开展"学习新思想、做好接班人"主题阅读活动、第八届读书节《红岩》的红色经典共读，深刻理解为国献身的革命精神、爱国主义精神。"唱起来"即通过"我和我的祖国"专场合唱演出、"我的祖国我的梦"艺术节合唱比赛，深情表达对祖国的热爱。在西安研学、徽州研学中，学生们面对祖国名山大川发自内心激情演唱《我和我的祖国》，爱国主义主旋律在同学耳边、心中回荡。"讲起来"即通过每周一校会的国旗下演讲，组织和合大讲堂邀请各行各业的名家、大兴区宣讲团进校园宣讲，让学生感受到爱国的时代强音，实现青春脉搏与爱国情怀交融交织；组织学生进行"我与祖国共成长"校园演说活动，教师讲述"我的教育故事"的分享成长体会，培植深厚的家国情怀。"做起来"即立足校园、立足身边，通过志愿服务、社区社会实践等形式积极服务社区环境治理、大兴区美化整治；通过组织社会实践研学、校园书画、摄影展示活动，激发师生的家国情怀，激励全校师生用勤奋学习的实际行动传承红色基因、弘扬革命精神，做好新时代的接班人。①

北京市第一零一中学注重把社会生活中的热点问题作为教育契机，组织系列主题教育活动，突出爱国主义教育的时效性。通过班会课、实践课等形式，运用为主题班会颁奖、实践课过程评价等激励手段，鼓励每个班级、每次活动从小处着眼，感悟新时代青年的使命与责任，激发学生的爱国热情和民族自豪感。如2008年以北京举办奥运会和学校承办奥运青年营为契机，以"青年创造未来"为主题开展"奥运给我一个机会，我给世界无限精彩"系列主题教育活动，旨在提升学生强健体魄的意识、激发爱国热情、感悟时代要求。2016年以红军长征90周年为契机，以"扬长征精神 做中国脊梁"为主题开展系列教育活动，旨在让学生感悟新时代新青年要有坚韧毅力的重要性；2017年以党的十九大召开为契机，以"喜迎党的十九大 争做卓越一零一人"为主题开展系

---

① 教育部2020年发布的《"一校一案"落实〈中小学德育工作指南〉典型案例》。

列教育活动，旨在激发学生的责任意识和担当精神；2018 年以庆祝改革开放四十周年为契机，以"四十年改革开放　新时代有我担当"为主题开展系列教育活动，旨在进一步激发学生的担当意识、提升学生担当能力；2019 年以建国七十周年为契机，以"七十年创立盛世　新时代我续华章"为主题开展系列教育活动，旨在创造机会让学生回顾建国历史、感悟新时代对青年人的担当要求；2020 年以抗美援朝出国作战七十周年和全面建成小康社会为契机，以"我的国　我的家"为主题开展系列教育活动，旨在激发学生的爱国热情和民族自豪感；2021 年以建党 100 周年为契机，以"不忘初心　筑梦同行"为主题开展系列教育活动，旨在辅助学生学习党史，激发学生珍惜当下生活、积极投身祖国建设的意识。①

2. 开展仪式教育活动

仪式教育具有强大的德育功能和强烈的感染力。学校要精心设计和履行学校常规仪式活动的流程，使学生在参加活动中感受活动的庄严、肃穆的气氛，激发参与的动机。《中华人民共和国国旗法》第六条规定："学校除寒假、暑假和休息日外，应当每日升挂国旗。"学校应精心组织升旗仪式，奏唱国歌，开展向国旗敬礼、国旗下宣誓、国旗下讲话等活动。中国共产主义青年团是中国共产党领导的先进青年的群团组织，是广大青年在实践中学习中国特色社会主义和共产主义的学校，是中国共产党的助手和后备军。《中国共产主义青年团章程》第五条规定："新团员必须参加入团仪式，在团旗下进行入团宣誓。"中国少年先锋队是中国少年儿童的群团组织，是少年儿童学习中国特色社会主义和共产主义的学校，是建设社会主义和共产主义的预备队。《中国少年先锋队章程》第十一条规定："队员入队前要为人民做一件好事。要举行入队仪式。……超过 14 周岁的队员应该离队。由大队举行离队仪式。"因此，学校也应在学生入团、入队离队时举行仪式活动。学校还可以在学生入学、毕业等重要节点举办入学仪式、毕业仪式、成人仪式等有特殊意义的仪式活动。

例如，广东省广州市荔湾区增滘小学在学生成长的关键节点上开展仪式教育，引导他们学会感恩、尊重生命。每一个增滘学子在小学阶段必定与父母一起经历"成长三礼"——入学开笔礼、十岁成长礼、六年级毕业礼。开笔礼：童

---

① 教育部 2021 年发布的《"一校一案"落实〈中小学德育工作指南〉典型案例》。

蒙养正，一撇一捺堂堂正正立身求学。成长礼：少年立志，在人生的第一个十年感恩成长，立下鸿鹄之志。毕业礼：毕业闯关"六个一"，回顾小学六年的点点滴滴，感恩母校，铭记校史，再次感悟六年影响一生的力量；写一封信给十年后的自己，再次立下远大目标。①

3. 开展校园节（会）活动

校园节（会）活动是以节日、重要活动为载体，以学生特有的思想观念、心理素质、价值取向、思维方式等为核心，通过文化、体育和思想教育活动来实现对学生的教育。② 学校要举办丰富多彩、寓教于乐的校园节（会）活动，培养学生兴趣爱好，充实学生校园生活，磨炼学生意志品质，促进学生身心健康发展。学校每学年至少举办一次科技节、艺术节、运动会、读书会，也可结合学校办学特色和学生实际，自主开发校园节（会）活动，使学生在活动中展示学习成果，热爱文化艺术，充实学校生活和集体生活，增加交往合作的体验。

例如，江西省南昌市西湖区站前路学校把德育活动和学科进行有机关联，以学科带动德育，以德育反哺学科。"妙语生花节"中"汉字听写大会""中华诗词大会"等活动精彩纷呈，学生感受语文魅力，让妙语生花，传承中华文化，令文采飞扬！"School I do"节上，从班级选拔，到校区复赛，集团PK，最后巅峰对决，让学生了解多元文化，增强民族自豪感；"持筹握算节"里"数学小能手"们思维与操作并举，培养实事求是的科学态度，形成严谨缜密的学习方式，获得快乐成功的体验；"翰墨文韵节"主题紧跟学校年活动主题，孩子们挥毫泼墨，静心勤习，传承文化，修身养性；"霓裳弦歌节"上轻歌曼舞，吹拉弹唱，你方唱罢我登场，学生为校园热舞，为祖国歌唱；长达一个月的"趣博竞技节"学生人人参与，站前少年热爱运动，阳光自信，在活动中成长出一批批体育小健将；"躬耕拾趣节""星光溢彩节"和"奇思妙想节"里，学生在亲身体验中，在动手实践中有滋有味地学、标新立异地想、创新大胆地做。③

4. 开展团、队活动

学校应按照《中国共产主义青年团章程》规定和要求，完善团的组织机制，严

---

① 教育部 2020 年发布的《"一校一案"落实〈中小学德育工作指南〉典型案例》。

② 教育部基础教育司. 中小学德育工作指南实施手册[M]. 北京：教育科学出版社，2017：117.

③ 教育部 2021 年发布的《"一校一案"落实〈中小学德育工作指南〉典型案例》。

格执行校级团的代表大会定期召开制度，保证团员组织生活顺利开展。中学要明确中学团委对初中少先队工作的领导职责，健全初中团队衔接机制。与此同时，学校要加强学校团委对学生会组织、学生社团的指导管理。学校要紧紧围绕立德树人根本任务加强少先队管理，增强少先队的思想性和先进性，增强少先队员的组织感和责任感，确保少先队活动时间，小学一年级至初中二年级每周安排1课时，举行队会、队课，组织参观、访问、野营、旅行、研学、故事会，开展文化科学、娱乐游戏、体育等各种有意义有趣味的活动，以及参加力所能及的志愿服务、公益劳动和社会实践。学生会是学生自我服务、自我管理、自我教育、自我监督的校内群众性自治组织，是帮助学生与学校保持有效沟通的桥梁和纽带。学生社团是学生为了实现会员的共同意愿和满足个人兴趣爱好的需求自愿组成的、按照其章程开展活动的群众性学生组织。学校要充分发挥学生会和学生社团作用，完善学生社团工作管理制度，建立体育、艺术、科普、环保、志愿服务等各类学生社团。同时，学校要创造条件为学生社团提供经费、场地、活动时间等方面保障。课后文体活动是学生第二课堂的重要组成部分①，学校、班主任和各学科老师要结合课程教学内容及办学特色，充分利用课后时间组织学生开展丰富多彩的科技、文娱、体育等社团活动，创新学生课后服务途径，丰富学生课余生活，促进学生德智体美劳全面发展。

(四)实践育人

实践育人主要是让学生通过参与社会实践活动获得道德体验，增强学生的社会责任感、创新精神和实践能力，从而将德育外化于行、内化于心。实践育人重在"体验"与"领悟"。学校应将德育目标和内容细化为贴近学生的具体要求，充分重视学生的参与和这参与中的真实体验，进而促使学生将德育转化为实实在在的行动。为此，一方面，学校需要引导鼓励和创造条件让学生参与社会实践，体验社会实践，引导学生做到知行统一；另一方面，学校要将社会实践性内容，尤其是事关国家和社会改革发展的新思想新战略融入进去，使教育内容富有时代感和现实感。

----

① 教育部基础教育司. 中小学德育工作指南实施手册[M]. 北京：教育科学出版社，2017：136.

实践育人大体上分为主题教育实践、劳动教育实践、研学旅行实践、志愿服务实践等四大类社会实践活动。学校要实现实践育人的多元化和体系化，结合实际工作情况及教育教学活动分析、梳理，加强顶层设计，将主题教育实践、劳动教育实践、研学旅行实践、志愿服务实践贯穿到相应工作计划中，开发构建课程体系、活动体系等，丰富实践育人活动的内容与形式，提高针对性和有效性。校内要注重拓展课堂教学中的实践活动，校外要注重拓展职业工作体验、社会现状调查、热点问题辩论、社区志愿服务等方面的实践活动，教育引导学生在不同环境中增长见闻，积累建立良好人际关系的体验，积累志愿服务精神的体验，从而不断增强学生的社会责任感、创新精神和实践能力等。

1. 主题教育实践

在开展主题教育实践活动时，学校要通过整合社会资源，利用爱国主义教育基地、公益性文化设施、公共机构、企事业单位、各类校外活动场所、专题教育社会实践基地等资源，开展不同主题的实践活动。例如，学校可以利用历史博物馆、文物展览馆、物质和非物质文化遗产等开展中华优秀传统文化教育，增强学生对中华优秀传统文化的认同感和自豪感；利用革命纪念地、烈士陵园(墓)等开展革命传统教育，学习先辈们的革命精神和革命意志；利用军事博物馆、国防设施等开展国防教育，增强学生国家责任感；利用法院、检察院、公安机关等开展法治教育，使学生从小树立法治观念，自觉守法；利用展览馆、美术馆、音乐厅等开展文化艺术教育，提高学生文化品位和艺术素养，丰富学生精神生活；利用交通队、消防队、地震台等开展安全教育，提高学生安全意识和自我防护能力；利用科技类馆室、科研机构、高新技术企业设施等开展科普教育，激发学生科学兴趣，培养学生科学精神；利用环境保护和节约能源展览馆、污水处理企业等开展环境保护教育，引导学生养成低碳环保、健康文明的生活方式；利用养老院、儿童福利机构、残疾人康复机构等社区机构等开展关爱老人、孤儿、残疾人教育，帮助学生养成尊老爱幼、爱护他人的美德；利用体育科研院所、心理服务机构、儿童保健机构等开展健康教育，促进学生健康成长。

例如，江苏省常州高级中学开设"一日体验"实践活动，规定学生三年八次、体验八个社会角色，包括国家公务员、工人、医务工作者、教育工作者、小区清洁员、交通协管员，另两个角色由学生自主确定。学生在实践中，逐渐经历"动情—动心—动行"的转化，更加懂得感恩、富有爱心、勇于承担。①

2. 劳动教育实践

在开展劳动教育实践时，学校尤其要重视劳动教育的实践创新，重视新时代劳动形态的多样化呈现，探索新形态的劳动教育的实践，使学生树立正确的劳动观念、具有必备的劳动能力、培育积极的劳动精神、养成良好的劳动习惯和品质。一方面，学校要在校内为学生创造劳动机会，在学校日常工作中渗透劳动教育，积极组织学生参与校园卫生保洁、绿化美化，有条件的学校还可以为学生开辟种植区域，成立劳动实践小组，让学生在劳动实践中感悟成长。另一方面，学校还应努力探索校外劳动教育机会，利用社会资源建立校外劳动实践基地，组织学生学工学农，让学生体验多种形式的生产劳动。此外，学校要和家长建立密切关系，引导家长让孩子在家参与力所能及的家务劳动。

例如，辽宁省抚顺市顺城区新华第一小学构建了新的劳动教育模式——校内劳动实践、校外劳动实践和家务劳动实践。一是"开心农场"劳动实践体验活动。学校围绕着教学楼有一圈矩形的花圃，利用这些花圃学校创建了28个校园种植园，满足学生对农作耕读的体验与学习。每个班级每年耕作两次，全校每个班级的耕作品种不重复，隔年更换品种，保证每个班级的学生在小学毕业时，都能拥有12个品种的耕作经历，同时也能保证全校学生在小学毕业时，至少在校园内能亲眼看到70多种农作物的生长过程。翻地、施肥、播种、植苗、除草、浇水、采摘等均由学生在教师指导下操作，学校除培养学生的劳作技能与习惯外，还与科学学科课堂教学进行教学整合，安排科学教师负责指导各班学生记录本班级的耕作观察日记，以此让学生了解作物的生长习性，增加对农作物知识的了解。除此之外，学校每周五中午安排一次全校性清洁区劳动体验活动，清洁区为校园内外所有的区域（厕所暂时除外），每班安排四分之一的学生轮流参加劳动体验活动，让学生在清洁劳动中体验劳动的辛苦，养成劳动的习惯，形成劳动的技能。为培养学生养成整理自己物品的习惯，学校将教室内每个学生的储物柜作为一个实践平台，制定储物柜物放有序要求，建立检查评比机制，以此培养学生养成良好的物放有序的习惯。二是校外劳动实践体验活动。学校在校外建立敬老服务基地，定期带领学生到基地参加各种服务劳

---

① 教育部 2020 年发布的《"一校一案"落实〈中小学德育工作指南〉典型案例》。

动，如帮老人打扫房间、跟老人聊天、为老人表演节目、与老人共度佳节等，让学生在服务他人的过程中感受劳动的乐趣，在辛勤劳作的过程中找到自己在劳动实践中的价值。三是家务劳动实践体验活动。学校针对学生的年龄特点制定不同的自理劳动和家务劳动的项目，在"家庭劳动岗"上进行实践，家长做好孩子参与劳动的监督者、指导者、评价者。每一名学生要选择至少一项家务劳动体验项目，并将选定的项目在《行必果——学生自主成长体验手册》中登记，无论是假期还是开学以后，家务劳动从不间断。班主任老师通过家长反馈平台鼓励与督促学生完成家务劳动任务。这是一种持续的劳动观念的影响，是学生受益终身的劳动习惯的养成。[①]

3. 研学旅行实践

在开展研学旅行实践时，学校要结合当地实际，把研学旅行纳入学校教育教学计划，与综合实践活动课程统筹考虑，促进研学旅行和学校课程有机融合。学校要根据教育教学计划灵活安排研学旅行时间，一般安排在小学四到六年级、初中一到二年级、高中一到二年级，并根据小学、初中、高中不同学段特点和学校、地域特色，有针对性地开发多种类型的活动课程。同时，规范研学旅行组织管理，制定研学旅行工作规程，做到"活动有方案，行前有备案，应急有预案"，明确学校、家长、学生的责任和权利。

例如，四川省成都七中初中学校通过建立完善研学实践基地课程，为学生提供多样化实践空间，学校根据成都特有的地理位置和文化资源，开设"都江堰-博物馆"课程，七年级聚焦博物馆，八年级走进都江堰，让学生用脚步丈量家乡的土地，用智慧提出问题，用研究开拓思想。[②]

4. 志愿服务实践

在开展志愿服务实践时，学校组织开展的志愿服务活动内容和形式要与学生的年龄、能力相适应。同时，学校可以借助本校团组织、少先队组织等对学生志愿服务进行组织、实施、考核评估。在志愿服务后，学校要做好学生志愿服务认定记录，建立学生志愿服务记录档案，加强学生志愿服务先进典型宣传，使得志愿服务真正有实效。

---

① 教育部 2021 年发布的《"一校一案"落实〈中小学德育工作指南〉典型案例》。
② 教育部 2020 年发布的《"一校一案"落实〈中小学德育工作指南〉典型案例》。

例如，陕西省宝鸡实验小学成立了红领巾志愿者服务队，开展志愿服务实践。目前该校共成立了 5 个"红领巾志愿服务岗"，分别是红领巾卫生岗、队刊岗、图书岗、"助残"岗、爱心岗。每年 9 月，学校都会接收新一批志愿者加入，他们以接力的方式传承着"奉献、友爱、互助、进步"的志愿服务精神，默默地在志愿者的岗位上奉献着、锻炼着、成长着，也享受着服务他人带来的快乐，志愿服务的种子在他们心中生了根！其中红领巾"助残"岗与市爱馨心智中心建立了长期的帮扶关系，积极开展关爱残障人员的社会实践活动，已经开展活动 50 多期。①

又如，吉林省长春市第二中学通过与社区对接，秉承"奉献、友爱、互助、进步"的志愿服务精神，开展学雷锋志愿服务活动，推动学雷锋活动常态化、机制化，打造"心星"学生志愿者服务队及"心烛"青年教师志愿者服务品牌。②

(五)管理育人

管理育人是落实立德树人根本任务的一个重要环节。可以说，科学健全的管理机制是学校德育工作持续发展的有力保障。提升管理育人成效，学校必须把育人作为学校管理工作的出发点和落脚点，做到以学生发展为本，通过具有思想性、教育性和引导性的科学管理方式，寓育人于管理之中，潜移默化促进广大师生提升思想道德品质、养成良好行为习惯。因此，学校要积极推进学校治理现代化，落实《义务教育学校管理标准》的具体举措，提高学校管理水平，通过完善管理制度、岗位职责、校规校纪，加强师德师风建设等，持续进行规范管理，将中小学德育工作的要求贯串学校管理制度的每一个细节之中。

1. 完善管理制度

学校制度建设是学校管理机制的基本内容。在学校层面，学校要制定校规校纪，健全学校管理制度，规范学校治理行为，形成全体师生广泛认同和自觉遵守的制度规范。学校规章制度的制订必须以国家现行的法规、政策为依据，符合一般教育规律和管理规律，以促进学生发展为目的。在班级层面，班主任要和学生共同制定班级民主管理制度，形成学生自我教育、民主管理的班级管

---

① 教育部 2020 年发布的《"一校一案"落实〈中小学德育工作指南〉典型案例》。
② 教育部 2021 年发布的《"一校一案"落实〈中小学德育工作指南〉典型案例》。

理模式。班级制度的制定需要注意以下四方面："制度要得到学生认可；师生共同执行；要有针对性，符合学生身心发展特点以及本学段学生道德发展水平要求；制度出台后，可以配以相应的奖惩措施。"①此外，学校还要制定防治学生欺凌和暴力工作制度，健全应急处置预案，建立早期预警、事中处理及事后干预等机制，会同相关部门建立学校周边综合治理机制。

2. 明确岗位责任

学校要建立实现全员育人的具体制度，明确学校各个岗位教职员工的育人责任，规范教职工言行，提高全员育人的自觉性。学校可以结合岗位特点制定多方联动育人制度，分别针对班主任、科任教师、管理人员（书记、校长、主任）、后勤人员提出不同的育人要求，使得全校教职工都参与到德育工作中来，从而给学生提供全方位、个性化的指导。学校要发挥班级作为德育主渠道、主阵地的职能，特别重视班主任在中小学德育工作方面的重要作用。班主任作为德育实施的主体，要全面了解学生，加强班集体管理，强化集体教育，建设良好班风，通过多种形式加强与学生家长的沟通联系。当然，各学科教师也要主动配合班主任，共同做好班级德育工作。

3. 加强师德师风建设

教师承担着培养社会主义合格建设者和可靠接班人的使命，师德建设是教师队伍建设的第一要务，师德师风是评价教师队伍的第一标准。一方面，学校要加强师德师风教育，以党的建设统领师德师风建设，强化对教师的政治引领和思想引领。另一方面，学校建立完善师德师风评价制度，实行师德"一票否决制"，把师德表现作为学校年度考核、职务（职称）评审、岗位聘用、评优奖励的首要标准；培育、宣传师德标兵、教学骨干和优秀班主任、德育工作者等先进典型，讲好师德故事，弘扬师德师风。

4. 细化学生行为规范

学校要从常规工作入手，结合《中小学生守则（2015 年修订）》和学生实际制订小学生日常行为规范、中学生日常行为规范，充分发挥制度规范的激励约束作

---

① 教育部基础教育司. 中小学德育工作指南实施手册[M]. 北京：教育科学出版社，2017：173.

用，教育引导学生熟知、学习基本行为规范，践行每一项要求。同时，鼓励和推行学生进行自我管理，通过创设值周、护校、纪检等管理活动，让学生参与学校管理的各个环节，将学校制度、学生规范等内化为自己的行为准则。

5. 完善学校联系关爱机制

在中小学生群体中，存在很多特殊学生群体和特殊家庭群体。学校应加强对经济困难家庭子女、单亲家庭子女、学习困难学生、进城务工人员随迁子女、农村留守儿童等群体的教育关爱，完善学校关爱机制，及时关注其心理健康状况，积极开展心理辅导，提供情感关怀，引导学生心理、人格积极健康发展。

例如，河南省郑州市第九十三中学根据育人目标和要求，按照"高、严、精、实"四字要求，从七个方面进行精细化管理，将德育工作要求贯串学校管理制度的每一个细节之中，使管理育人更高效。学校不断推进治理现代化，提高育人管理水平。一是完善管理制度，从"工作标准、示范样本、督导办法、公示方式、考核评价"等方面细化校规校纪、学校管理制度、班级民主管理制度、防治学生欺凌和暴力工作制度、学校周边综合治理机制、全员育人制度等。二是明确岗位职责，发扬"担当、高效、卓越、和谐"的"九三"精神，在各个岗位上发挥各自育人责任。三是加强师德师风。以"三心九习"约束自己，引导教师把教书育人和自我修养结合起来，真正做到以德立身、以德立学、以德施教、言传身教、以身示范；组织"最美教师"评选，争做四有好老师，实行师德一票否决。四是规范学生行为，根据"三心九习"指标，开展每周一卡、每月一星、每学期"三心九习"之星评选活动。五是加强班集体管理，每周开展"正面管教"班会，强化集体教育，建设良好班风；各科教师坚持给每个学生谈心，加强与家长沟通联系，共同做好班级德育工作。六是创新德育方式方法，注重理论与实践相结合、育德与育心相结合、课内与课外相结合、线上与线下相结合、解决思想问题与解决实际问题相结合，不断增强德育吸引力和感染力。七是加强德育规律研究，围绕"基于因材施教的家校共育策略研究与实践"课题，探索德育实施策略和有效途径，推进立德树人落实机制和育人体系建立。①

---

① 教育部 2021 年发布的《"一校一案"落实〈中小学德育工作指南〉典型案例》。

(六)协同育人

一个人的成长离不开学校、家庭和社会，只有学校、家庭、社会志同道合，抱着一致的信念，拥有一致的目标，朝着一致的方向，学生才有可能得到健康成长和全面发展。特别是进入新时代，学校教育、家庭教育、社会教育作为现代化教育的三大支柱，分别承担着不可替代的重要作用。尤其是近几年来，教育部会同相关部门高度重视构建学校、家庭、社会协同育人工作，制定了加强学前教育、义务教育和普通高中教育等一系列重要文件，出台了《全国家庭教育指导纲要》《家长家庭教育基本行为规范》《家庭教育指导手册》，建立了一批学生社会综合实践基地、劳动教育基地、研学实践教育基地等，努力推动学校、家庭、社会协同育人。为此，学校必须积极争取家庭和社会共同支持和参与学校德育工作，形成协同育人共同体。

1. 建立家校共育机制

家庭是人生的第一所学校，是学生成长和习惯养成的重要场所。家长是孩子的第一任老师，家长的教育理念、教养方式和自身言行都对学生产生潜移默化的影响。学校可以从三个方面加强家校合作，完善家校协同育人机制，引导家长注重家庭、注重家教、注重家风。第一，建立家校合作机制，通过建立家长委员会、家长教师协会等工作机制，鼓励家长积极参与学校管理，为学校建言献策，提供志愿服务，协调学校(教师)和其他家长之间的关系，及时反映家长意见和建议等。第二，建立家校沟通机制，可以通过家长会、家访、家长开放日、家长接待日、家长志愿者、家校沟通本、班级日志等多种形式、多种平台积极主动地与家长沟通，建立与家长的联系，进而带动家长参与到学校教育中，形成相互配合和相互支持的双向沟通模式。第三，加强家庭教育指导，可以在每学期期初、期中、期末等相对固定的时间，定期对家长进行培训；可以通过建立家长学校，设计家庭教育课程，开发家庭教育教材和指导手册，对家长进行培训；还可以采用线上线下相结合，分学段、分类型等多种形式、多种内容的多元化培训方式对家长进行家庭教育指导，提高家长教育能力；也可以向家长推荐优秀书籍、学习资源，鼓励家长利用工作闲暇时间自主学习家庭教育方面的知识，从而更好地履行家庭教育责任。

例如，天津市和平区万全小学构建家校协同发展体系，共建协同育人的生态圈。第一，学校确立了"同道　同责　同构　同力"的家校合作模式，以骨干带动全员的方式，构建了家校联盟的"135"组织结构。"1"是指教育议事会，促进家校社的联动互通，实现学校的开放管理和谐发展。"3"是指三级家校协同委员会，参与教育教学活动的监督、评价、建议。"5"是指5支家长义工队，发挥优势，各司其职，服务教育。第二，学校建立了家校协同育人的制度保障和评价保障，制定了《和美家微信群公约》《家长义工职责》等30多个制度流程，设计了8种评价方式："温巢课程"集赞卡，家长参与课程得印章，累计印章获得天津市家庭教育指导中心颁发的家长合格证；优秀家长通行证，家长凭证一年内可享受随时进校的"特权"；学爸学妈小奖状，采用双线颁奖形式，家长会上为家长颁奖，学生的个性化结业式上为获奖家长的孩子颁奖；和美家长登海报，校园内展示优秀家长与孩子的合影；家庭成长档案，跟踪记录；班级活动传递卡，保证了家长人人有机会走进学校；毕业感恩VCR，记录家长与学校的六年点滴；感动万全颁奖礼，每年一期。第三，学校通过"建立中心，开发课程，创新培训"协同推进家庭教育的专业化发展。学校成立和美家教育指导中心，开发和美家特色课程——温巢课程，通过"家长也上学"的方式打造家长成长学院，分为线下"和美课堂"和线上"和美网校"。"和美课堂"课程分模块分年级分系列设置，每周五下午举行，单周是家长课堂，双周是亲子课堂。"和美网校"是线上专属网络家庭教育课堂，课程分年级设置了必修课和选修课，授课内容采用案例与方法相结合，通俗易懂，可操作性强。家长实名登录，通过观看视频—课后答题—考核评分的过程完成学习。线上与线下课程相得益彰，深受家长欢迎。再有，学校多措并举，畅通家校沟通渠道，鼓励家长参与学校教育工作。例如，公开校长邮箱，巧用公众号平台，定期定栏目推送家教内容，开展"家长支招"征集，邀请家长参与监督，组织家长沙龙、优秀家教分享会，开展亲子活动，建立家庭教育漂流日记，设立家长开放日，举办"家长与校长、议事委员面对面"大会，开展教师家庭教育指导案例评选等。家校协同发展使家庭与学校共同承担起教育学生的责任，共同构建起五育并举、立德树人的生态圈。①

2. 建立社会共育机制

加强学校与社会的合作共育是教育改革发展的必然趋势，是实现立德树人

---

① 教育部2021年发布的《"一校一案"落实〈中小学德育工作指南〉典型案例》。

根本任务的重要途径。学校要重视社会实践在学生成长中的作用，积极主动构建社会共育机制，搭建社会育人平台，建立多方联动机制。

为此，学校要主动联系本地宣传、综治、公安、司法、民政、文化、共青团、妇联、关工委、卫健委等部门、组织，实现社会资源共享共建，净化学生成长环境。学校要加强与社区机构的交流与合作，充分发挥社区教育资源的特殊作用，形成密切合作的社区教育工作机制，为学生提供实践活动场所。学校要与周边的图书馆、博物馆、科技馆、纪念馆、文化馆、体育馆等社会公共文化场所建立密切联系，为学生社会实践提供丰富资源。学校还要注重发挥党政机关和企事业单位领导干部、专家学者以及老干部、老战士、老专家、老教师、老模范的作用，组织丰富多彩的社会实践活动，助力学生健康成长。

例如，北京市海淀区教师进修学校附属实验学校开设了富有挑战的学术课程、高品质的艺术课程、丰富的综合实践课程、追求卓越的领导力课程，涵盖人文与社会，生化与环境，数理与工程，经济与管理等各领域。在学校的课程体系中，学生特别喜欢的课程，除体育类、艺术类、综合类的课程外，还有"学术荣誉课程"，学校走进清华、北大、中科院等高校及研究机构，开设了"材料成形与 3D 打印""动物基因工程""昆虫学""典型生物材料力学性能研究""空气与飞行动力"等课程，这些荣誉课程学期之初需要"抢"，学期之中需要"研"，学期之末需要"辩"，使得学生们走进高校和科研机构，追随专业导师，在研修学习过程中，践行科学人文精神，提高各项素质能力。[1]

在建立社会共育机制的同时，学校要充分发挥学生成长实践大课堂作用，真正统筹利用好社会各类资源，特别是红色教育资源、劳动教育资源，为强化实践育人创造有利条件，更好地教育引导学生听党话、跟党走，更好地培养学生的社会责任感、创新精神和实践能力。

例如，北京一零一中学实行"校外辅导员＋社会基地"制的学生实践模式。学校充分发挥"名人效应"的正面示范作用，聘请十九届中央候补委员、北京知识产权法院副院长宋鱼水为学校法制校长，聘请航天英雄杨利伟、景海鹏、王亚平、深潜英雄唐嘉陵，央视主持人白岩松、敬一丹，艺术家六小龄童等人作为学校的校外辅导员，他们多次到校与学生进行交流，为学生提供了丰富的人

---

[1]　2017 年北京市中小学班主任队伍建设优秀成果。

生智慧。学校通过多种途径整合社会资源，建立了 100 多处学生社会实践基地，既有爱国主义教育基地圆明园、三一八烈士墓、侵华日军南京大屠杀遇难同胞纪念馆、中国人民抗日战争纪念馆等，又有弘扬中华优秀传统文化的海淀稻香湖非遗文化科学城、苏州昆曲院、梅兰芳大剧院等；既有代表中国科技先进水平的企业、航天员中心等，又有反映基层生活的福缘门社区、青龙桥派出所、风华打工子弟学校、海淀区绿化队等；既有满足学生不同职业体验需求的学校、医院、科研单位、创业中心、部队院校等，也有让学生有不同人生阅历的松堂临终关怀医院、聋儿康复中心、国家地震紧急救援训练基地等。在这些实践基地中，学生们培养道德认知、陶冶道德情感、规范道德行为，不断增强社会责任感和历史使命感。[①]

总之，学校要加强与家庭、社会有关方面的沟通，积极主动争取家庭、社会等对学校工作的支持，及时听取有关方面的意见，更好地使学校、家庭、社会协同育人科学化、常态化、制度化，共同培养德智体美劳全面发展的社会主义建设者和接班人。

六、全面落实德育支持保障

德育工作需要学校从全局考虑，将德育摆在突出重要的位置，加强组织领导、条件保障、队伍建设、督导评价和德育研究，从而促进和保证学校德育工作有效常态开展。

(一)组织领导

在组织领导方面，各级教育行政部门要把中小学德育工作作为教育系统党的建设的重要内容，摆上重要议事日程，加强指导和管理。中小学校要建立党组织领导的校长负责制，形成党组织主导、校长负责、群团组织参与、家庭社会联动的德育工作机制。学校党组织书记和校长要亲自抓德育工作，规划、部署、推动学校德育工作落到实处。

---

① 陆云泉. 整合优质教育资源 构建社会共育机制——北京一零一中学开展学生思政工作的实践与思考[J]. 思想政治工作研究，2020(1).

第一，学校党组织要充分发挥政治核心作用，切实加强党对学校德育工作的领导。加强党对教育工作的全面领导是办好教育的根本保证。学校要积极推进党建工作与德育工作的深度融合，坚持把政治标准和政治要求贯串学校德育全过程各方面，坚持社会主义办学方向，落实立德树人根本任务，团结带领全校教职工推动学校改革发展，培养德智体美劳全面发展的社会主义建设者和接班人。

第二，校长在学校党组织领导下，依法依规行使职权，按照学校党组织有关决议，全面负责学校的教育教学和行政管理等工作。学校党组织书记和校长要组织开展德育工作，研究、拟订、执行学校德育工作计划和实施方案，推动学校德育工作落到实处，同时做好条件保障、队伍建设、督考评估等各项工作。

例如，湖南省常德市武陵区育英小学成立了落实《中小学德育工作指南》(简称《指南》)实施方案领导小组，负责《指南》的宣传、学习和实施、检查、评价，并建立和完善校长负责，分管校长、德育主任、德育专职人员、班主任和少先队干部为骨干，师生代表、家委会代表、社区代表参与的学校德育工作领导机构，完善运行和管理机制，构建学校、家庭和社会三位一体的德育网络。①

第三，学校要完善党建带团建机制，加强共青团、少先队建设，在学校德育工作中发挥共青团、少先队的思想性、先进性、自主性、实践性优势。

第四，学校要加强家庭社会联动机制建设，以学校教育为主阵地，充分调动发挥家庭教育与社会教育的力量和资源，形成学校、家庭、社区、社会育人合力。

(二)条件保障

在条件保障方面，学校要利用各种资源和方式改善学校办学条件，完善基础设施建设，提供德育工作必需的场所、设施等。学校要注重以文化人，丰富和完善校园文化建设，体现"处处是德育、处处有德育"。

例如，上海市奉贤区曙光中学为丰富"红色精神培育"德育校本课程资源，探索建立"一馆九室一基地"的校内场馆，并通过"红色艺术长廊"形成九室联动

---

① 教育部2021年发布的《"一校一案"落实〈中小学德育工作指南〉典型案例》。

的特色资源聚合。"一馆"即"洪炉"校史馆。"九室"即"九个专题教室"——"红书法"专题教室、"英雄史诗 长征精神"专题教室、"长征"专题教室、"光荣之路 中国革命史"专题教室、"党旗飘扬"专题教室、"关注民生"专题教室、"依法治国"专题教室、"时代强国"专题教室、"大美中国"专题教室、陶瓷文化馆。"一基地"即"农耕实践基地"。①

再如,上海市南洋中学在场地保障方面充分做好校内、校外和专业场地三类保障。一是校园景观提供"基础"保障:校园中从"百年碑廊"的名人题词到"先驱园"的烈士铜像,到红色基地南中博物馆、"上海南站铁路文化园",再到"团圆钟"都成为学校德育的物化资源。设境导学也体现在校园建设中:教学区组成"中"字,寓意"中不偏,庸不易",两侧为正反的"问"字;生活区为"人"字,寓意"以人为本,立德树人"。校园教学区中建筑设计格局,体现着深厚的校园文化底蕴,是中国近现代教育史的一个写照、一个缩影。二是校外场馆提供"助力"保障:现与学校签署爱国主题场馆的有侵华日军南京大屠杀遇难同胞纪念馆、龙华烈士陵园、上海公安博物馆、巴金故居等;与学校签约志愿服务基地的有上海市公安博物馆、上海昆虫博物馆、余德耀美术馆等;与学校合作共建场馆的有淞沪抗战纪念馆、上海市历史博物馆、上海玻璃博物馆、笔墨博物馆、交大校史博物馆、董浩云航运博物馆、中华艺术宫、武康大楼、宋庆龄故居、黄兴故居、北平研究院旧址、上海电影博物馆、上海博物馆等;除这些场馆外,与学校长期合作的单位还有龙华美术馆、斜土街道、敬老院、龙华街道、宛南幼儿园、爱心暑托班、阳光之家、瑞金医院、悦苗残疾人寄养园等。三是心理咨询室提供"专业"保障:学校在自主楼一层打造600平方米的心理健康教育中心。学校心理中心是徐汇区未成年人心理辅导中心分中心,设施完善,共建多个功能室,包括标准化心理咨询室、心理辅导活动室、心理探究室、多功能训练室、心理阅览区、自我悦纳室、沙盘游戏室、身心反馈放松训练室、宣泄室等。②

此外,学校应做好经费保障,要将德育工作经费纳入经费年度预算,做好日常经费收支监督和审查,确保各项工作能顺利开展。

---

① 教育部2021年发布的《"一校一案"落实〈中小学德育工作指南〉典型案例》。

② 教育部2021年发布的《"一校一案"落实〈中小学德育工作指南〉典型案例》。

(三)队伍建设

　　教育大计，教师为本。有好的教师，才有好的教育。《中小学德育工作指南》明确提出，各级教育行政部门和学校要重视德育队伍人员培养选拔，优化德育队伍结构，建立激励和保障机制，调动工作积极性和创造性。要有计划地培训学校党组织书记、校长、德育干部、班主任、各科教师和少先队辅导员、中学团干部，组织他们学习党的教育方针、德育理论，提高德育工作专业化水平。因此，中小学校要根据学校发展计划，统筹规划德育队伍人员培养选拔和使用，优化德育队伍结构。

　　建设高素质专业化教师队伍，关键是提升教师素质能力。学习和培训是提升教师素养的最主要途径，学校要有计划、系统地对全体教职员工开展德育培训，针对班主任、思政课教师、德育干部、少先队辅导员、团干部等德育教师进行党的教育方针、德育理论学习，定期组织德育教研活动和交流活动，从而提高教师队伍的思想政治水平和德育工作水平。德育工作中，班主任的作用十分重要，为确保学校德育工作顺利、特色开展，班主任队伍建设是非常重要的一部分。

　　例如，北京市朝阳师范学校附属小学致力打造教师成长绿色通道，建立师资队伍生态系统。在班主任队伍建设上，学校聘任责任心强、业务能力高的教师担任班主任工作，并打造"青年班主任成长营""骨干班主任发展团""特色班主任工作坊"等班主任成长通道，鼓励班主任主动发展、自主发展、特色发展。"青年班主任成长营"的成员是工作时间6年以内的青年班主任，每月会为他们提供"成长必修课"，包括班级管理、班级活动、家校沟通、师生关系等内容的培训课程，助力青年班主任专业成长。"骨干班主任发展团"面向工作满3年，有意愿在班主任领域持续发展的班主任，学校会为他们提供课题研究、经验总结梳理等不同的培训与指导，助力其发展为"市区级骨干班主任"。"特色班主任工作坊"则侧重在某一领域有研究特色的班主任，如开办班级杂志的史晓琳老师、带领学生画班级成长绘本的李虹老师、建设"闪亮星星班级"的张宇老师、打造"爱乐园"的张彦老师、和学生写悄悄话的马红芳老师等，学校为他们提供校内交流展示、外出兄弟学校讲学等平台，助力其实现特色发展。①

---

　　①　教育部2021年发布的《"一校一案"落实〈中小学德育工作指南〉典型案例》。

再如，上海市奉贤区曙光中学积极搭建各类平台开展校本培训，努力提升教师的育人理念。学校注重德育课程师资的培养，现有"红色精神培育"德育校本课程的科任老师 33 名。同时，学校先后同上海市社会主义学院、上海青年干部学院青年研究中心、华东师范大学、华东理工大学等高校、院所签订合作协议，聘任专家、教师 15 名，来校作指导工作。为践行全员育人理念，学校推进曙光中学学生人生导师制度，全体教师积极参加，从学习习惯、行为表现等方面助力学生健康成长。学校还坚持班主任校本培训，加强班主任队伍的建设，采用多元的培训形式，不断提高班主任校本培训的效率和质量，提升班主任的德育能力及班级管理的效能。此外，学校配有劳动教育专任教师 3 人，劳动教育兼职教师 15 人，注重搭建交流展示平台，助推优秀教师成长。①

学校要建立激励和保障机制，切实提高教师待遇，增强教师工作的积极性和创造性。如可以增加教师在德育工作中的奖励基金，探索与科任教师等同的职称评定系列，制定德育工作考核机制并把考核结果作为奖励和职称评聘的重要依据，完善表彰奖励机制，对在德育工作中表现突出的教师进行宣传表扬。

德育是一项系统性工程，是育人和育才相统一的过程。学校要充分调动班主任、科任教师、德育干部等学校工作者自觉担负起立德树人的责任和义务，形成学校育人共同体，构建全员、全过程、全方位育人格局。

(四)督导评价

推进学校德育体系建设，学校要将评价与改进纳入整体计划，以立德树人为根本任务，不断增强科学性，形成"计划—实施—评价—改进"的学校德育工作循环改进模式。学校德育工作评价可以从学生、教师和德育工作本身三个层面开展。对学生来说，主要是制定、完善、更新学生管理和评价机制，建立学生综合素质档案，做好学生成长记录，根据每个学生评价结果，制定改进措施，提出提升目标。对教师来说，主要是从德育课程的掌握程度以及德育内容的结合程度，德育方法运用情况等方面，引导教师重视德育，从而开展正确的德育。对学校德育工作本身来说，则是以学生发展为评价标准，做好德育方案效果的检验和修正。

---

① 教育部 2021 年发布的《"一校一案"落实〈中小学德育工作指南〉典型案例》。

例如，浙江温州大学城附属学校的"四同评价体系"以德育为先，课程为基，四大路径、二十大活动为载体，覆盖"厚德""善习""行健""大方"四大品质，分全学科评价、过程性评价、阶段性评价、终结性评价，涉及学科、体艺、公益、研学等。"四同"包括"同德""同学""同行""同乐"，分别代表"厚德""善习""行健""大方"4 类品质。每一类下面又涵盖 6 个递进式的分奖章，由学生按年级段申领。比如，"同德章"下包含一年级"立德章"、二年级"明德章"、三年级"承德章"、四年级"广德章"、五年级"养德章"、六年级"同德章"。每个月大队部开放一次自主申报机会，符合条件的学生都可自荐；每学期末，一至三年级学生只要获得同类别 2 枚奖章，就可申报"四同少年"中的单项，四年级以上获得 6 次单项称号的可以申报"四同少年"，获得 12 次单项称号的可以申报"谐同少年"。不仅是评价形式和过程的转变，该校人人都是评价者，每位教师及工作人员手中都有"四同奖章"，能做到随时随地评价。比如，中午就餐时，遵守秩序的学生就能获得食堂工作人员奖励的一枚"同德章"。随着年级段升高，奖章数目也在增加，最终达到人人都是"四同少年"的目标，这让每一名学生都能"跳一跳摘到果实"，目标可期，动力便足。①

再如，重庆市人民小学对德育评价体系进行系统化改革，构建及推行"五星好少年"学生评价体系，并在此基础上建立个人评价、班级评价、教师评价三维一体化的系统性评价机制，力求达到指标明确、构筑合理，既符合教育评价的基本规律，又传承学校红色基因，实现家校社联动，体现德智体美劳五育并举的全面发展需求。在不断搭建评价机制、过程运行与结果输出的过程中，查找管理漏洞，健全德育管理机制，规范学校治理行为。在评价指标方面，"五星好少年"个人评价体系，从学校 20 世纪末践行的"学习、生活、活动"三维度评价，对标《义务教育学校管理标准》，将评价标准拓展到了"品格成长、自主学习、身心健康、热爱生活、热爱劳动"五个评价维度，并分为了 26 个小维度，同时以个人的德智体美劳全面发展作为评价体系的总目标。在 26 个小维度里，学校紧跟新时代的步伐，弱化对学生成绩、比赛、奖项的要求，把标准放到了学生思想、学习、艺术、体格、自律、劳动、公益等维度上考查。"五星好少年"个人评价体系不仅是深挖学校红色基因凝结而成的智慧结

---

① 教育部 2021 年发布的《"一校一案"落实〈中小学德育工作指南〉典型案例》。

果，是与《中小学德育工作指南》的要求严格嵌合、相生相成的，更在五育并举的基础上张扬学生个性，助力他们个人发展。在评价方式方面，一是改变单一的评价对象，不仅是学生评价、教师评价，而且让家长、社会成员参与其中；二是从唯结果论过渡到过程性评价中去，以观察法、大数据法等跟踪每次活动的走向，利用大数据和物联网系统实时记录生成报告手册。在评价体系方面，学校在"五星好少年"评价标准的基础上，联动个人评价、班级评价、教师评价三维德育评价，搭建系统性评价体系，几者具有较强交互性、关联性、互动性。由于班级评价紧紧挂钩学生个人评价与教师评价，使得班主任全面了解学生，出台班级民主制度，加强班集体管理，树立良好班风。各科教师也主动配合班主任，共同维护班级秩序，做好班级德育工作。学生个人评价作为教师评价与班级评价的基础，深刻加强学生与班级之间的凝聚力，拉近学生与教师之间的距离，形成良好的师生关系与班级风貌。[①]

(五)德育研究

学校要积极组织力量开展中小学德育工作研究，探索新时期德育工作特点和规律，创新德育工作的途径和方法，定期总结交流研究成果，学习借鉴先进经验和做法，增强德育工作的科学性、系统性和实效性。

为做好德育研究，学校要积极搭建研究平台，强化教师尤其是德育人员的研究意识，提高研究能力；将科研经费纳入学校经费，为开展研究提供资金保障；还可以聘请德育方面的专家学者，围绕学校德育工作中遇到的问题开展研究，实现以研促教。

七、形成学校德育工作特色

德育工作特色是学校在长期办学实践和德育工作中逐步形成的，具有独特、稳定、优质等特质，是通过校情、学情、社情，办学理念，德育目标、德育内容、德育途径、德育管理、德育效果等多方面综合体现出的德育工作特点。它是一个学校特有的、优于或区别于其他学校的德育风格的体现，是学校

---

① 教育部 2021 年发布的《"一校一案"落实〈中小学德育工作指南〉典型案例》。

教师队伍整体状况和德育工作特点情况的体现，也是学生个性形成及学生群体特点的综合反映。每个学校都有属于自己的时代德育特色。

例如，广东省肇庆市颂德学校是在端州区委、区政府为切实解决城区基础教育学位紧缺开展的大型募捐活动中筹建的。学校自2008年开办以来，以"全人教育"思想为指引，"立德·感恩"为办学理念，以立德教育为主线，以感恩教育为特色，开展"立德修身，感恩成长——做一个知书、明礼、勤学、创新、担当的颂德好少年"的育人主题教育。学校以文化、课程、活动、实践、管理、协同等六方面作为"颂德文化"德育建设的途径：一以"颂德文化"建设，陶冶师生情操；二以"4＋3颂德文化"课程，促进学生个性发展；三以"颂德文化"特色活动，塑造师生健全人格；四以"颂德文化"课堂实践，促进师生共同发展；五以"颂德文化"管理评价，激发师生能动性；六以"颂德文化"辐射，家校社区三合一协同，推进学校可持续发展。进而提炼出未成年人思想道德建设"1·2·3·4·5"德育工作亮点工程——开展"一班一名片"班级特色建设；借助"千师访万家"的家访行动，组织两项德育宣传进家园活动；构建家校社区三位一体的志愿者服务；拓展城市少年宫体验类特色、文体类特色、科技类特色、学科类特色4类特色社团活动；开发"知书篇""明礼篇""勤学篇""创新篇""担当篇"5大系列校本课程。让每一位教师在实施"颂德文化"教育的过程中获得发展，让"立德修身，感恩成长"教育成为学校的文化内涵，形成学校"立德·感恩"的办学特色，让每一位学生在接受"立德修身，感恩成长"教育的过程中幸福快乐健康地成长，成人成才。①

再如，辽宁省沈阳市第三十八中学建于1955年，学校将雷锋精神转化为教育的方法与育人的指向。自1985年与抚顺雷锋班开展共建活动至今，在办学实践中，坚持"用雷锋精神建校育人"，形成了学校鲜明的立德树人工作特色。学校坚持"以人为本、以德治校、和谐发展"的办学理念，提出了"追寻雷锋足迹、践行雷锋誓言、弘扬雷锋精神"的校训，引领学校工作从多个方面弘扬雷锋精神，培养合格公民。第一，以人为本：雷锋精神的实质是助人为乐和全心全意为人民服务，其精神内涵是"上"与"善"的人生态度与价值取向。"以人为本"传承雷锋精神，引导树立向上向善的理想信念。遵循教育规律和学生

---

① 教育部2020年发布的《"一校一案"落实〈中小学德育工作指南〉典型案例》。

特点，关注教师的专业发展和学生的精神成长，坚定文化自信与五育并举，推进学校以雷锋精神为引领的教育教学实践。第二，以德治校：以德修己，以德育人。用雷锋精神的道德文化力量引领学校发展，切实抓好德育工作，把雷锋精神作为师生灵魂的坐标、道德的天平，不断完善师生的人格，使之成为品德高尚、博学多识、服务社会的创新型人才。第三，和谐发展：关注个性发展，用雷锋精神引领师生进行自我观照。以"见贤思齐"为座右铭，做雷锋精神传承的种子，师以做塑造学生品格、品行、品味的"大先生"为职业追求，生以做社会主义的建设者和接班人为人生目标，实现师生的全面发展。雷锋作为时代的楷模，体现出我国当代社会理想、信念、社会主义核心价值观与传统文化的高度凝结统一；示范了如何发挥个体成长内在的主动性，成长为一个阳光健康、全面发展、高素质的人。以雷锋精神作为德育工作的载体，可以让德育内容更具中国文化含量，更具生活亲和度，可以形成德育内容的高站位、低重心，可以促进和生成德育工作的实效性。①

总之，学校德育工作特色的形成是一个长期渐进的生成过程，一旦形成就具有相对稳定性。学校要以科学的教育思想和办学理念为先导，根据时代特征和社会发展需要，不断创新德育工作，形成学校德育工作特色。第一，学校要加强顶层设计，整体构思，科学规划。根据学校定位和发展特点，制定特色德育工作方案，明确德育目标、德育内容、德育途径、德育管理方式等，将德育工作方案和实施计划纳入学校整体工作方案和计划当中。第二，仅有方案和计划还不够，更要切切实实将德育工作方案计划落实到学校各项具体活动之中，并做好支持保障措施，同时在具体实施过程中要做好监督评价，及时扬长避短，巩固提高，改进完善，在实践中逐步形成学校德育工作特色，实现以特色德育推动提升学校整体德育质量和水平。

建立了系统、完善、常态开展的学校德育体系，就从宏观层面为班级育人提供了一个良好的发展环境；反之，班级育人体系、专业支持体系、班主任队伍保障体系的建立也为学校将德育真正落实到学生身上提供了便利。

---

① 教育部2021年发布的《"一校一案"落实〈中小学德育工作指南〉典型案例》。

第五章　构建校外保障体系：营造促进班主任队伍建设的良好生态

在本章中，梳理了班主任队伍的整体构成情况和队伍建设现状；探讨了如何全面加强班主任队伍建设，并从校外保障体系建设和班主任自我成长两方面进行分析。班主任队伍建设在研修培训、激励机制、管理保障机制等方面对班主任的支持措施还有待进一步加强。为全面加强班主任队伍建设，一方面，国家、社会等要为班主任队伍发展构建一个校外保障体系，通过加强班主任培养和研修、优化班主任工作管理机制、提高班主任地位和待遇、加大优秀班主任表彰力度、形成全员育人工作格局为班主任队伍提供重要的外在支持保障和专业成长平台；另一方面，班主任自身要树立自我成长的意识和付诸相应的行动，这是推动班主任专业发展的重要内在动力。从一定意义上讲，抓好班主任队伍建设就抓住了学校办学的关键环节，就抓住了教师队伍建设的关键因素，就抓住了对学生教育引导的骨干力量。

进入新时代，人民对公平而有质量的教育的向往更加迫切，我国教育事业发展已经进入全面提高质量、着力促进教育公平、建设科技强国、人才强国和教育强国的新阶段。面对新方位、新征程、新使命，全面加强教师队伍建设的重要意义越加凸显。班主任作为高素质德育队伍的主力军，必须要加强班主任队伍建设，促进班主任队伍专业发展，才能提升学校育人、班级育人质量和水平，才能将立德树人的根本任务真正落实。

第一节　班主任队伍建设现状

根据 2022 年教育事业发展统计数据，全国中小学班级数为 452.3897 万个。教育部要求学校为每个班级至少要配备有一名班主任，而且许多学校还配备有一名副班主任，全国班主任总数已超过 452 万人。班主任队伍在不断壮大，作为学校德育的骨干力量，班主任队伍建设现状需要得到重视，以进一步加强班主任队伍建设，打造高素质创新型班主任队伍。

一、班主任队伍的整体构成特征

北京教育科学研究院班主任研究中心于 2015 年开展"全国中小学班主任工作现状调查研究"，选取北京、上海、天津、重庆、吉林、河南、陕西、福建、广东、江西 10 省市进行问卷调研，调查结果显示，全国中小学班主任队伍总体情况为：学历较高，年富力强，性别差异较大，职称以中级为主，是全国中小学教师队伍中有朝气的骨干力量，能够担负起立德树人的教育重任。被调查的 10 个省市中小学班主任在学历、年龄、职称、教龄等方面情况如下。[1][2]

学历方面，中专及以下学历的班主任占调查对象的 1.0%，大学专科学历的班主任占 17.5%，大学本科学历的班主任占 77.7%，研究生及以上学历的班主任占 3.7%。从任教学段来看，小学班主任学历在大学专科以上的占

---

①　耿申．我国中小学班主任工作现状及对策[J]．教育科学研究，2018(11).

②　赵福江，刘京翠．我国中小学班主任工作现状问卷调查与分析[J]．教育科学研究，2018(11).

98.2％，初中班主任学历在大学本科以上的占 91.0％，高中班主任在大学本科以上的占 97.7％。

年龄方面，25 岁及以下的班主任占 7.5％，25～30 岁（含）的班主任占 18.3％，30～35 岁（含）的班主任占 23.5％，35～40 岁（含）的班主任占 27.6％，40～45 岁（含）的班主任占 15.1％，45 岁以上的班主任占 8.0％。可见，25～45 岁的中青年教师已成为班主任队伍的主力军，占到了调查对象的 84.5％。

教龄方面，从教 6～20 年的班主任占 60.4％。一些区域性调查结果与此数据大体相近。北京市 2011 年调查显示，该市从教 6～20 年的班主任占 63.7％。广州市 2013 年调查显示，该市从教 6 年以上的班主任占 85.2％。成都市 2015 年调查显示，该市从教 6 年以上的班主任占 83.01％。有较为丰富教育经验的教师是班主任队伍的主力军。

班主任年限方面，班主任年限在 5 年以下的占 31.2％，5～10 年的占 21.5％，10 年以上的占 47.3％，多数班主任具有较为丰富的班主任工作经验。

性别方面，班主任的男女比例为 27.3∶72.7，其中小学男女教师比例为 13.4∶86.6，初中为 39.3∶60.7，高中为 55.3∶44.7。尤其是小学班主任男女比例差别过大。大城市情况更为严重，北京、上海中小学班主任男女比例达到 17∶83 的程度。中小学班主任性别比差异远远大于中小学专任教师的性别比例，且学段越低差异越大。调查显示，2013 年全国小学专任教师男女性别比为 39.33∶60.67，初中为 48.3∶51.7，高中为 50.16∶49.84。

职称方面，小学 80.8％的班主任为小学一级和小学高级教师，中学 78.4％的班主任为中学二级和一级教师。

任教学科情况方面，班主任多由基础学科（语文、数学、英语）教师担任。其中，语文教师担任班主任的占 49.9％，数学教师担任班主任的占 28.0％，英语教师担任班主任的占 13.3％。

二、班主任队伍建设现状和问题

班主任是落实立德树人根本任务的关键岗位，同时班主任所承担的责任、任务和压力又大；面对这一现实问题以及教育领域的诸多新变化、新问题和新要求，班主任队伍建设的现状如何？文献研究显示，在研修培训、激励机制、管理保障机制等方面对班主任的支持措施还有待进一步加强。

(一)研修培训缺乏实效

　　加强班主任培训是有效提高班主任工作质量的基础，也是促进班主任队伍专业化的有力举措。2006年教育部实施《全国中小学班主任培训计划》，规定"今后凡担任中小学班主任的教师，在上岗前或上岗后半年时间内均需接受不少于30学时的专题培训"。此后，我国中小学班主任岗位培训制度开始建立。2009年，教育部颁布的《中小学班主任工作规定》指出："教育行政部门和学校应制订班主任培养培训规划，有组织地开展班主任岗位培训。"进一步在政策层面细化了班主任岗位培训制度。在《中小学班主任工作规定》的有力推进下，很多省市自治区也都结合本地实际制定了班主任培训制度，绝大多数省市都实行骨干班主任培训制度，一些省市实行班主任全员培训制度。在实践层面，不少省市通过定期组织班主任基本技能或基本素质大赛等丰富培训内容和形式。2021年教育部举办了首届全国中小学班主任基本功展示交流活动，2023年确定每两年举办一次。北京市、上海市、江苏省等还在探索班主任培训的系列化、制度化和专业化问题。此外，多数地区成立了班主任专委会，一些地区为优秀班主任建立班主任工作室、班主任工作坊。班主任专委会和班主任工作室等为班主任交流经验、研讨问题提供了专业平台。目前大多数地区都在鼓励这项新生事物的发展，一些地区(北京、上海、江苏、广州等)还在尝试将班主任工作室制度化的探索。

　　然而，当前常态化、系统性、有针对性的研修机制在整体上还存在不足，妨碍了班主任培训的实效，致使部分班主任面临自我发展的困境，其经验和能力难以得到进一步提升。2015年的"全国中小学班主任工作现状调查研究"显示，37％的学校没有进行岗前培训；而在有岗前培训的学校中，也有52.5％的教师认为培训内容的针对性不强。这些情况很值得反思。就在职培训而言，43.8％的班主任认为培训对班主任专业成长作用很大。其中，城市班主任持此看法的多于农村班主任(农村有9.3％的班主任从未参加过培训)，担任班主任时间超过25年的群体持此看法的比例高于年轻群体，并且有高达90％的特级教师持此看法。这或许说明一方面班主任岗前培训内容和方式与初任班主任急需获得的帮助有一定距离，缺乏针对性，但培训内容经时间和实践的沉淀，后期发力的作用和效果都很大。刘科等在一项中小学班主任状况调查中认为在培训制度实施的过程中，相关部门提供的机会依然较少，即便有机会，研培的内容也相对零散、不系统，缺乏针对性与实用性；与之相对应的是，很多中小学班主任依然青睐"拿来就用"的经验、技巧与方法，对相关教育理论的深入研究重视不足，这也在很大程度上影响了班主任专业素养的提升。[1] 因此，班主任队伍培训体系还需进一步规范化、系统化，使培训真正为班主任工作提供切实有效的帮助。

(二)激励机制尚不完善

一是班主任队伍的考核和评价体系尚不完善，班主任面临职业生涯发展的困境。由于班主任的专业职称评定普遍未落实，大多数班主任的生涯发展面临着"发展无阶梯、职业无生涯"的困境[2]，其专业地位需在晋升通道中予以凸显和保障。目前，一些省市已经开始探索推行班主任职级认定，如山西省从2010年开始施行班主任职级认定，浙江省衢州市、四川省成都市等也推行班主任职级制度，三省分别将班主任职级设为3个、4个和5个等级，并与职务津贴挂钩。

二是班主任队伍的表彰奖励整体不足，影响着教师从事班主任工作的积极性。近年来，党和国家关注班主任队伍建设，不断加强对班主任的表彰力度。2018年，中共中央、国务院颁布《关于全面深化新时代教师队伍建设改革的意见》，指出："提升教师社会地位。加大教师表彰力度。……各地要按照国家有关规定，因地制宜开展多种形式的教师表彰奖励活动，并落实相关优待政策。"在基础教育质量提升的时代背景下，国家在政策层面已将班主任置于中小学教师队伍的重要位置，为班主任成长搭建了良好的制度平台。许多地区开始设立和完善班主任荣誉奖励制度。不少地区一直有班主任专项荣誉奖励，有制度性

---

① 刘科，覃珺，曹璇. 他们为何不愿当班主任——四川省成都市中小学班主任状况调查[N]. 中国教育报，2015-04-01，(05).

② 黄正平. 我国班主任工作现状分析与对策建议[J]. 教育学术月刊，2010，(03).

定期奖项，也有一次性或不定期奖励，数量庞大、名目众多。这些奖项对班主任工作均产生了正面激励作用。如北京市的"紫禁杯"优秀班主任评选活动从1987年开始举办，截至2022年已举办了35届，每届奖励400人，受奖班主任已达14000人次。但是，在班主任队伍的表彰机制方面还有很大完善的空间。成都市中小学班主任现状问卷调查的结果显示，班主任队伍整体上评优表彰的机会偏少。尤其与科任教师相比，班主任岗位评优评先的竞争更加激烈，机会更少。正是由于班主任岗位尚未形成科学而独立的考评机制，这样的结果直接导致了很多中小学班主任岗位缺乏相应的吸引力。[1] 进一步完善班主任队伍的表彰机制，提升班主任的职业幸福感，才能吸引和稳定优秀人才长期从教。

(三)管理保障不够健全

班主任作为班级的"第一责任人"，几乎承担了学生教育管理的全部任务，"已经成为对学生'样样管'的角色"[2]。然而，实现学生身心全面健康发展的目标不能只强化班主任工作，这不仅导致班主任的管理和育人工作压力过重，也割裂了科任教师教书和育人的本职。2015年的"全国中小学班主任工作现状调查研究"结果显示，班主任工作缺乏系统性支持，使得班主任常陷"孤立无援"境地。[3]

班主任工作支持系统可从国家、社会、学校三个层面来看。从国家层面来看，班主任工作支持主要来源于政策文件中的制度规定。从社会层面来看，主要包括社会对于班主任的认可，以及班主任的社会地位。从学校层面来看，主要分为五个维度，一是学校领导维度，二是家长组织维度，三是卫生保健维度，四是心理咨询维度，五是非班主任教师维度。其中，学校领导支持主要指由校长、德育主任、年级组长等构成的班主任领导支持系统，非班主任教师支持主要指与本班各科教学有关的教师群体。调查结果显示，目前班主任所能获

---

① 张聪. 班主任卓越化制度的悖论及解悖[J]. 教育学术月刊，2018(4).
② 陈桂生. 普通教育学纲要[M]. 上海：华东师范大学出版社，2009：293.
③ 赵福江，刘京翠. 我国中小学班主任工作现状问卷调查与分析[J]. 教育科学研究，2018(11).

得的支持主要来自学校领导支持和非班主任支持，另外三个维度就全国范围看尚十分薄弱，还不能对班主任工作形成强有力的支持。在遇到相应问题时，想到找心理教师帮助的班主任只有 7.7％；遇到相应问题时，想到找校医帮助的班主任只有 5.6％；遇到相应问题时，想到找家长帮助的班主任也只有 12.2％。多数班主任遇到问题主要还是求助于学校领导和非班主任教师（62.8％）。① 这表明，学校需进一步完善班主任队伍的支持体系建设，将支持系统与班主任工作进行合理、系统化的联结，为班主任提供可持续的支持保障。一些地区正在尝试班主任管理和队伍建设的制度和机制创新，如江苏省南京外国语学校仙林分校和镇江市润州区建立"班级教育小组"，所有教师都分到班级，原班主任为教育小组组长，其他教师均承担班级管理和教育任务，"全员育人"的要求从制度和组织机制上得到落实，收到良好效果。

第二节　全面加强班主任队伍建设

教育是国之大计、党之大计。教师队伍建设在新时代教育发展中得到格外关注。习近平总书记就新时代教师队伍建设问题发表了系列重要讲话。2013年 9 月，习近平总书记在致广大教师的慰问信中明确要求："各级党委和政府要把加强教师队伍建设作为教育事业发展最重要的基础工作来抓。"2014 年 9月，习近平总书记在同北京师范大学师生代表座谈时指出："教育大计，教师为本。努力培养造就一大批一流教师，不断提高教师队伍整体素质，是当前和今后一段时间我国教育事业发展的紧迫任务。"党的十九大报告明确提出："加强师德师风建设，培养高素质教师队伍，倡导全社会尊师重教。"在 2018 年全国教育大会上，习近平总书记强调："努力提高教师政治地位、社会地位、职业地位，让广大教师享有应有的社会声望。"党的二十大报告明确提出："加强师德师风建设，培养高素质教师队伍，弘扬尊师重教社会风尚。"2023 年 5 月31 日，习近平总书记在育英学校考察时强调："人才培养，关键在教师。广大教师要牢记为党育人、为国育才的初心使命，以人民教育家为榜样，以德立

---

① 耿申. 我国中小学班主任工作现状及对策[J]. 教育科学研究，2018(11).

身、以德立学、以德施教。要在全社会营造尊师重教的良好风尚，让教师成为最受社会尊重和令人羡慕的职业，努力形成优秀人才争相从教、优秀教师不断涌现的良好局面。"

中小学班主任队伍作为教师队伍的排头兵，是落实立德树人根本任务的关键岗位，是学校教育工作中的骨干力量。在新时代背景下，全面加强班主任队伍建设，构建促进班主任队伍建设的支持体系，促进班主任队伍专业素养的提升是重中之重。

班主任的职业成长是一个持续性过程，最优秀、最有经验的教师也是在不断成长前进的。班主任队伍建设就其方式而言，包括两个大的方面：一是外在保障体系，源于社会和教育发展对班主任角色与行为改善的规范、要求和期望。二是班主任内在因素，源于班主任对自我成长的不断追求与超越。

一、建立外部保障促进队伍建设

班主任队伍的持续发展，只靠班主任自身的力量是远远不够的。为班主任队伍发展构建一个外部支持体系，能够为班主任队伍提供重要的支持保障和专业成长的平台。加强班主任队伍建设的支持体系主要包括加强班主任的培养和研修、优化班主任工作管理机制、提高班主任的地位和待遇、加大优秀班主任表彰力度、形成全员育人的工作格局等方面。

(一)加强班主任的培养和研修

班主任培训是促进班主任专业发展的重要途径，无论是新任或骨干班主任都需要不断参加培训学习助力专业发展之路。教育部颁布的《中小学班主任工作规定》中指出"教育行政部门和学校应制订班主任培养培训规划，有组织地开展班主任岗位培训。教师教育机构应承担班主任培训任务，教育硕士专业学位教育中应设立中小学班主任工作培养方向。"这体现了对班主任从职前教育到在职培训的重视。

1. 建立多层次班主任培训制度

为实现班主任培训的全覆盖，并有针对性地实施培训，要建设班主任多层次、多形式的培训网络制度。如从区域划分，建立市—区—校三级班主任培训制度，实施分级组织、各负其责；从岗位职级划分，建立新任—在岗—骨干班主任梯队培养模式，有针对性地对各层次的班主任实施培训。一些省市在政策和实践中已经推行班主任多层次培训的模式。例如，2015 年，山东省教育厅、省文明办、共青团山东省委印发《山东省中小学生德育综合改革行动计划（2015—2020 年）》规定："加强班主任队伍建设。建立新任、在岗、骨干班主任梯队培养模式。制定《中小学班主任校本培训指导意见》，建立班主任校本培训制度。定期举办各级各类学校骨干班主任高级研修班。推行班主任职级制。"2018 年，中共北京市委、北京市人民政府颁布的《关于全面深化新时代教师队伍建设改革的实施意见》指出："建设高素质专业化基础教育教师队伍。完善中小学、幼儿园教师全员培训制度和分类、分层、分岗培训体系。"同年，北京市"紫禁杯"优秀班主任工作室成立，这是北京市加强班主任队伍建设的一项重要举措。工作室在每个区设立一个工作站，在中小学校设立工作坊，"市工作室—区工作站—校工作坊"三级班主任培养研修体系基本形成。通过市工作室、区工作站和校工作坊建设，积极发挥"紫禁杯"优秀班主任的示范引领辐射作用，带动本学校、本地区乃至全市班主任提高专业能力和育人水平。市工作室通过课题研究、主题研修进一步提升优秀班主任专业素养和水平，并通过开展"紫禁杯"优秀班主任大讲堂，推动工作室成员跨区、跨校交流经验，发挥优秀班主任引领辐射作用；各区工作站通过召开"紫禁杯"优秀班主任思想研讨会和经验交流会，组建"紫禁杯"优秀班主任宣讲团等宣传推广优秀班主任先进经验；各学校工作坊充分发挥"紫禁杯"优秀班主任辐射带动作用，通过经验介绍、专题指导、以老带新、沙龙研讨、微论坛等形式，帮助学校年轻班主任更好更快地成长。

2. 完善培训内容和方式

在班主任梯级培训框架之下，班主任培训的内容和方式是开展培训的重中之重。目前，由于在师范教育中普遍缺乏班主任相关课程，而非师范毕业生因未受过相关专业训练，通常更加缺乏班级管理方面的知识和技能，导致新任班主任普遍缺乏班主任工作素养和经验。班主任的在职培训也存在着针对性不强、对班主任专业发展实效性不强等问题。例如，班主任在家校合作中承担着家庭教育指导服务的职责，但目前班主任家庭教育知识和家庭教育指导的能力还较为欠缺，相关培训不够完善。有学者认为，可以将家庭教育意识和能力作为新教师准入和在职教师考核的重要内容，努力让中小学教师成为一支具有学校教育和家庭教育"双重能力"的优秀教育人才队伍。[1] 教育行政部门和各学校需着力建设班主任专业化培训体系，着力完善培训内容和方式，加强班主任培训的系统性、多元化。

各学校应将职前和在岗班主任培训纳入校本培训体系，注重了解班主任培训需求，针对职前和在岗班主任所处的不同阶段面临的主要问题，制订培训计划，明确培训目标、培训内容和培训方式。采用"工作室""工作坊"等方式加强在岗培训和研修，以同伴互助、师带徒、建立班主任专业发展共同体等多种方式加强班主任研修，为提升班主任业务能力提供专业环境，提高班主任团队的核心素养。

在省市级班主任培训方面，教育行政部门要建立班主任培训制度，形成多层次、多形式、全覆盖的班主任培训体系，制定有针对性的班主任培训内容和方式，引领班主任专业发展。

例如，北京市依托每两年一次的班主任基本功培训与展示活动，建立完善了班主任专业化培训体系，很好地带动了青年班主任的成长。该培训主要面向40岁以下的青年班主任，以培训夯实基础，以展示促进提升，不断加强中小学班主任的师德修养、专业知识、育人能力和带班水平。

再如，北京市依托"紫禁杯"优秀班主任市工作室、区工作站、校工作坊建设，建立完善了骨干班主任培养体系。北京市"紫禁杯"优秀班主任工作室形成的"市工作室—区工作站—校工作坊"三级班主任培养研修体系，通过课题研究、主题研修进一步提升优秀班主任专业素养和水平，很好地发挥了优秀班主任的辐射作用。下面的北京市"紫禁杯"优秀班主任工作室2020年课程设置表，有很好的借鉴意义(见表5-1)。

---

① 高书国. 覆盖城乡的家庭教育指导服务体系构建策略[J]. 教育研究，2021，42(1).

表 5-1 北京市"紫禁杯"优秀班主任工作室 2020 年课程设置

课程模块	课程安排
课题研究课程	小课题研究之如何选题
	小课题研究之选题论证
	小课题研究之开题论证
	小课题研究之中期交流
	小课题研究之总结交流
主题研修课程	在反思中成长——带班经验的总结与梳理
	在管理中育人——让班级管理充满教育性和人文性
	近小亲实——如何开有意义有意思的主题班会
	在活动中育人——班级系列活动的设计与实践
主题研修课程	在文化中育人——基于整体规划的班级文化建设
	家校协同——家校共育的理性认识与实践
	在写作中成长——如何撰写教育案例
现场宣讲课程	市工作室与区工作站联动，以大兴区为示范，开展"紫禁杯"优秀班主任讲堂活动
	市工作室与区工作站联动，以丰台区为示范，开展"紫禁杯"优秀班主任讲堂活动
	借助区工作站、校工作室平台，各组学员分区开展宣讲活动

(二)优化班主任工作管理机制

班主任队伍的管理是加强班主任队伍建设的重要部分，围绕班主任队伍专业化发展，应进一步加强班主任评价考核制度和人性化的支持保障。

1. 完善班主任评价考核制度

2018 年，《中共北京市委 北京市人民政府关于全面深化新时代教师队伍建设改革的实施意见》实施，为班主任考核制度明确了方向。文件提出："进一步完善职称评价标准和方式，建立符合各级各类教师岗位特点的考核评价指标体系和考核评价机制，坚持德才兼备、全面考核，突出教育教学成效和实际贡献，引导教师潜心教书育人。加强聘后管理，激发教师的工作活力。完善相关政策，防止形式主义的考核检查干扰正常教学。不简单用升学率、学生考试成绩等评价中小学教师。"班主任岗位需要建立起相应的考核评价指标和机制，避免形式化的考核。

在考核评价机制方面，目前的考评内容多关注班主任工作的结果，而忽视了班主任在不同时期的付出和努力，忽视了班主任平时的思想工作，还需要进一步平衡好过程性评价与结果性评价。考评方法以量化考核为主，多主体多角度的量化与质性相结合的考评较少，尤其是教师对自身的自我评定，而忽视班主任个体性的评价标准极大挫伤了班主任的工作热情。考核评价方式要坚持阶段性评价与终结性评价相结合，定量评价与定性评价相结合，自评与他评相结合，要广泛听取学生、教师、家长及社会的意见，要着眼于对班主任个人发展进行引导①，不断促进班主任专业成长与发展，推动班主任队伍建设科学化、规范化。

在考核结果的运用方面，目前的班主任考核评价注重奖惩性评价，而评价结果往往是聘任、奖励和职务晋升的重要依据，更多的作用是使教师达到最低的评价标准，而难以促进其自觉向优秀发展。② 相对于面向过去的奖惩性评价，班主任更需要一种着眼于未来的发展性评价，注重对班主任努力程度的评价，以提升班主任的专业能力、促进班主任职业发展为目标，以真正达到评价的目的。因此，考核的目的应当不仅是奖惩，更重要的是以考核促进教师专业发展。

2. 提供人性化支持保障

现实中的班主任工作具有内容的多重性、关联的广泛性、问题的复杂性与责任的重大性等特点。③ 班主任自身的工作状态和心理需要得到关注。研究发现，班主任主动就职的意愿并不高，班主任工作时间长、管理任务重、工作压力大已成为普遍现象，尤其是安全责任压力成为班主任的第一大压力源，班主任工作缺乏系统性支持，常陷"孤立无援"境地。④ 现代教师管理呼唤温情的、

---

① 饶玲. 小学班主任工作状况和专业发展需求的调查与分析[J]. 教育学术月刊，2008(6).
② 李春玲. 试论发展性教师管理[J]. 教育理论与实践，2004(9).
③ 李静美，邬志辉，王红. 新形势下中小学班主任工作状况的调查与反思[J]. 现代教育管理，2017(11).
④ 赵福江，刘京翠. 我国中小学班主任工作现状问卷调查与分析[J]. 教育科学研究，2018(11)：38-43.

关心人的非理性管理方式。① 因此，实行人本管理不仅是优质教师管理的必然要求，更是班主任工作的现实需求。

若要让班主任成为令人羡慕的岗位，需要更加注重情感激励，在刚性制度的基础上实施柔性管理。教育行政部门和中小学校应树立为班主任提供服务的意识，而不是简单的任务取向，如此才能够让教师愿意从事班主任工作。

各校应进一步为班主任工作提供支持，包括关心班主任的身心健康，建立心理健康支持系统，及时了解他们在工作和生活中遇到的困难和问题，切实为班主任排忧解难；完善学校突发事件的应急处理系统，学校卫生保健和心理学教师要为班主任提供必要的协助，避免班主任安全责任无边界的问题，为班主任减轻工作负担和心理压力；建立班级和校级家委会，为班主任和家长的沟通搭建平台，促进良性家校关系的建立。例如，2014 年青岛市教育局发布的《青岛市中小学班主任工作创新实验区实施方案》规定："关注班主任身心发展，提高班主任职业幸福感。积极采取措施，关注班主任身心状况，减轻班主任工作压力，提高班主任职业幸福感。定期组织班主任心理沙龙、拓展训练等活动。学校心理辅导室每周定期对班主任开放。鼓励班主任学习心理学知识，考取心理咨询师资格证，所需经费由学校承担。"

(三)提高班主任的地位和待遇

2018 年颁布的《中共中央 国务院关于全面深化新时代教师队伍建设改革的意见》，指出要不断提高地位待遇，真正让教师成为令人羡慕的职业。在班主任工作作为班主任教师主业的前提背景下，现行的班主任的待遇保障制需进一步完善。

1. 保障班主任政治地位

班主任作为班级的管理者和组织者，是中小学生思想道德教育的主力军和健康成长的引领者，是沟通学校、家庭和社会协同育人的桥梁，是实施素质教育、落实立德树人根本任务、培养德智体美劳全面发展的社会主义建设者和接班人的骨干力量。由此可以看出，班主任工作不仅是一份专业性很强的工作，

---

① 耿申. 我国中小学班主任工作现状及对策[J]. 教育科学研究，2018(11).

更是一份政治性很强的工作。

为保障班主任的政治地位，相关部门应加强政策要求，从制度上要求广大班主任把树立坚定的政治意识放在首位，在思想信念、道德品质、敬业精神和工作作风上与党的教育方针政策保持高度一致，自觉肩负起为祖国培育人才的神圣使命，不辜负党和人民的重托，在教书育人中体现自己的人生价值。从政策上规定把班主任工作作为主业，培养敬业爱岗，有理想信念、道德情操、扎实学识、仁爱之心的"四有"好教师，不断提高工作水平。从规范上加强班主任的师德修养，引导班主任热爱学生、尊重学生、理解学生、宽容学生，以自己的学识、品行和人格影响和塑造学生，利用各种机会对学生开展思想道德教育，做好学生健康成长的引路人。

同时，班主任队伍的思想素质、专业能力等直接影响素质教育效果和学校教育水平。没有一支精干的班主任队伍，学校教育难以真正落实。因此，并不是任何教师都能胜任班主任工作。相关部门和学校要认真对待班主任的选拔工作，选优配强班主任队伍，选派政治素质好、业务水平高、责任心强、有奉献精神的优秀教师担任班主任。这是做好学校德育工作的前提，也是落实立德树人根本任务的关键。

2. 保障班主任专业地位

为保障班主任专业地位，可以进一步探索建立班主任职级序列和落实班主任职称评定的双通道制度。

第一，班主任职级制是促进班主任主业地位和专业化的有力措施。教师担任班主任一职的总体意愿比较低，班主任岗位存在吸引力危机，可探索实施班主任职级制，根据班主任的任职年限、管理表现等，将班主任分为不同级别，并享受不同的津贴待遇和发展空间。近年来，山东、江苏、山西、河北等地的一些中小学校，探索和推行班主任职级制，通过建立不同的职级培养序列，激励班主任的工作热情，提高班主任的专业地位。以山东省为例，2014 年 11月，青岛市教育局发布《青岛市中小学班主任工作创新实验区实施方案》，建立初级班主任、中级班主任、高级班主任三个职级序列，职级评定综合考虑班主任工作年限、工作成绩、个人业务能力等。并且班主任职级序列与班主任津贴挂钩，规定："班主任津贴的 70％按月发放，其余 30％由学校根据班主任职级及考核情况，制定津贴发放办法。"2015 年，山东省教育厅、山东省文明办、共青团山东省委颁布《山东省中小学生德育综合改革行动计划（2015—2020年）》，提出"加强班主任队伍建设。建立新任、在岗、骨干班主任梯队培养模式。推行班主任职级制。"

第二，落实班主任职称评定的双通道制度，在职称体系中给予班主任职称相同的地位。班主任职级改革是推进班主任专业化的有力举措，但与正规职称评定制度相比，其影响作用还比较有限。耿申认为，要提高班主任的专业地位，在中小学教师职称的专业构成中增设"班主任"专业系列，允许班主任自己选择职评专业系列。同时在已经固化下来的"特级教师"及各级"学科教学带头人"和"骨干教师"荣誉体系中，增加"班主任"系列，并给予与学科相同的比例和待遇，允许班主任自己选择参评学科。[1] 目前班主任职称评定制度尚在探索，近年来已有省市在政策中推行相关的政策。例如，2018 年宁波市颁布《关于加强中小学班主任队伍建设的实施意见（试行）》，规定落实班主任职称评定的双通道制度，既可选择参评学科专业系列，又可选择参评德育系列。

3. 保障班主任经济地位

在研究中发现，绝大部分中学班主任都是在承担了学校正常甚至超额教学工作量的基础上来开展班级教育和管理工作。而班主任津贴还普遍较低，班主任的付出与待遇不成正比。[2] 中国教育追踪数据（2013—2014）分析显示，初中班主任群体中职称高的比职称低的具有更高的工作满意度，而初中班主任最不满意的则是目前的薪酬待遇。[3] 因此，还应进一步保障班主任的经济地位，保证班主任队伍的稳定。

在绩效工资方面，教育行政部门出台了不少政策，完善班主任待遇保障机制。2018 年 1 月，《中共中央 国务院关于全面深化新时代教师队伍建设改革的意见》提出完善教师收入分配激励机制，有效体现教师工作量和工作绩效，绩效工资分配向班主任和特殊教育教师倾斜。2019 年发布的《中华人民共和国教

① 耿申. 我国中小学班主任工作现状及对策[J]. 教育科学研究，2018(11).

② 赵福江，刘京翠. 我国中小学班主任工作现状问卷调查与分析[J]. 教育科学研究，2018(11).

③ 潘云华，张瑞博. 初中班主任工作满意度影响因素的多层分析——基于中国教育追踪数据（2013—2014）的应用[J]. 教育学术月刊，2017(5).

师法(修订草案)(征求意见稿)》中提出"绩效工资分配应当坚持多劳多得、优绩优酬，并体现对优秀教师、班主任等特定岗位教师的激励"。2020年12月中共中央、国务院印发的《深化新时代教育评价改革总体方案》也提出绩效工资分配要向班主任倾斜，要向教学一线和教育教学效果突出的教师倾斜。近年来，一些省市规定了根据班主任年限逐年增加奖励津贴的规定。2018年，中共宁波市委教育工委、市教育局发布《关于加强中小学班主任队伍建设的实施意见(试行)》，规定："建立健全班主任岗位月津贴发放制度，可按照教师职务结合担任班主任的年限逐年增加班主任津贴。有条件的学校也可设立班主任学年工作奖，不断增强班主任岗位的吸引力。"2019年，苏州市人民政府颁布《市政府办公室关于进一步加强苏州市中小学班主任激励机制建设的若干意见》，规定"增设班主任年限奖励。设立班主任专项奖励资金，每年奖励担任班主任累计达到一定年限的在任班主任。倡导阶梯式按年限分档次，年限越长，奖励越多，鼓励更多教师尤其是优秀教师长期担任班主任工作。奖励经费由各级财政承担，不计入绩效工资总额。"

(四)加大优秀班主任表彰力度

为进一步加强班主任的荣誉感和职业幸福感，使班主任岗位真正成为让人羡慕的岗位，各地各校要构建优秀班主任表彰体系。对长期从事班主任工作且贡献突出的教师，不仅要加大物质奖励力度，同时还要对其进行精神奖励，授予荣誉称号。①

1. 建立班主任表彰制度

建立完善的表彰制度是促进表彰实施的重要保障。许多省市已经制定了表彰制度，并起到了良好的表彰作用。以北京市为例，北京市的班主任的表彰奖励体系包括：每年开展一次的"紫禁杯"优秀班主任、"学生喜爱的班主任"、班主任队伍建设优秀成果评选，三年开展一次的中小学骨干班主任评选等表彰机制。"紫禁杯"优秀班主任和"学生喜爱的班主任"以评选为点，辐射至表彰、奖励、宣传、宣讲典型经验等层面，形成了立体化的工作体系，形成了"市—

---

① 杜时忠. "班主任制"走向何方？[J]. 教育学术月刊，2016(11).

区—校"三级联动的表彰机制，带动各区各校开展优秀班主任、学生喜爱的班主任评选，不断增强广大班主任的使命感、荣誉感。此外，青岛市实行首席班主任制度，《青岛市中小学班主任工作创新实验区实施方案》提出："为鼓励班主任长期连续担任班主任，学校对于连续担任班主任10年以上特别优秀的班主任可聘为首席班主任并在津贴等方面落实好相关待遇。"

2. 发挥优秀班主任的示范作用

通过宣传先进班主任典型事迹、建立名校班主任工作坊等方式，使优秀班主任发挥更大的引领示范作用，带动班主任团队的共同成长。例如，2020年，宁波市北仑区教育局颁布《加强中小学班主任队伍建设的实施意见》，提出"健全班主任评优激励措施。建立功勋、优秀班主任荣誉系列评选体系，并从中遴选推荐宁波市'功勋'、'十佳百优'班主任。加强对'功勋、十佳、百优'班主任先进事迹宣传，并录入班主任培训平台专家库。发挥其榜样激励和典型示范作用，营造以从事班主任工作为荣的良好氛围。学校在奖励性绩效工资、职称(职务)晋升、评优评先等方面，要向担任班主任特别是长期担任班主任的教师倾斜。"

(五)形成全员育人的工作格局

班主任协同各方教育力量开展工作不仅是班主任工作的现实需求，也是育人的必然要求。学校应当建立健全学校全员育人体系，构建育人共同体。

1. 建立教师集体育人机制

2021年11月29日，教育部发布《中华人民共和国教师法(修订草案)(征求意见稿)》，其中第三条指出"教师承担着为党育人、为国育才，立德树人，培养德智体美劳全面发展的社会主义建设者和接班人、提高民族素质的崇高使命。"教师是塑造灵魂、塑造生命、塑造人的工作，只教书、不育人的老师是不合格的。

在全员育人的背景下，教育主体将从班主任走向教育群体，形成教师育人共同体。如同马卡连柯所说："哪里教师没有结合成一个统一的集体，哪里也就不可能有统一的教育过程。"学校应当以班主任作为主导者，以班级为平台，以学生成长为目标组织协调科任教师共同参与学生教育管理，建立一种合作型教师团队，达成人人都是德育工作者的理想，促进全员德育的发展以及育人目标的实现。

第一，班主任要协同科任教师育人。班主任与科任教师应当形成一种合作互助的伙伴关系，为学生发展共同协作。完善的教师育人共同体，一是建立协作育人机制，完善制度保障。如建设班级教育小组集体负责制，班主任和科任教师的育人力量紧密联结于班集体中，将育人作为共同目标并依此行动。二是教师群体应当实现资源共享。班主任要站在整个育人体系的视角下协同科任教师，着眼于促进人的发展，与科任教师及时沟通、集体教研、资源共享。三是教师群体应当具有一种专业发展的自觉。对于科任教师而言，从教学走向教育是一个不断专业成长的过程，对于班主任而言，应当主动构建学习共同体，帮助科任教师胜任育人工作，共同促进育人目标的实现。

第二，学校要建立健全学校心理健康教育和卫生保健体系，建立健全心理辅导室和卫生保健室，配备专业心理教师和卫生保健教师，负责协助各班主任共同做好学生心理和生理教育工作，推动建立教师、学校育人共同体。

2. 建立家校社协同育人机制

家庭是孩子成长的启蒙场所，家长是孩子的第一任老师。著名心理专家郝滨曾说"家庭教育是人生整个教育的基础和起点"，在人的一生中起着奠基的作用。促进孩子的健康成长是学校、家庭和社会一致的目标和共同的责任。爱普斯坦提出的交叠影响域理论认为，家庭、学校和社区一起对子女的教育产生交叠的影响。2017年《中小学德育工作指南》提出"坚持协同配合。发挥学校主导作用，引导家庭、社会增强育人责任意识，提高对学生道德发展、成长成人的重视程度和参与度，形成学校、家庭、社会协调一致的育人合力"。而家校社协同育人共同体是以班级为平台，以班主任为中心，协同家长和社会共同参与教育的育人方式。

新时代，家校双方参与家校合作的程度不断深化，学生的健康成长需要家校双方提高"跨界"参与的意识和能力，通过家长参与学校教育和学校指导家庭教育，发挥家校共育的最大合力。一方面，学校要建立健全家长委员会，为家长与学校的密切协作提供载体和制度保障。另一方面，班主任要与家长建立将心比心的教育伙伴关系，形成互信共生的家校育人共同体。在家校合作中常常会面临复杂处境，需要双方能够用更加长远、理性和负责任的思维来处理问题，运用他者思维审视自身行动的后果。家长和学校基于相互理解与尊重，才能建立一种平等而自由的对话，达成责任共识，最终实现"帮助儿童理解和扮演好孩子、好学生和好公民三重角色"的共育目标。[①]

社区作为外部支持力量能够为促进家长参与和孩子的健康成长发挥重要作用。科尔曼的社会资本理论揭示出家长因自己的子女与社区内其他家长之间的同代交流，可以形成一种支持性社群，促进孩子的学业发展。班主任可以充分利用社会教育资源，如引导家长参加社区家长学校，学习家庭教育知识；引导学生参加社区相关活动；组织学生参加校外教育机构，如少年宫、图书馆、博物馆等；引导学生担任社会活动志愿者等。

同时，学校也要在构建育人支持体系的基础上，争取来自教育政策、教育理论、社会力量、社会舆论环境等方面的支持，一道促进班主任工作有序地稳步推进。[②]

二、增强内在动力促进专业成长

班主任树立自我成长的意识和付诸相应的行动是推动专业发展的重要内在动力，包括班主任以学习、反思和研究促进自身专业成长。

(一)以学习促进班主任成长

夸美纽斯曾说过："不学无术的教师，消极地指导别人的人是没有躯体的人影，是无雨之云，无水之源，无光之灯，因而是空洞的。"[③]班主任工作是一种专业性很强，并且需要高度创造性的工作。教师要想胜任班主任工作，不仅需要职前的专业教育和师范培训，更需要在其职业生涯中不断学习。面对当前和未来社会日新月异的变革和知识、观念的不断更新，班主任必须树立终身学习的观念，才能应对工作中出现的新问题和新挑战，以科学的教育理念指导自

① 康丽颖. 家校共育：相同的责任与一致的行动[J]. 中国教育学刊，2019(11).

② 赵福江，李月，龚杰克. 构建以班主任工作为核心的学校德育工作体系[J]. 教育科学研究，2021(8).

③ 夸美纽斯. 教师职业道德修养[M]. 上海：华东师范大学出版社，1985：128.

身教育实践。

1. 学习的内容

班主任是教育职责的首要承担者，也是关心学生全面发展的"第一责任人"。在日常工作中，班主任面对的是求知欲旺盛的中小学生，如果知识储备不丰富，则会影响对学生的教育指导工作。因此，作为班主任，必须具备全面而合理的知识储备，包括广博的科学文化知识、扎实的学科专业知识和系统的教育学、心理学及相关学科知识。

一是广博的科学文化知识。教师是引领学生走进五彩缤纷世界的重要他人，班主任作为与学生距离最近、接触时间最长的教师，更要肩负起全心全意做学生锤炼品格、学习知识、创新思维、奉献祖国的引路人的责任。作为班主任，在日常工作中不仅要教好课，还要组织、指导和参与班级的各项工作和活动，还常常要面对诸多兴趣各异的学生的"十万个为什么"，班主任只有具备广博的科学文化知识，才能解答或引导学生探究其心中的疑惑，满足学生的求知欲，不至于在一些问题面前"汗颜"，这也是树立班主任权威的良好契机。当然，人精力的有限性决定了一个人所了解的知识不可能面面俱到，但是有意识地学习、弥补自己的欠缺是十分必要的。

二是扎实的学科专业知识。精通任教学科的专业知识是每一位教师的责任，我们常常看到因为教师精湛的学科知识和教育魅力而点燃了学生浓厚的学习兴趣的例子，教师的知识越丰富，视野越宽广，越能唤起学生的学习兴趣。作为班主任，大多要承担一门学科的教学工作，因此，班主任要扎实学科知识，并且关心、了解学科的热点问题和前沿知识，并将知识融入自己的教学中。

三是系统的教育理论知识。班集体建设、学生适性指导和家校社教育沟通协调都需要班主任掌握教育学、心理学及相关学科的知识。班主任不断更新自己的教育理念、教育体系，有助于在系统而完备的科学理论的指导下全面做好教学和育人的职责。

四是相关教育政策和文件要求。进入新时代，班主任要重视学习教育方针政策，把握新时代要求和教育改革发展趋势，并将教育方针政策与自己的工作相结合，更好地指导自身教育实践。

2. 学习的途径

班主任学习的途径主要有四大方面，在阅读中学习、在交流中学习、向学生学习、参加研修培训。

一是在阅读中学习。苏霍姆林斯基认为"读书，应是教师重要的生活状态"。对于教师而言，读书不仅是精神生活的重要内容，更是专业发展的一条捷径。一名优秀的班主任一定是一个真正的读书人。通过持之以恒的广泛阅读，能够不断丰富精神世界，修炼高尚人格，积累教育理论知识，更新教育思想。然而，当前教师阅读状况不容乐观，很多老师忙于教育教学和日常事务性工作而很少读书。朱永新教授曾指出，缺乏闲暇、缺乏环境、缺乏需要，是教师远离阅读的三大原因。因此，班主任要有意识地培养良好的读书习惯，让读书成为一种生活状态，成为滋养自身专业成长的源源不断的精神养料。

例如，薄老师在史铁生的《我与地坛》里找"静气"："教师的工作是忙碌的，且不说备课、上课、批改作业，与学生交流、与家长沟通，诸多突如其来的检查、评比、竞赛，就让不少老师忙于应付。当下班悠扬的铃声响起，猛然间，发现忙忙碌碌了一天后，一叠练习卷还没有批改，一沓作文正等待评阅。匆匆装进双肩背包，将'作业'带回家中，锅碗瓢勺洗洗涮涮之后，打开台灯，继续未完的'作业'。灯火阑珊处，人星稀疏时，扭扭僵直酸疼的脖子，看看大功告成的'作业'，捧起《我与地坛》，斜倚在床头，空气是静的，心情是静的。尘器、浮躁一起抛掷九霄云外。此刻，灵魂停下，可以静静聆听自己心灵的声音。"①

上面案例中的班主任就将读书视为一种快乐的体验、一种在忙碌生活中静下心来与自己心灵对话的过程，因而能获得心灵的滋养。对于不同的班主任来说，阅读的喜好和需求各不相同，存在因人（个性）、因时（教龄）、因事（活动）而异的情况。在广泛涉猎之余，也要根据教育科研需求有侧重点地进行阅读，比如，经典教育理论专著、教育家专著、教育类学术刊物等。所谓与书本"对话"、与专家"对话"，就是班主任在学习的过程中，对其中精彩的理论、话语作进一步的思考，有助于促进教育反思，形成自己的教育理念。

---

① 薄伟英. 读书·养"气"[J]. 班主任，2015(7).

二是在交流中学习。与同行交流是班主任获得教育经验的重要来源。有研究表明，新信息、新理念和反馈的获得，不仅来自个体的学习，而且很大程度上来自教师之间的对话与互动。班主任之间的交流探讨，能够促进班主任团队的共同进步。班主任应当向同事的先进经验学习，高层次的工作经验往往是经过理论"洗礼"的综合成果，它往往在一定程度上已经归纳出教育的客观规律。而且，同事的经验来自相仿的教育环境，对于自己的教育实践更有借鉴意义和价值。但是，这些经验的真正价值，在于班主任对这些经验的思考，并非全盘将其用到自己的教育实践中，而是要提炼出其中值得借鉴的教育思想，以及对自己的工作和研究很有价值的范例。

例如，田老师善于向同事学习，有效解决了本班学生的问题。田老师曾听一位年轻班主任介绍经验时说，班里有一成绩优秀学生，争强好胜，心胸狭窄，嫉妒心很重，经常与比自己优秀的同学闹矛盾，弄得同学关系紧张，多次谈心都不起作用。一天放学，该老师把这个学生叫到办公室。老师用钢笔在纸上画了一长一短两条线，要求学生在一分钟之内把长线变短，条件是不能把纸弄破弄脏。学生拿起橡皮就擦，纸都被擦破了，也没有把长线变短。这时，老师拿起笔在短线的一端画了一下，长线顿时变短了，学生的眼睛亮了！看着目瞪口呆的学生，老师说，把"长线变短"的最好方法就是"把短线变长"。别人超过了你，嫉妒、生气、吵架都没有用，最有效、最简单的方法是发展自己，使自己变"长"！学生恍然大悟，从此嫉妒变成了竞争，对手变成了朋友，内耗变成了双赢。听了这位老师的经验介绍，正为不知如何解决班里类似学生问题的田老师如醍醐灌顶一般，运用此方法后，效果很不错。①

三是向学生学习。我国自古以来就重视教与学相互促进的关系，"教学相长"一词深刻揭示了教与学之间相互依存、相互促进的辩证关系，应当成为教师自身专业成长的教育原则之一。陶行知先生提出"向学生学习"的教育思想："我们最注重师生接近，人格要互相感化，习惯要互相锻炼。人只晓得先生感化学生锻炼学生，而不知学生感化先生锻炼先生力量之大。"教育不仅是教师单方面的培育、引导，也是学生对教师的感化与鼓舞。班主任要以平等的态度与学生相处，学会向学生学习，相互帮助、共同成长。

---

① 田丽霞. 善于学习，做眼界高远的有识人[J]. 班主任，2012(11).

四是参加研修培训。班主任研修培训为班主任之间搭建了一个很好的交流平台，有助于班主任的教育理念的提升和班主任团队的共同发展。随着中小学班主任队伍专业化建设的不断推进，班主任研修培训的覆盖面也愈加广泛。2018年北京市班主任工作现状调查显示，九成以上的学校能够开展班主任研修，近七成学校能够定期开展。班主任要积极参加研修培训，通过如专家讲座、共同阅读、集体研讨、经验分享、专业写作、成果展示等形式多样的研修形式，在专家引领、集思广益、互相借鉴的过程中自觉走向班主任专业化成长之路。

（二）以反思促进班主任成长

反思是教师职业发展的决定性因素。美国心理学家波斯纳提出了教师成长的公式：成长＝经验＋反思。这意味着，如果一个教师仅仅满足于经验而未对经验进行深入思考，则不会有什么改进。教育反思，就是班主任把自己作为研究的对象，研究、反省自己的教育实践、教育观念、教育行为及教育效果，以对自己的教育观念进行及时的调整。或者说，反思是指班主任在自己的教育实践过程中，批判地考察自己的行为，通过回顾、诊断、自我监控等方式，或给予肯定、支持与强化，或给予否定、思索与修正，从而不断提高其效能。① 通过反思，班主任才能不断寻求新的工作内容与工作方法，根据自身优势和学生特点，富有创造性地开展班级活动，实现合理的班级管理，胜任班主任的工作。

1. 反思的内容

班主任反思的内容大致可以分为理念反思、角色反思、言行反思、方法反思等。②

第一，理念反思。班主任要反思自己的教育观念及教育行为。班主任既要考虑如何培养满足社会需要的人才，又要考虑如何更好地实现人的全面发展，使学生身心及个性得到健康发展。班主任要对自己的班级观、学生观、协同观进行反思，从而不断改进自身教育理念，使教育实践达到更好的效果。

---

① 齐学红. 班级管理[M]. 北京：北京师范大学出版社，2015：244.
② 齐学红. 班级管理[M]. 北京：北京师范大学出版社，2015：245.

第二，角色反思。班主任担当的角色呈现出多样化趋势，班主任是落实立德树人根本任务的关键岗位，不仅是知识的传授者，还是班集体建设、学生健康成长、家校协同育人的指导者、引领者和组织者。在多重角色下，班主任更需要反思自身在教育实践中不同角色的优劣得失，不断提升班主任职业的专业性，以担当起新时代赋予班主任的责任使命。

第三，言行反思。班主任的一言一行都潜移默化地影响着学生。班主任自身作为一个鲜活的、完整的生命个体，其"身教"对学生成长的作用比其他方式更为直观和深入。班主任应通过榜样示范引领学生成长，以自己的高尚品格和教育魅力促进学生健康成长。

第四，方法反思。在具体教育实践中，教育方法并无一定之规，班主任要依据教育情境选择适用的教育方法，这就需要班主任经常对使用的方法进行反思，反思方法背后的理念是否符合教育规律、成效是否显著、是否有其他更好的教育方法等。通过对方法的反思，班主任才能够逐步从感性经验上升为理性认识。

2. 反思的途径

在班主任工作中，反思的方式多种多样，在日常工作中反思、在学习中反思和在研究中反思是最基本的三种反思途径。

第一，在日常工作中反思。美国学者舍恩提出"反思性实践"的思想，认为真实的教育情境充满着"复杂性、模糊性、不稳定性、独特性和价值冲突"，是实践的"不确定地带"，对于处于这一地带中的问题，教师不能仅仅是被动地运用教育理论，也不能机械地重复事先已有的教育计划，而是需要"在行动中的反思"。[①] 班主任在日常工作中经常面临复杂境遇，需要在教育情境中不断采取智慧性行动。若要不断提高自身的工作能力、获得专业成长，就需要在日常工作中及时进行反思。班主任教育的对象是独特的生命个体，需要班主任根据不同学生的不同个性、特点采取适切而有效的教育方法，而同一种教育理念或方法也许不能有效地指导不同情境的教育实践。此外，班主任在教育教学中积累的教育经验并不一定就是科学的，只有通过在实践中不断反思，才能寻找到

---

① Donald A. Schon. The Reflective Practitioner: How Professionals Think in Action[M]. New York: Basic Books, 1983: 39.

真正符合教育理念或教育规律的教育方法。

例如，缪老师对自身教育理念进行反思后发现，"教师当久了，师道尊严的思想渐渐影响了我，表现为：我经常会用自身的地位优势压服学生。比如，和学生谈话时，如果他们的观点不符合我的思想，都会被我'晓之以理'地劝服。于是，学生开始封闭自己，久而久之，离我越来越远"。通过反思，缪老师发现一味地要求学生顺服，失去了与学生真诚的交流。于是，缪老师试着学会倾听，将说话的主动权还给学生，学生慢慢开始和缪老师接近了。缪老师把说话的权利还给了学生，换来他们的自尊意识，换来师生之间的相互尊重，这归功于反思习惯带来的收获。①

这则案例中，缪老师没有基于长期的班主任工作经验而故步自封，而是通过反思自己的教育理念，在实践中改进教育方法，营造出更加和谐的师生关系和更加团结的班集体。

第二，在学习中反思。学习是班主任的一种生活状态。班主任在其职业生涯中不断丰富自己的知识结构、理论体系才能够适应新时代发展的新要求和新变化，从而胜任班主任工作。那么，反思就应当是班主任在学习中的一种基本的意识，也是培养独立思考能力的重要方式。只有伴随着反思的学习，才能将新知识、新理念与自己原有的经验相结合，对学习到的教育理念或做法形成自己的判断，从而弥补自己在某方面意识和能力上的不足，不断促进自身教育理念和教育体系的完善。

第三，在研究中反思。20世纪70年代中期，斯滕豪斯提出"教师即研究者"的观念，对班主任专业化发展具有指导意义。提到研究，许多班主任就会有畏难情绪，认为自己难以胜任研究工作。其实不然，研究不一定要以建构一套系统的理论体系为目标，不一定要以纯理性思考的方式进行，它可以是对一个教育案例客观而深入地剖析，也可以是对一种教育现象冷静而理性地反思，更可以是对一条教育原则独辟蹊径地诘问。教育研究过程中，班主任要时常对自己的研究进行理性的审视和考评，在研究中培养反思意识，可以加强批判性思考的能力，不断地提升课题研究的质量和层次。

---

① 缪兴秀. 教育反思：班主任成长的阶梯[J]. 班主任，2010(5).

(三)以研究促进班主任成长

"教师即研究者"已成为教师专业发展的重要趋势。班主任的工作对象是有着不同的家庭背景、成长经历和性格特点的学生，因此，并无统一的工作方法可以套用。班主任要在教育实践中敏锐地观察、判断自己的教育行为，将教育研究与自身的教育教学工作紧密结合，通过研究不断反思、及时改进自己在工作中的问题，达到更好的教育效果。

1. 研究的内容

在班主任工作中，时时处处都不缺乏研究的素材。班主任应该研究、能够研究、需要研究的问题很多。首先，师生关系是教育科研中的基础性问题，实践中处理师生关系问题的核心人物正是班主任。在处理师生关系的实践过程中，不仅有故事和经验，更有方法和理论值得探讨。其次，教育实践中，集体形成、个性发展、班级管理和教育方案的实施等，涉及诸多变量，班主任最有条件对各变量间的相关性开展研究。最后，关于班级评价的研究重心目前都放在外部评价上，但真正让班级评价起到促进班级发展作用的研究应该是以班主任为评价主体的班级内部评价。[①]

2. 研究的途径

一是教育写作。教育写作是班主任进行研究的途径之一，也是促进班主任专业成长的重要方式。在班级这一研究场域中，班主任每天都能够获得真实、鲜活的一手资料。当班主任以研究的态度从事班主任工作时，自然就能够获得自身成长。班主任要立足班情学情，善于发现班级生活和学生成长中的问题，以问题就是选题的态度正确看待问题。班主任可以将平时工作中积累的个体经验以教育故事的形式写下来，对采用的教育策略进行深刻反思和理论分析，形成案例＋反思的写作形式。通过坚持教育写作，有助于班主任将感性经验升华为理性方法，不断更新自己的育人理念体系，达到一种专业自觉，从而以更加智慧的教育思想指导实践。

例如，李老师接手新班后每日记录班级成长日记，边写作，边思考，进而

---

① 象贤君. 班主任该研究什么问题[J]. 班主任，2017(7).

收获了自我专业的成长。班级刚刚组建时，各种问题层出不穷。在那些手忙脚乱的日子里，李老师边实践、边阅读、边思考、边写作。李老师每天记录的班级日记或教育随笔是与实践相随、与阅读同行、与思考为伴。这种带有鲜明的人文风格与个性色彩的研究，是一线教师结合自己的实践进行教育科研的最佳方式。李老师在写作中总结出自己的困惑，又带着困惑和问题去读书、实践，于是深切领悟了"民主""平等""爱心"等概念。班级生活中遇到重大事件，李老师让学生们一起讨论商量，举手表决，少数服从多数。学生在民主生活里学习民主，提高了自我教育能力。李老师的工作越来越顺手，班里每个学生都能找到归属感，学生的个性都能被同学包容，同时也被共同制定的班规约束，班级凝聚力越来越强。①

李镇西老师曾说："如果我们把教育实践看作'采矿'的话，那么，写作就是一种'提炼'。"班主任通过写作，整理、反思、总结自己的教育经验，能够对自己的教育得失有比较清醒的认识，对教育的本质以及教育科学规律有相对正确的理解与把握，对每一天的工作有一种持续不断的动力与激情。

二是课题研究。班主任面对教育课题研究常常感觉心有余而力不足，其实班主任在教育研究中有先天的优势条件。相比科任教师，班主任在教室中与学生相处的时间更长，与家长沟通协作的程度更深，班主任拥有最佳的研究机会。班主任可研究的课题很广泛，如着眼于班主任工作的核心内容，即对班集体建设、学生适性指导、教育沟通协调进行研究；或针对教育理论、教育政策进行研究等。但无论是何种选题的课题研究，都是发现问题、分析问题、解决问题的过程，因此，班主任要从教育问题出发，带着问题意识进行研究。

例如，王老师带班13年来坚持做研究型班主任，做理论研究。王老师的研究内容主要有两方面：一是阅读、整合、内化大量的理论文献；二是试图对班主任工作现存的基本问题进行解答。王老师一是将日常工作作为课题。如"个性化学习模型推荐"研究课题，给每个学生提供个性化的学习帮助；学生信息收集系统的建模研究，明确要收集的学生信息的类型；家长参与课程设计系统的建模，研究家长参与课程设计的意义、途径、内容与实施策略；学生的学习记录与使用系统的建模，研究学生如何记录自己的学习情况，教师怎样收集

① 李迪. 学习中的"渐悟"和"顿悟"[J]. 班主任，2010(9).

学术的学习过程情况，教师如何分析、使用这些学习记录。二是将班集体的成长作为课题。班集体作为一个生命群体，在班级中的学生成长有个性化的需求，更有共性的要求。把学生共性的需要整合起来，用课程开发的形式开发给学生就形成了各个班级的"班本课程"。三是将每个学生作为课题。王老师在征得全班学生的同意后，结合每个学生的个性特点、学习水平、思维品质等具体情况，给每个学生确立了一个符合其实际的科研课题，并把学生也纳入了研究体系，与学生一起研究他们的成长。[①]

总之，班主任要不断认真学习，掌握教育规律，努力提升道德修养和专业学识，充分发挥教育智慧，创造性地做好育人工作，做好学生锤炼品格的引路人、学习知识的引路人、创新思维的引路人、奉献祖国的引路人，努力成为新时代教师队伍中的先锋模范。

---

① 王立华. 做研究型班主任：演绎中国岗位的美丽[J]. 班主任，2011(2).

参考文献

［1］赵静. 论"班主任制"［D］. 上海：华东师范大学，2008.

［2］璩鑫圭，唐良炎. 学制演变：中国近代教育史资料汇编［M］. 上海：上海教育出版社，1991.

［3］朱有瓛. 中国近代学制史料［M］. 上海：华东师范大学出版社，1990.

［4］杜时忠. "班主任制"走向何方［J］. 教育学术月刊，2016(11).

［5］刘英杰. 中国教育大事典［M］. 杭州：浙江教育出版社，2001.

［6］杨同芳. 中学训育［M］. 上海：世界书局，1941.

［7］宋思荣，章咸. 中华民国教育法规选编：1912—1914［M］. 南京：江苏教育出版社，1990.

［8］陕西师范大学教育研究所. 陕甘宁边区教育资料：小学教育部分上［M］. 北京：教育科学出版社，1981.

［9］《中国教育年鉴》编辑部. 中国教育年鉴：1949—1981［M］. 北京：中国大百科全书出版社，1984.

［10］李伟胜. "班主任制"的多种探索：深层因素与发展趋势［J］. 中小学管理，2012(10).

［11］班级顾问制课题组(王俊月执笔). 没有班主任班级设顾问：前门小学班级管理模式改革［J］. 北京教育，2000(7).

［12］付辉. 中小学班主任制度变革的新进展与前瞻［J］. 教育学术月刊，2016(11).

［13］汪丞. 班主任制的最新进展［J］. 上海教育科研，2012(9).

［14］刘肖. 班级组改革：以"智慧集群"式管理破解班主任单兵作战困局：河南省第二实验中学探路班主任工作制度改革［J］. 中小学管理，2012(10).

［15］李家成. 论中国"班主任制"的意蕴［J］. 教育学术月刊，2016(11).

［16］李家成. 论中国班主任的教育意蕴及其实现：基于中国教育的特殊性与国际对话中的教育自信［J］. 教育科学研究，2015(6).

［17］冯建军. 论专职班主任及其制度保障［J］. 班主任，2016(7).

［18］程斯辉，张吉军．关于构建班主任工作制度支持系统的思考［J］．教育科学研究，2015(6)．

［19］张烨．顺势而为：中小学班主任建班育人的价值初心及实践铺陈［J］．江苏教育，2021(67)．

［20］教育部课题组．深入学习习近平关于教育的重要论述［M］．北京：人民教育出版社，2019．

［21］齐学红，袁子意．新编班主任工作技能训练［M］．2版．上海：华东师范大学出版社，2011．

［22］齐学红．班级管理［M］．北京：北京师范大学出版社，2015．

［23］魏国良．学校班级教育概论［M］．上海：华东师范大学出版社，1999．

［24］王洪明．从"管理"到"辅导"：班级变革研究［D］．上海：华东师范大学，2011．

［25］谭保斌．班主任学［M］．长沙：湖南师范大学出版社，1998．

［26］闫昌锐．系统德育论［D］．武汉：华中师范大学，2019．

［27］钟启泉．发挥"档案袋评价"的价值与能量［J］．中国教育学刊，2021(8)．

［28］姜雪．高校"三全育人"：内涵、路径与机制研究［D］．石家庄：河北师范大学，2020．

［29］顾明远．立德树人是教育的根本任务［J］．辅导员，2014(6)．

［30］马克思，恩格斯．马克思恩格斯文集：第九卷［M］．北京：人民出版社，2009．

［31］李瑞瑞．历史合力视域下的"三全育人"实现路径［J］．南京晓庄学院学报，2021，37(5)．

［32］齐学红．班主任社会支持系统的建构［J］．班主任，2014(10)．

［33］蔡怡．萨乔万尼学校道德领导思想理论探析［J］．苏州大学学报(教育科学版)，2016，4(4)．

［34］周琳芳，姜东英．班主任专业化发展的学校支持平台构建［J］．江苏教育，2020(79)．

［35］汤美娟．班主任工作支持系统的整合机制：结构功能主义的视角［J］．班主任，2021(3)．

[36]齐学红，钱铁锋．建立班级教育小组制度：班级管理体制改革的尝试[J]．班主任之友（小学版），2008(8)．

[37]王贵勇，杨晓伟．由"合"到"和"：构建班主任工作支持系统的三点做法[J]．天津教育，2017(Z2)．

[38]李娟，万平．构建班主任工作支持系统的实践探索[J]．中国教育学刊，2018(S2)．

[39]吴茜．平顶山市区中小学校医队伍建设问题研究[D]．开封：河南大学，2020．

[40]刘德胜．天津市第九中学着力打造"班主任培养培训系统"："幸福德育场"引领师生走上幸福之旅[N]．每日新报，2019-5-15(11)．

[41]杨雪梅．绘好专业发展的"规划图"[N]．中国教师报，2020-04-08(11)．

[42]徐晓莉．巧用社区资源做好学生教育[J]．班主任，2021(6)．

[43]耿申．我国中小学班主任工作现状及对策[J]．教育科学研究，2018(11)．

[44]赵福江，刘京翠．我国中小学班主任工作现状问卷调查与分析[J]．教育科学研究，2018(11)．

[45]刘科，覃珺，曹璇．他们为何不愿当班主任：四川省成都市中小学班主任状况调查[N]．中国教育报，2015-04-01(5)．

[46]黄正平．我国班主任工作现状分析与对策建议[J]．教育学术月刊，2010(3)．

[47]张聪．班主任卓越化制度的悖论及解悖[J]．教育学术月刊，2018(4)．

[48]陈桂生．普通教育学纲要[M]．上海：华东师范大学出版社，2009．

[49]钱理群．教育本质上是理想主义者的事业[J]．南方周末，2012(2)．

[50]朱小蔓，王平．在职场中生长教师的生命自觉：兼及陶行知"以教人者教己"的思想与实践[J]．南京师大学报（社会科学版），2017(3)．

[51]郑小侠．做学生真实的榜样：我的品质教育实践[J]．班主任，2020(6)．

[52]张万祥．德育智慧源何处[M]．北京：中国轻工业出版社，2010．

[53]班华．专业化：班主任持续发展的过程[J]．人民教育，2004(Z3)．

[54]林慧．"闪光表格"，记录优点促成长[J]．班主任，2020(5)．

[55]缪兴秀．教育反思：班主任成长的阶梯[J]．班主任，2010(5)．

[56]苏霍姆林斯基．给教师的建议[M]．北京：教育科学出版社，2000.

[57]王桂艳．德育与班级管理[M]．北京：北京师范大学出版社，2015.

[58]孙秀林．班级小干部阶段式培养路径[J]．班主任，2022(1).

[59]方海东．疫情背景下学生价值观培育的实践与思考：以"诚信"品质的培养为例[J]．班主任，2020(9).

[60]焦立群．让《评价手册》动起来[J]．班主任，2014(6).

[61]贺敏．家校沟通，有备而"说"：以一次家校沟通为例[J]．班主任，2020(2).

[62]夸美纽斯．教师职业道德修养[M]．上海：华东师范大学出版社,1985.

[63]薄伟英．读书·养"气"[J]．班主任，2015(7).

[64]田丽霞．善于学习，做眼界高远的有识人[J]．班主任，2012(11).

[65]缪兴秀．教育反思：班主任成长的阶梯[J]．班主任，2010(5).

[66]象贤君．班主任该研究什么问题[J]．班主任，2017(7).

[67]李迪．学习中的"渐悟"和"顿悟"[J]．班主任，2010(9).

[68]王立华．做研究型班主任：演绎中国岗位的美丽[J]．班主任，2011(2).

[69]高书国．覆盖城乡的家庭教育指导服务体系构建策略[J]．教育研究，2021，42(1).

[70]饶玲．小学班主任工作状况和专业发展需求的调查与分析[J]．教育学术月刊，2008(6).

[71]李春玲．试论发展性教师管理[J]．教育理论与实践，2004(9).

[72]李静美，邬志辉，王红．新形势下中小学班主任工作状况的调查与反思[J]．现代教育管理，2017(11).

[73]胡敏中．理性的彼岸[M]．北京：北京师范大学出版社，1994.

[74]潘云华，张瑞博．初中班主任工作满意度影响因素的多层分析：基于中国教育追踪数据(2013—2014)的应用[J]．教育学术月刊，2017(5).

[75]康丽颖．家校共育：相同的责任与一致的行动[J]．中国教育学刊，2019(11).

[76]赵福江，李月，龚杰克．构建以班主任工作为核心的学校德育工作体系[J]．教育科学研究，2021(8).

[77]王冰倩. 新时代·新德育·新探索：全国德育青年学人学术论坛综述[J]. 中国德育，2022(3).

[78]刘飞. 办学理念：对学校三个追问的回答[J]. 中国教育学刊，2010(2).

[79]陈建华. 论中小学办学理念的提炼与表达[J]. 上海师范大学学报(哲学社会科学版)，2020，49(4).

[80]唐汉卫. 立德树人的价值导向机制：基于办学理念的视角[J]. 思想理论教育，2020(9).

[81]姚光燕. 开发班本课程，促进学生成长[J]. 班主任，2020(12).

[82]教育部基础教育司. 中小学德育工作指南实施手册[M]. 北京：教育科学出版社，2017.

[83]陆云泉. 整合优质教育资源　构建社会共育机制：北京一零一中学开展学生思政工作的实践与思考[J]. 思想政治工作研究，2020(1).

[84]加快建设教育强国　为中华民族伟大复兴提供有力支撑[N]. 人民日报，2023-05-30.

[85]争当德智体美劳全面发展的新时代好儿童[N]. 人民日报，2023-06-01.

后 记

工作几十年来，我一直从事与班主任、德育相关的研究和实践工作，尽管这本书写作时间不过两年多，但却凝聚了我和同事们多年来对班主任和德育工作的认识和思考。我想把我们一直以来的研究和思考做一个比较全面的总结，也希望能够以此为教育事业发展尽绵薄之力。

育人为本，德育为先。而德育是一个宏观体系，如何将其真正落细、落小、落实，并有效地转化为学生个体内在的思想品德？我认为离不开学校，离不开班级、离不开班主任。从某种意义上讲，学校是德育实施的主要阵地，班级是学校德育的实施平台，班主任是班级德育的主要承担者。只有充分发挥班主任工作在学校德育工作中的基础和中心作用，以班级为育人平台，基于班主任工作全方位规划、设计、实施和评价学校德育工作，才能建成一个务实的、常态开展的全员、全程、全方位育人的德育体系。这正是我想表达的观点，也是这本书的价值所在。

在写作过程中，为了能够更好地说明研究问题，我引用了一些中小学校和班主任的工作案例，在此特别向各位表示诚挚的谢意。在运用案例过程中，基于研究内容，结合表达需要，限于文章篇幅，我在不改变工作案例原意基础上，部分案例采用节选、删减等方式进行了加工与处理，特此向大家说明，希望大家见谅。

本书得以完成，凝聚着我和很多人的心血。感谢北京教育科学研究院给予此书的持续关注和大力支持；感谢我的领导、同事和教育同行们的无私帮助和支持！感谢大家！

中小学校德育和班主任工作内容丰富，形式多样，涉及面广，同时又在不断地变化和发展，仅靠一本著作、几项研究是无法穷尽的。本书仅仅是一个开始，相信未来会出现更多、更有价值的研究成果。最后，感谢广大读者的支持，限于研究的局限性，书中难免会有不妥之处，敬请批评指正。